URSULA KOSSER

HAMMELSPRÜNGE

URSULA KOSSER

HAMMELSPRÜNGE

Sex und Macht
in der deutschen Politik

Der Verlag dankt dem Bundesvorstand der Bundespressekonferenz für die freundliche Erlaubnis, die Bilder des *Almanachs* zum Presseball abdrucken zu dürfen.

Erste Auflage 2012

Umschlag: Zero, München
Satz: Angelika Kudella, Köln
Gesetzt aus der Documenta und der Neuen Helvetica
Gedruckt auf säurefreiem und chlorfrei gebleichtem Papier
Druck und Verarbeitung: CPI – Clausen & Bosse, Leck
Printed in Germany
ISBN 978-3-8321-9656-1

www.dumont-buchverlag.de

INHALT

WIE VERDAMMT NOCH MAL – IST FRAU SOLIDARISCH?

MODE MACHT

ICH MELDE MICH, MEIN SCHATZ – SEX UND SAUFEN

DEUTSCHLAND VEREINT – AUSGENOMMEN FRAUENFRAGEN

JETZT WERDEN WIR AUCH NOCH MÜTTER

IN BERLIN WIRD ALLES BESSER – JA?

VORWORT

Frauen werden nicht frei sein,
solange ihre Unterwerfung als sexy gilt.

Sheila Jeffreys,
britische Politikwissenschaftlerin

Gleich zu Beginn gestehe ich: Mein Verhältnis zu bedeutenden Männern oder auch solchen, die sich dafür halten, ist vorbelastet. Nicht genug, dass ich in einer politisch besonders schwarzen und besonders von Männern bestimmten Zeit der Bonner Republik als Mädchen auf die Welt gekommen bin. Unserem damaligen Bundeskanzler Konrad Adenauer wäre es 1958 wohl nicht einmal im Traum eingefallen, ein Weib auch nur in die Nähe seines Kabinettstisches zu lassen – es sei denn mit Eimer und Putzlappen. Nein, ich bin auch noch die Tochter eines höheren Beamten, der in einem der Bonner Ministerien diente.

So lernte ich früh bedeutende Persönlichkeiten der Bonner Männergesellschaft kennen, zum Beispiel 1963. Ich war fünf und ging in einen Kindergarten, der in unmittelbarer Nähe des Bonner Elisabeth Krankenhauses lag. Die Lage meines Kindergartens ist deshalb wichtig, weil Konrad Adenauer jedes Jahr an seinem Geburtstag eben dieses Krankenhaus besuchte und sich dort hochleben ließ. Ich war in diesem Jahr ausgewählt worden, dem greisen Gast mit geziemendem Anstand einen Blumenstrauß zu überreichen.

Weisungsgemäß reckte die kleine Ursula dem Bundeskanzler das bunte Bukett entgegen und knickste auch brav dazu. Jetzt aber streckte der große Mann seine Hand aus und wollte mir danken. Doch meine Rechte war von den Stielen des Blumenstraußes pitschnass geworden. Also beging ich eines der schlimmsten Vergehen, das ein Kind zu damaliger Zeit begehen konnte: Ich versteckte meine »gute«, aber nasse rechte Hand hinter meinem Rücken und reichte dem Bundeskanzler der Bundesrepublik Deutschland das falsche Händchen – die trockene Linke. Damit war, das behaupte ich heute, mein Weg im politischen Männergetriebe meiner Heimat- und Hauptstadt Bonn irgendwie vorgezeichnet.

Später verbrachte ich dann einige Jahre im städtischen Mädchenlyzeum. Die Clara-Schumann-Schule war zu jener Zeit gefüllt mit höheren Töchtern von Beamten und Diplomaten, denen schon in jungen Jahren eine angemessene Achtung vor den Leistungen ihrer Väter vermittelt wurde. Damit auch jede der jungen Damen einen Eindruck von der realen Arbeitswelt der Bonner Leistungsträger bekam, traten regelmäßig Väter vor unsere Klasse und berichteten von ihrem staatstragenden Tun.

An einen englischen Diplomaten, dessen aristokratische Aussprache unserer Englischlehrerin die Schamröte ins Gesicht trieb, erinnere ich mich noch besonders gut. An ihm scheiterte ein erneuter Kontaktversuch mit der Bonner Macht. Es ging um Erdöl und ich beteiligte mich in meinem Quinta-Englisch mit einer Frage nach den dafür nötigen Ölleitungen. »Pipelines« heißen die Röhren. Das hatten wir in der Vorbereitung der Stunde gelernt. Dummerweise sprach ich dieses englische Wort deutsch aus, und das auch noch in leicht rheinischer Tonlage – was mir das Kichern meiner Mitschülerinnen und das wenig diplomatische Schmunzeln unseres Gastes einbrachte.

»Gibt es einen dritten Weg?«
Ursula Kosser im Gespräch mit Angela Merkel, damals Bundesministerin für Frauen und Jugend, auf der Fachtagung der Konrad-Adenauer-Stiftung zum »Schutz des ungeborenen Lebens« am 25.04.1991

Also beschloss ich, als Journalistin in der Hauptstadt mitzumischen. Ich hatte die naive Vorstellung, dass ich die Fremdartigkeit, in diesem Beruf eine Frau zu sein, mit einer guten Ausbildung, mit Können und Fleiß wettmachen könnte. Genauso wie ein Dutzend anderer junger Frauen, die sich in den 80er Jahren als Journalistinnen oder Politikerinnen ins Bonner Männergetümmel wagten.

UNTER DREI – SO ENTSTAND DIESES BUCH

Ich weiß wirklich nicht, was ihr wollt.
Ihr Mädels habt doch in Bonn überhaupt nicht gestört!

Mein Mann Heiko Martens, 20 Jahre lang
Redakteur im Bonner *Spiegel*-Hauptstadtbüro

Wie war das damals in Bonn, als junge Frauen – Journalistinnen und Politikerinnen – auf die alteingesessenen Bonner Machos trafen und diese alles taten, um den jungen Hennen das Gefieder zu stutzen? Fest steht: Wir Frauen waren hoffnungslos in der Minderzahl. Nur gut zehn Prozent der Journalisten im Bonn der 80/90er Jahre waren weiblich. So gehörten der Bundespressekonferenz, dem Zusammenschluss der Bonner Parlamentsberichterstatter, 1988 laut Verzeichnis des Vorstandes 468 Männer und 61 Frauen an. Unter den 2050 Referatsleitern in den Bonner Ministerien fanden sich nur 125 Frauen – was rund sechs Prozent entspricht. Auch im politischen Bereich sah es nicht viel besser aus. Im Deutschen Bundestag hatten zur gleichen Zeit elf Prozent Frauen einen Sitz. Dieses Ungleichgewicht führte vor allem dann zu Spannungen, wenn sich die männliche Mehrheitsmeute über die paar Bonner Weibchen hermachte.

Wie das war, das soll in diesem Buch erzählt werden. Etwas von dem, was ich bei den Recherchen zu diesem Thema erlebt habe, möchte ich hier voranstellen. Da ich mich nicht allein auf meine eigenen Erlebnisse und Erinnerungen verlassen wollte, habe ich Kollegen und Kolleginnen sowie damals einschlägig mit dem Thema befasste Politiker und andere Zeitgenossen um Mitwirkung gebeten. Die Reaktionen auf meine Briefe und E-Mails waren aufschlussreich.

SPD-Bundeskanzler a. D. Gerhard Schröder bat mich um Verständnis, dass er sich an dem Projekt nicht beteiligen wolle. »Geschichten zu Ihrem Themenkreis kann er leider nicht beitragen«, begründete seine Sekretärin die Absage. Schröders Frau, meine frühere Kollegin Doris Köpf, konnte sich aus Zeitgründen an nichts erinnern. Sie sei »bis zum Jahresende sehr eingespannt, sodass sie keine Zeit haben wird, sich mit dem Themenkreis intensiver zu beschäftigen«, erfuhr ich von der Sekretärin. Schröders ehemaliger Superminister Wolfgang Clement, einst selbst Journalist, ließ mitteilen, dass es sich hier »wirklich nicht um Herrn Clements Thema« handele. Ein Politiker und Ex-Minister, einst bester Kenner des damaligen Bonner Jagdreviers und stolzer Sammler weiblicher Trophäen, teilte mir kurz angebunden mit, diese Frauengeschichten in Bonn hätten ihn schon damals nicht interessiert und täten es heute erst recht nicht. Unwirsch wies mich Grünen-Promi und Ex-Umweltminister Jürgen Trittin ab. Er stehe »diesbezüglich leider nicht zur Verfügung«. Sein Kollege Joschka Fischer antwortete erst gar nicht.

Dann gab es jene, die sich im Interview mit mir durchaus selbstkritisch zu ihrer damaligen Männerwelt bekannten. Besonders schöne Geschichten wusste ein Mann aus dem Osten zu berichten. Für ihn war damals alles neu gewesen in der Hauptstadt am Rhein, auch die Art, wie einige Bonner Männer uns Frauen zu behandeln pflegten. Unser Gespräch ist in diesem Buch allerdings nicht zu lesen. Als der noch aktive Politiker las, was er gesagt hatte, untersagte er die Veröffentlichung. Es mag ein Zufall sein, dass dies just in die Zeit fiel, als in Kalifornien Arnold Schwarzeneggers Ehe über ein jahrelang verschwiegenes uneheliches Kind zerbrach, IWF-Chef Strauss-Kahn wegen Vergewaltigungsvorwürfen vor laufenden Kameras in New York in Handschellen abgeführt wurde und der Fall Kachelmann in Deutschland eine lebhafte Debatte über das Thema Macht und Sex ausgelöst hatte.

Es waren allerdings nicht nur Männer, die nicht mehr darüber sprechen wollten, was jungen Frauen im damaligen Männerberuf Journalismus widerfahren ist. Eine Kollegin, die sich in ihren jungen Jahren mit weiblicher Raffinesse mit den Männern zu arrangieren wusste, ließ mir über ihr Sekretariat mitteilen, sie sei bis Mitte kommenden Jahres täglich ausgebucht. Eine andere zählte detailliert auf, welche bedeutsamen Jobs sie mittlerweile mit großem Erfolg innegehabt habe. Sie sei das beste Beispiel dafür, dass man es als Frau »trotzdem« schaffen könne.

Einige Frauen der älteren Generation, die sich mit Recht rühmen konnte, weit vor uns einen Hauch von Gleichberechtigung ins verstaubte Bonn gebracht zu haben, fanden es wohl unter ihrer Würde, sich an einem Projekt wie diesem überhaupt zu beteiligen. Sie reagierten jedenfalls nicht auf die Anfragen einer Kollegin, die sie schon damals unverschämt fanden – auch weil sie die lila Latzhose gegen einen Minirock getauscht hatte.

Und dann gab es diese Reaktionen, die das alte Bundesdorf Bonn und seine in ihm zusammengewürfelten Menschen so liebenswert machten: Politikerinnen und Politiker, Kolleginnen und Kollegen, die begeistert auf mein Projekt reagierten und es mit ihren Erinnerungen und Beiträgen zu einem Kaleidoskop jener Jahre gemacht haben. »Tolles Thema«, sagten sie spontan, »aber mir fällt dazu gar nichts ein« – um im selben Moment mit dem Erzählen zu beginnen. Herausgekommen sind amüsante, nachdenkliche, schöne und auch unschöne Geschichten aus dem Alltag junger Journalistinnen, aber auch junger Politikerinnen in der alten Hauptstadt.

Viele haben mir in großer Offenheit von ihrem damaligen Bonner Leben erzählt und mir diese Geschichten in Beiträgen oder Interviews unter ihrem Namen zur Verfügung gestellt. Die meisten von ihnen arbeiten immer noch als Journalisten/innen oder Politiker/innen. Einige haben wie ich heranwachsende Kinder, auch Töchter, die gerade in das Alter kommen, in dem sie in alten Fotoalben blättern und ihre Mütter fragen: »Mama, ihr hattet damals echt grauenvolle Klamotten. Und diese uralten Kerle um dich rum – war das nicht ätzend?« Für diese nachfolgende Generation haben wir uns beim Erinnern immer wieder gefragt, ob und was sich verändert hat.

Als sich in den ehemaligen Bonner Männerkreisen herumsprach, was ich vorhabe, erhielt ich einige überraschende Anrufe. Kollegen, die schon damals im Bonner Journalismus etwas zu sagen hatten und Redaktionen vorstanden, meldeten sich und wollten wissen, ob, und wenn ja, was ich denn von und über sie berichten würde. Aber es geht mir in diesem Buch nicht darum, jemanden wegen seines damaligen Verhaltens an den Pranger zu stellen oder zu blamieren. Weder ehemalige Chefs noch ehemals nicht nur unwillige weibliche Untergebene. Denn auch einige von ihnen haben mir ihre Geschichten erzählt, allerdings nur »unter drei«. So habe ich jene, die sich scheuen, öffentlich mit ihren Erlebnissen von damals umzugehen, hinter Pseudonymen versteckt.

Etwas »unter drei« mitzuteilen, das war eine der zahlreichen Bonner Usancen, die sich im Männerbetrieb der provisorischen Hauptstadt herausgebildet hatten. Die Herren Journalisten trafen sich in sogenannten Hintergrundkreisen. Dort tauschte man Informationen aus, verabredete Strategien, tratschte und trank. Für die Verwertung dieser Informationen galten dieselben Regeln wie im Umgang mit Politikern. Was »unter eins« lief, durfte wörtlich und mit Nennung der Quelle zitiert werden. Was »unter zwei« verbreitet wurde, durfte zwar in einem Text verarbeitet, aber nicht einer Quelle zugeordnet werden. Und dann gab es noch die Klassifizierung »unter drei«. Das war reines Hintergrundwissen, das helfen sollte, Informationen und Ereignisse besser zu verstehen und zu bewerten. »Wenn wir uns treffen«, witzelte einmal ein eifriger Besucher dieser Hintergrundkreise, »dann gibt es allerdings häufig gegen Ende noch eine weitere, eine vierte Kategorie. Die nennen wir ›unter aller Sau‹.«

Diese Kreise waren begehrt, denn dort wurde Exklusives gehandelt, und nicht jeder durfte hinein. Anwärter brauchten Bürgen aus dem illustren Zirkel, die für den Neuen geradezustehen hatten, auf dass dieser die Bräuche achte. Frauen waren grundsätzlich unerwünscht. Also gründeten die ausgesperrten Journalistinnen eigene Hintergrundkreise.

Zwei rein weibliche Zirkel gab es in Bonn, die »Lila Karte« und das »Rote Tuch«. Um die Frauen zu schützen, die ausschließlich »unter drei« erzählen wollten, habe ich für dieses Buch einen dritten Frauentreff gegründet, die »Rosa Federn«. In ihm findet statt und wird offenbart, was sich so oder sehr ähnlich in der Realität abgespielt hat.

Die Mitglieder(innen) meines fiktiven Frauenclubs treffen sich im Jahre 2011, um den 25. Gründungstag ihres Hintergrundkreises »Rosa Federn« zu feiern. Sie tragen ihre Erlebnisse an einem gemeinsamen Wochenende zusammen. In dieser komprimierten Form hat es ein solches Wochenende nicht gegeben. Aber die erzählten Geschichten sind alle verbürgt und wie beschrieben geschehen.

Dieses Buch will keine Dokumentation darüber sein, was frauenpolitisch in jenen Jahren geschehen ist. Ich möchte vielmehr das Lebensgefühl junger Frauen im damaligen Bonn beschreiben, einen gesellschaftlichen Zustand, dem nachzuspüren sich auch heute noch lohnt, denn nicht wenige der hier Beschriebenen sind noch heute im Amt oder in einer Redaktionsstube. Die Vorkommnisse, die als Belege herangezogen werden, ergeben kein vollständiges Bild dieser Bonner Jahre – und sollen es auch nicht. Aber sie sind mit Sicherheit wichtige Versatzstücke. Sie sind immer wieder in den Erzählungen der vielen Menschen, mit denen ich geredet habe, in Variationen aufgetaucht. Und manches Bekannte erscheint in neuem Licht, weil es noch nicht aus weiblicher Sicht erzählt worden ist. Der politische Alltag im Bundesdorf Bonn ist schon oft beschrieben worden. Das von mir Geschilderte gehört dazu. Auch wenn es bisher »unter drei« vergraben wurde.

ÜBER ALTE SÄCKE UND JUNGE KÜKEN

Die Einladung kam an einem Donnerstag. Ich hatte mich gerade mit meiner Tochter darüber gestritten, ob man als 16-jähriges Mädchen alles stehen und liegen lassen muss, wenn der Angebetete in Facebook postet: »Ich kann jetzt, aber nur sofort! Treffen wir uns?« Mein vorsichtig vorgetragener Einwand: »Musst du da jetzt sofort springen?«, wurde sehr unwirsch abgetan. »Mama, du nervst mit deinem ewigen Genöle, wir Mädchen dürften uns nicht von Jungs herumschubsen lassen«, erklärte mir Katarina. »Für meine Generation ist das kein Problem mehr. Bei uns läuft das nicht mehr so, dass wir Mädchen uns gegenüber den Jungs ständig beweisen müssen. Bei uns ist das völlig gleichberechtigt. Deshalb kann ich ruhig einmal für ihn springen, wie du es nennst.« Mit diesen Worten schnappte sie sich ihre Jacke, warf einen Blick in den Spiegel, schüttelte zwecks Haarauflockerung wild den Kopf und überhörte beim Hinausgehen mein leises »Hoffentlich hast du damit recht«.

Ich öffnete den Brief. Ein rosa Doppelblatt mit lila Schrift kam zum Vorschein. Darauf stand in großen Lettern: »Wie wir auszogen, Bonn zu erobern – und was von uns übrig blieb.« Die Einladung war überschrieben mit der Frage: »Sind wir noch mutig?« Zehn Frauen waren eingeladen, den 25. Geburtstag des einst exklusiven Jung-Frauenclubs »Rosa Federn« zu feiern. Unter den Namen der Gründerinnen fand sich – ganz klein – ein Spruch von Eugen Roth: »Ein Mensch erhofft sich fromm und still, dass er einst das kriegt, was er will. Bis er dann dem Wahn erliegt und nur noch das will, was er kriegt.«

Und weiter im Text: »Liebe Kolleginnen der ersten Stunde, haben wir gekriegt, was wir wollten? Ihr seid eingeladen, darüber zu reden und zu schreiben. Unser Arbeitstitel lautet: Diese Mädels vernaschen wir noch vor Redaktionsschluss. Erinnert Ihr Euch? Unter diesem Spruch haben Bonner Kollegen uns damals nach Bettgängigkeit in eine Liste der Top Ten einsortiert. Wir treffen uns im unten genannten Hotel in der Eifel. Wir wollen offen beschreiben, wie das damals war mit uns jungen Frauen in Bonns Männerwelt. Jede von uns kann so viele Episoden beitragen, wie sie Lust hat. Vielleicht finden wir dabei auch die Antwort darauf, ob wir etwas angestoßen haben oder verbessern konnten. Und dann machen wir ein Buch daraus. Wie findet Ihr die Idee?«

Unterschrieben hatte Maya. Sie war Mitbegründerin und viele Jahre Vorsitzende unseres Clubs »Rosa Federn«. Ich sagte spontan zu, auch deshalb, weil der vorangegangene Disput mit meiner Tochter nachwirkte. Vielleicht würde es mir auf diesem Weg gelingen, meiner skeptischen Tochter die lästigen Mahnungen ihrer uralten Mutter verständlicher zu machen.

Als wir »Rosa Federn« in den frühen 80er Jahren in den Journalismus starteten, glaubten wir zu einer Generation zu gehören, die nichts mehr außer sich selbst brauchte, um sich im Berufsleben gegen die Übermacht der Männer durchzusetzen. Wir waren dafür gut gerüstet. Abgeschlossenes Studium, Berufsvorbereitung auf Journalistenschulen – nur wenige Männer im Bonner

Journalistenbetrieb hatten ähnlich fundiert ihr Handwerk gelernt. Die Männer vor Ort sahen das ganz anders.

Hartmut Palmer, damals Redakteur im Bonner *Spiegel*-Büro, heute freier Autor, erinnert sich an wenige Frauen und ein paar Küken in Bonn.

Hartmut Palmer: »Wir nannten sie die ›Küken‹«

Sie war von Anfang an dabei und gehörte überall mit dazu. In den 1950er Jahren war Hilde Purwin (Jahrgang 1919) eine der ganz wenigen Frauen im Bonner Pressekorps. Sie war in der Gründerzeit der Bonner Republik unter den Parlamentsberichterstattern die weibliche Ausnahme. Sie hatte den Presseclub mitgegründet und saß ein paar Jahre auch im Vorstand der Bundespressekonferenz – eine Solistin und die Grande Dame des politischen Journalismus am Rhein.

Man nannte sie die »rote Hilde«, weil sie für die *Neue Ruhr Zeitung* schrieb und in der SPD war. Sie war Jahrgang 1919, genauso alt wie Helmut Schmidt, in Weimar geboren und hatte schon ein abenteuerliches, aufregendes Leben als Doppelagentin in Italien und Nazi-Deutschland hinter sich, als sie 1949 als Journalistin nach Bonn kam. Wir, die damals noch jungen, langhaarigen, wilden Männer, die 20 Jahre nach ihr als politische Berichterstatter in Bonn ankamen, wussten von ihrem bewegten Vorleben nichts. Für uns gehörte die »rote Hilde« zum Bonner Inventar. Sie hatte allerdings einen uneinholbaren Vorsprung vor uns und den älteren, überwiegend konservativ geprägten Kollegen: Sie kannte und duzte alle Genossen, die jetzt auf der Regierungsbank saßen und den Ton angaben.

Wir Jüngeren schwärmten damals für Willy Brandt. Sie hielt große Stücke auf Helmut Schmidt und war eine der wenigen, denen Herbert Wehner vertraute. Schon Konrad Adenauer hatte einen Narren an ihr gefressen. »Ich weiß ja, dat Se falsch wählen, Frau Purwin«, pflegte er zu sagen, wenn er sie sah. Trotzdem unterhielt er sich gern mit ihr, weil Frauen, wie er sich ausdrückte, »eine andere Sicht auf die Politik haben als Männer«. Diese Haltung war unüblich in Bonn.

Politik war und blieb dort lange Männersache. Die Korrespondentenbüros rund um den »Langen Eugen« waren fast ausschließlich von den Herren der Schöpfung besetzt. Auch wir Jüngeren, die Ende der 60er, Anfang der 70er Jahre in die Pressehäuser am Tulpenfeld zogen, waren überwiegend Männer. Ich kann mich nur an vier Frauen erinnern, die damals mit uns in der Bonner Männergesellschaft Fuß fassten: Florentine Hoffmann, Ada Brandes, Marion Schreiber und Heli Ihlefeld. Marion Schreiber war die Vorzeigefrau beim *Spiegel*. Florentine Hoffmann arbeitete freiberuflich, Ada Brandes für die *Stuttgarter Zeitung*. Heli Ihlefeld war schon etwas länger da und schrieb für eine Illustrierte. Später kam heraus, dass sie die geheimnisvolle Geliebte von Willy Brandt war, und damit eine der »Frauengeschichten«, die der Kanzlerspion Günter Guillaume nach Ostberlin gemeldet haben soll. Tempi passati.

Als wir jungen Hüpfer in die Bonner Bundespressekonferenz kamen, standen wir überall vor verschlossenen Türen. Die »alten Säcke« aus der Kriegs- und Vorkriegsgeneration (darunter tatsächlich einige, die manchmal nachts zu erzählen begannen, wie es war, als Joseph Goebbels noch darüber bestimmte, was in den Leitartikeln der großen und kleinen Zeitungen zu stehen und was Aufmacher zu werden hatte) betrachteten uns mit Argwohn. Mit uns linkem Gesocks wollten sie nichts zu tun haben. Sie hatten ihre Hintergrundkreise – einer davon hieß der »Ruderclub« –, aber sie ließen keinen von uns da hinein. Wir blieben ausgeschlossen. Auch der Presseclub, damals fest in der Hand der Konservativen, nahm nur neue Mitglieder auf, wenn diese mindestens zwei Bürgen beibringen konnten. Also beschlossen wir, selbst einen Hintergrundkreis zu gründen – es sollte ein Kreis sein ohne Namen und Hierarchie, einer, der sich sozusagen von selbst organisierte, was natürlich eine Illusion war. Selbstverständlich gab es schon bald einen Kollegen, der die Sache in die Hand nahm und die Treffen organisierte. Und den nannten wir halb im Ernst und halb im Spott »Generalsekretär« und irgendwann gab es dann auch einen Namen, der sich bis heute gehalten hat: »Gelbe Karte«.

»Gelbe Karte« nannten wir uns deshalb, weil die Namensschilder, die damals auf Parteitagen an die Journalisten ausgegeben wurden, gelb waren – und zwar seltsamerweise bei allen Parteien. Man schrieb seinen Namen drauf und das genügte damals zur Akkreditierung – undenkbar heute.

Diese länglichen gelben Pappen ließen sich, wenn wir in geselliger Runde zusammensaßen und uns darüber austauschten, was man geschrieben hatte oder zu schreiben gedachte, wie eine Schiedsrichterkarte ziehen. Und als dann eines Tages jemand fragte: »Wann haben wir eigentlich das nächste Mal wieder ›Gelbe Karte‹?«, wurde aus der Marotte ein Name.

Zehn Jahre später, Ende der 70er, Anfang der 80er, waren wir als linksliberale Fraktion in der Bundespressekonferenz genau so fest etabliert wie zuvor die »alten Säcke«. Und aus Sicht der vielen jungen Kolleginnen, die nun in die Redaktionen rund um den »Langen Eugen« drängten, waren wir selbst »alte Säcke« geworden. Wir nannten sie die »Küken« und blickten vermutlich genauso herablassend auf sie herab wie ein Jahrzehnt zuvor die alte Kriegsgeneration auf uns geblickt hatte. Die »Gelbe Karte« war inzwischen ein allseits anerkannter, aber für Neulinge geschlossener Hintergrundkreis. Und dann kamen die ersten Anfragen. Die »Küken« wollten bei uns mitmachen. Aber wir sperrten uns. Wir behandelten sie genauso dämlich, wie wir behandelt worden waren. Und was machten die »Küken«? Das gleiche wie wir. Sie gründeten einen Hintergrundkreis für Journalistinnen, nannten ihn frech »Lila Karte« und trafen sich in der gleichen Kneipe wie einst wir, nur dass die von uns besuchten »Argelanderstuben« nun »Wespennest« hießen – von gehässigen Machos als »Lesbennest« verballhornt.

Was die Bonner Gockel partout nicht einsehen wollten: Wir Küken waren Hennen geworden, einige sogar stattliche Hennen, die es an Klugheit und Mut mit jedem Hahn aufnehmen konnten – dachten wir. Wir wollten mit Leistung punkten, wollten für das, was wir als Journalistinnen zuwege brachten, anerkannt werden und dabei nicht verleugnen, Frau zu sein. Es gehörte durchaus nicht zu unserer Selbstfindung, selbst einen schweren Koffer zu schleppen, wenn ein hilfsbereiter starker Mann in der Nähe war. Im Restaurant durfte der Erstgeschaffene der Schöpfung getrost vorausgehen, auch die Rechnung bezahlen und der Begleiterin am Ende sogar in den Mantel helfen. Wir hatten unser eigenes Einkommen und konnten uns jederzeit revanchieren.

Gabor Steingart, damals Bonner *Spiegel*-Büro, heute Chefredakteur *Handelsblatt*, über die von Männern dominierte Kultur im Bonn der frühen 90er Jahre.

Gabor Steingart: »Bonn – das war eine männliche Stammesgesellschaft«

Wie war das damals mit unserer weiblichen Konkurrenz?
Gabor Steingart: Journalismus im Bonn der 90er Jahre war eine von Männern dominierte Veranstaltung. Männer besetzten nicht nur 90

Prozent aller Positionen als politische Korrespondenten, sie prägten auch die Kultur, sie setzten den Ton. Ich glaube, ich war während meiner Bonner Zeit nicht ein einziges Mal mit einer Frau dienstlich essen. Weil: es gab ja keine. Schon gar nicht in meinem Zuständigkeitsbereich, also bei den Themen Wirtschaft und Finanzen.

Wurde das auf Dauer nicht fad?
Bonn war kulturell eine Art männliche Stammesgesellschaft. Das Flair der Adenauerschen Republik – »keine Experimente« – hatte sich in weiten Teilen bis in die Kohl-Ära – »Weiter so, Deutschland« – erhalten. Anders als im heutigen Berlin gab es nur drei Themen, über die man sich unterhielt: Politik, Politik, Politik. Selbst wenn man Volksvertreter und ihre Referenten in der Sauna traf, fand keine thematische oder soll man sagen geistige Erweiterung statt – vielleicht hat es ja an der Hitze gelegen.

Einige wenige Journalistinnen gab es nun schon. Hast du die gar nicht wahrgenommen?
Jede neue Korrespondentin war eine Sensation und wurde schon deshalb wahrgenommen. Auch unser *Spiegel*-Büro beschäftigte zu jener Zeit zwei Korrespondentinnen, von denen eine ja die Autorin dieses Buches ist. Natürlich ist mir nicht entgangen, dass die weiblichen Kolleginnen es doppelt schwer hatten. Ihnen wurde von den Redaktionsleitern und Politikern eine andere Rolle zugewiesen als die, die ihnen zugestanden hätte. Ich erinnere mich an ein Sommerfest, bei dem ein Ministerpräsident eine junge Reporterin laut und unmissverständlich aufforderte, mit ihm noch einen letzten Drink in den Privaträumen der Landesvertretung zu nehmen. Die Kollegin hat dankend abgelehnt.

Waren Frauen Freiwild?
So weit würde ich nicht gehen, aber mit den heutigen Maßstäben gemessen war die Bonner Welt eine politisch unkorrekte und in Teilen auch frauenfeindliche Welt. Ich kannte einen Büroleiter, der hatte für alle Fälle immer eine Badehose im Schrank. Gerne lud er Praktikantinnen zum abendlichen Schwimmen ein. Das war damals normal, aber es war nicht die Normalität, die ich meinen Töchtern als Einstieg ins Berufsleben wünsche.

Susanne Düwel, damals zunächst bei der *Süddeutschen Zeitung*, heute Kulturreferentin in NRW, ging voller Mut und Selbstvertrauen nach Bonn.

Susanne Düwel: »Es ist angerichtet: Große Männer an Salat von Macht«

In den 80er Jahren kam man ganz schön nah heran an die Macht. Als Absolventin der Journalistenschule in München, den Magister in Politikwissenschaft fast in der Tasche, ging ich gerne zu den öffentlichen Fraktionssitzungen der Grünen ins Hochhaus Tulpenfeld. Man musste nur einen Personalausweis vorzeigen, dann konnte man – immer dienstags – im Fraktionssaal gleich hinter der Pforte rechts stundenlang sitzen, staunen und lernen.

Da wollte ich hin. Folgerichtig fragte ich in einer altersgerechten Mischung aus Naivität und ungebrochener Zukunftsfreude im Parlamentsbüro der *Süddeutschen Zeitung* nach Arbeit und durfte dort tatsächlich bald als »Freie« ein Thema betreuen, das damals noch in die Kategorie »Praktikantenkram« fiel: Die Grünen. Petra Kelly, Antje Vollmer, Otto Schily und Joschka Fischer – sie galten damals als eine Art Betriebsunfall des Parlamentarismus. So richtig ernst genommen wurden sie von den erfahrenen, alteingesessenen Journalisten jedenfalls nicht. Für mich war das von Vorteil, denn so ähnlich erging es mir auch.

Ich war Ende 20 und fast am Ziel meiner Träume. Ich durfte auf Parteitage fahren und lernte das politische Geschäft immer besser kennen. Ich schrieb Nachrichten und Hintergrundberichte – und freute mich morgens über meinen Namen in der Zeitung. Meiner Karriere schien denn auch nichts mehr im Wege zu stehen, als mir ein eigener Schreibtisch in einem Kellerraum in der Dahlmannstraße 11 zugestanden wurde. Oben in der Redaktion saßen die richtigen Redakteure und schrieben über die wichtigen Themen. Helmut Kohl war Bundeskanzler und auch sonst war die Welt meist ganz in Ordnung. Irgendwann wurden zwei neue Stellen mit anderen Freien besetzt – es waren zwei Männer.

Ich bewarb mich daraufhin bei einer Nachrichtenagentur. Der Leiter der Agentur meinte aufmunternd zum Abschluss des Gespräches, ich könne in seinem Laden viel lernen, es seien schon ganz andere auf den Brustwarzen aus dem Büro gekrochen. Ich bat ihn, den Satz zu wiederholen. Das tat er nicht – und überhaupt hörte ich nie wieder von ihm. Es folgten nette und lehrreiche Monate bei einer anderen Nachrichtenagentur. Es nervte nur ein wenig, dass der Dienstplan-Macher immer ausschließlich die jungen Kolleginnen für gemeinsame Spätdienste eintrug.

Dann kam *RTL*. Der Kölner Privatsender galt als nicht seriös, schon wegen seiner ultra-kurzen Politiknachrichten. Ich erinnere mich an einen 15-Sekünder für die Mittagsnachrichten, für den schon die Nennung seines Gegenstandes zu lang war. Das Wort »Vermittlungsausschuss« ließ nicht viel Raum für weitere Wer-Was-Warum-Infos.

Ich wollte ein Vielfaches davon berichten und heuerte ein Jahr später beim *Stern* an. Neben Charlotte Wiedemann wurde ich in dem

Vier-Mann-Büro die zweite Redakteurin – eine Quote, die bei den Printmedien im Bonner Regierungsviertel sonst nur die *taz* zu bieten hatte. Die drei Jahre dort waren eine besondere Erfahrung – richtig mitspielen durfte ich nie. Im Bonner Büro wurde viel recherchiert und viel geschrieben, dennoch schaffte es selten mehr als ein Text ins wöchentliche Heft. Der war fast nie von mir – natürlich nicht, denn der Chef traf wichtige Politiker und verhandelte die Themen mit Hamburg, er saß in Hintergrundkreisen mit anderen Chefs und noch mehr wichtigen Politikern. Ich war zuständig für den Paragrafen 218, Frauen, Grüne und »Gedöns« (SPD-Kanzler Gerhard Schröder). Nie vergesse ich Charlotte Wiedemanns trockenen Kommentar, als wir eines Montagsmorgens nach einer Landtagswahl von einem mit ausgewählten Journalisten besetzten Hintergrundtreffen in der saarländischen Landesvertretung erfuhren, zu dem wir Frauen selbstverständlich nicht eingeladen waren: »Ah! Große Männer an Salat von Macht!«

Ferdos Forudastan, damals *taz* und *Frankfurter Rundschau*, derzeit freie Autorin für *WDR* und *Deutschlandfunk*, beschäftigt sich bis heute mit dem Thema und ließ in einer Rede vor einem Kongress des NRW-Frauenministeriums zum Internationalen Frauentag ihre Erlebnisse als junge Journalistin Revue passieren:

Ferdos Forudastan: »Ich war ein Schaf«

Ich blättere in meinen Tagebüchern, krame in meinen Erinnerungen, telefoniere mit Kolleginnen und Kollegen. Und ich werde auf diese Weise gezwungen, eine Zwischenbilanz zu ziehen.

Als ich 1981 in den politischen Journalismus eingestiegen bin, war ich ein Schaf. Ich dachte, insgeheim natürlich und ungeachtet aller feministischen Lippenbekenntnisse: Wenn ich viel und gut arbeite, dann wird es keine Rolle spielen, dass ich eine Frau bin.

Diese Illusion musste ich schon nach kurzer Zeit aufgeben. Ich habe erlebt, dass es sie auch und gerade in meinem Beruf gab: die systematische Geringschätzung von Frauen durch Männer. Ich habe aber auch erfahren und an mir selbst beobachtet, dass Frauen häufig weniger nach Macht und Einfluss streben als ihre männlichen Kollegen und so manche Chance zum Aufstieg verpassen. Zum Glück greifen heute auch junge Journalistinnen beherzter zu, wenn Führungsjobs zu vergeben sind.

Herbst 1981: In einem schicken Freiburger Restaurant, ein Abendessen auf Einladung des ADAC. Mich, die 21 Jahre junge Studentin und freie Lokalreporterin der *Badischen Zeitung*, haben sie neben einen älteren Funktionär des Automobilclubs gesetzt. Er will wissen, woher ich stamme. Meine Antwort, aus Deutschland und dem Iran, veranlasst ihn zu dieser Bemerkung: »Ah, Iran, ein muslimisches Land, dann sind Sie wahrscheinlich beschnitten, oder?« Als ich das am nächsten Tag hochgradig empört dem Redakteur berichte, der mich zu dem Termin geschickt hat, lächelt der maliziös und sagt: »Mädle, wer im Journalismus was werde will, der darf nid zimberlich sai.«

Frühjahr 1991: Ich berichte für die *taz* über einen Parteitag und liefere meine Texte zu spät ab. Außerdem missraten sie mir gründlich. Dafür verdiene ich Kritik. Ein leitender Redakteur in der Berliner *taz*-Zentrale mag sich damit aber nicht begnügen. Ihm passt die politische Richtung meiner Artikel seit jeher nicht. Nun macht er seinem Herzen Luft und brüllt ins Telefon: »Jetzt sieht man, wohin sie führt, diese Scheiß-Weiberwirtschaft im Bonner Büro.«

1993 in der saarländischen Landesvertretung. Oskar Lafontaine, Ministerpräsident des Saarlandes und SPD-Spitzenpolitiker, hat einen überwiegend männlichen Journalisten-Hintergrundkreis zu einem exquisiten Mittagessen geladen. Man wolle, kündigt er beim Aperitif an, ganz offen über alles sprechen. Irgendwann frage ich – mittlerweile Bonner Korrespondentin der *Frankfurter Rundschau* – ganz offen, ob es ihn nicht besorge, dass die Genossen wegen ihrer restriktiven Politik in Sachen Ausländerrecht oder innere Sicherheit viele Anhänger verlieren. Da läuft der kleine, runde Mann feuerrot an und schnauzt in meine Richtung: »Hier geht es nicht um Pipikram, hier geht es darum, ob wir Kohl ablösen. Fragen Sie mal x und y (zwei männliche *FR*-Kollegen), die kapieren das.«

Mitte der 90er Jahre. Wiederholt kritisiere ich in der *FR*, dass Bonn wegschaut, wenn Ankara die Kurden im eigenen Land blutig verfolgt. Irgendwann gehe ich mit einer Mitarbeiterin des damaligen FDP-Außenministers Klaus Kinkel essen. Sie erzählt mir, dass man sich in Kinkels Umgebung frage, ob mein Mann mir bei meinen Kommentaren und Leitartikeln zur deutschen Außenpolitik wohl ein bisschen die Feder führe. Schließlich sei er aktiver Grünen-Politiker und gehöre zur Realo-Truppe von Joschka Fischer. Der wiederum wolle ja bekanntermaßen selbst Außenminister werden und goutiere es deswegen sicher, wenn Kinkel öffentlich kritisiert werde.

Frühjahr 1994: Bald ist die Leitung des Parlamentsbüros einer Zeitung neu zu besetzen. Als der damalige Noch-Chef fragt, ob ich interessiert sei, winke ich quasi ohne zu überlegen ab. Ich will schreiben, nicht verwalten, verhandeln, konferieren und zuweilen unangenehme Entscheidungen treffen. Er – mit einer frauenbewussten Partnerin liiert – sagt: »Das ist ein Fehler, den Frauen immer wieder machen. Auch dort, wo sie in einem Männerberuf wie dem Hauptstadtjournalismus mal Macht bekommen könnten, greifen sie nicht zu.«

Herbst 2003: Ich führe in Berlin ein Interview mit Helmut Kohl. Obwohl wir uns von einigen Reisen zu Zeiten seiner Kanzlerschaft kennen, obwohl ich ihm hochschwanger gegenübersitze, redet er mich beharrlich herablassend mit »junge Dame« oder »gnädige Frau« an, ein wie man weiß beliebtes Stilmittel, um dem Gegenüber zu signalisieren, dass man ihn nicht ernst nimmt. Wie früher schon erinnere ich ihn auch dieses Mal daran, wie ich heiße. Anders als früher ringt er sich nun ein paar Passagen später eine etwas verdrehte Variante meines Namens ab. Als ich, noch immer etwas überrascht, einem seiner Biografen später davon erzähle, sagt der: »Es fällt ihm zwar schwer, aber der Alte akzeptiert jetzt hin und wieder, dass er mit Frauen nicht den Molli machen kann.«

Die Geschichte der Bonner Mollimacher wollten wir jetzt aufschreiben. Ob unter eigenem Namen oder unter Pseudonym, das sollte jede »Rosa Feder« selbst entscheiden. Wir reisten aus vier Städten an: Berlin, München, Hamburg und Köln. Ich hatte mich mit meinen damals besten Freundinnen Anke, Lisa und Gerda in München verabredet. Wir wollten gemeinsam in meinem Auto in die Eifel fahren. Die Fahrt wollten wir nutzen, alles noch einmal »durchzusprechen«.

Wir vier hatten immer Kontakt gehalten, auch wenn uns das Leben und die Liebe manchmal tausende Kilometer voneinander entfernten. Um zehn Uhr war Treffen bei mir vorm Haus. Meine Tochter brachte mich vor die Tür und beobachtete irritiert, wie sich vier uralte Frauen um den Hals fielen und zur Begrüßung befremdliche Kreischlaute von sich gaben. »Oh my god, Mama, der Burner seid ihr wirklich nicht«, sagte ihr Gesichtsausdruck. »Also dann«, verabschiedete ich mich von ihr, »wenn ich wiederkomme, bringe ich dir unsere gesammelten Jugenderlebnisse mit. Vielleicht glaubst du den anderen ja mehr als mir.« – »Ich glaub es dir auch so, Mama«, versicherte meine Tochter gönnerhaft. »Ich werde euer Produkt schon deshalb lesen, weil du mich sonst nur damit nervst. Aber, glaub mir, euren ganzen Emanzipationskram brauchen wir heute echt nicht mehr.«

Ich hatte noch nicht einmal in den dritten Gang geschaltet, als die große »Weißt-du-noch-Sause« auch schon begann. Es war mein Häuschen in einem Bonner Vorort nah am Rhein gewesen, das uns 1984 zusammengebracht hatte. Ich hatte jung geheiratet, die Ehe war gescheitert. Zurück blieben das Haus, das der Vater seiner Tochter finanziert hatte, und ein einsames Ich.

Der wichtigste Teil meines mit rheinischem Charme ausgestatteten Anwesens war ein, wie ich es nannte, Draußen-Wohnzimmer. Das war ein kleiner Innenhof, der zur Straße hin von einem hohen, hässlichen Blechtor geschützt und umgeben war von den ebenso hässlichen Mauern der Nachbarhäuser – rheinisch eben. An die Mauern hatte ich wild rankende Gewächse gepflanzt. Rosen, Knöterich und Efeu kletterten um die Wette. Eine blaue Glyzinie verdeckte den nicht mehr ganz frischen Anstrich meiner zweigeschossigen Immobilie. Der Schrecken aller Besucher mit Design-Geschmack allerdings war meine wackelige Hollywoodschaukel, die mit ihren geblümten Kissen in der Mitte des Draußen-Wohnzimmers die Blicke auf sich zog. Das Haus polarisierte. Entweder man liebte es vom ersten Augenblick an oder man ging höflich durch die unsinnig angelegten Räume und sagte gequält »wie nett«. So wohnt man gerne im Rheinland, mit und ohne Gartenzwerge.

Als Erste zog Anke bei mir ein. Wir arbeiteten zu der Zeit beide beim gerade entstehenden Privatfernsehen. Außerdem kannten wir uns schon aus der Zeit des gemeinsamen Geschichtsstudiums. Beide fanden wir nach kurzer Zeit, dass es der Stimmung im Hause und unserem Budget guttäte, wenn noch jemand auf der Hollywoodschaukel Platz nähme. Als Lisa, die Anke auf einer Pressekonferenz kennengelernt hatte, zum ersten Mal das Blechtor durchschritt, blieb sie stehen, sah sich um, sagte »Boah« und zog ein.

Lisa und Anke – einen größeren Kontrast zwischen den Lebensauffassungen zweier Nachwuchsjournalistinnen konnte es kaum geben. Anke war ehrgeizig, wollte wegen ihrer Leistungen anerkannt werden. Lisa nahm das Leben leicht. Sie hatte sich als Tänzerin versucht und, als die große Karriere ausblieb, Psychologie studiert. Sie lebte fröhlich in den Tag hinein. Und wenn Anke ihr erklärte, nun müsse sie doch auch mal an die Zukunft denken, dann machte Lisa ein paar beschwingte Tanzschritte und erwiderte, dass es beide Sorten von Frauen geben müsse, die mit und die ohne Plan, jene, die für das Fortkommen der Gesellschaft sorgen, und solche, die Kreativität in die Welt bringen.

Das versuchte Lisa, indem sie gestressten Bonner Politikern Entspannungsübungen beibrachte, krumme Rücken mit Atemtechnik und Feldenkrais-Übungen gerade bog oder einsame Sekretärinnen an Wochenenden mit Ich-tanz-mich-frei-Seminaren ablenkte. Da dies nicht ausreichte, um Kost und Logis zu finanzieren, nutzte Lisa ein weiteres ihrer vielen Talente. Lisa konnte sehr gut und sehr schnell Texte verfassen. Suchte ein Lokalchef einen Feuerwehrschreiber, dann rief er Lisa an.

Eines Tages klopfte dann Gerda an das verrostete Blechtor. Sie suchte dringend einen temporären Unterschlupf, da sie abwechselnd in Bonn und in Hamburg zu tun hatte. Wir drei mochten Gerda und, was auch zählte, sie zahlte gut für ein kleines Zimmer in unserem kleinen Heim. Gerda war die Powerfrau im Haus. Sie hatte ein klares Lebensziel: Sie wollte eine erfolgreiche

Journalistin werden. Sie hatte Wirtschaftswissenschaften, Sport und Philosophie studiert, hatte sich an mehreren Journalistenschulen beworben, war überall angenommen worden, um dann auf keine zu gehen, weil sie das »fad« fand. Der Beweis, dass sie hätte können, wenn sie hätte wollen, genügte ihrem Selbstbewusstsein.

Gerda konnte, wenn es um ihr Fachgebiet Wirtschafts- und Sozialpolitik ging, jeden Mann in Grund und Boden reden. Zeigte ein Mann sich in der Wirtschaftstheorie ebenbürtig, dann lud sie ihn zum Joggen ein oder an eine Kletterwand. Meist war sie die Bessere. Gerda war ausgesprochen leistungsfähig. Wenn sie ein Ziel unbedingt erreichen wollte, dann spazierte sie notfalls über Leichen. Auch über die von Männern.

Mit unseren unterschiedlichen Begabungen und unterschiedlichen Zielen ergänzten wir uns perfekt. Anke fühlte sich als gelernte Historikerin wohl im politischen Getümmel des Bonner Alltags, Gerda betrachtete die Welt von einem volkswirtschaftlichen Standpunkt aus, Lisa fügte Inspiration und Kreativität hinzu und ich wollte einfach nur überall dabei sein und mit jugendlichem Schwung die Welt retten. Und in einem Punkt waren wir uns sowieso einig: Keine von uns sah ein Problem darin, sich als Frau in den Bonner Polit-Journalismus zu mischen. Uns würde keiner mehr als reines Lustobjekt verhöhnen. Dachten wir.

Kurz vor der Autobahnraststätte Spessart fiel uns dann jene Geschichte wieder ein, die Gerda passiert war und die uns einige gemeinsame Abende beschäftigt hatte.

Auf gute, gerne auch sehr gute Zusammenarbeit

Es war ein schöner Sommertag im August 1990 und er versprach erfolgreich zu werden. Gerda hatte in der Nacht schon ein wenig an ihrem Beitrag für die Mittagssendung gearbeitet und sie war auch nach Sonnenaufgang noch mit dem nächtlichen Werk zufrieden. Als sie in die Redaktion kam, lag ihre Post schon auf dem Schreibtisch, ein kleiner Stapel Briefe und ein Päckchen. Neugierig suchte Gerda auf dem braunen Packpapier der länglichen Sendung nach dem Absender. Sie schüttelte das Päckchen. Aber das Gluckern, das zu hören war, wenn eine Pressestelle ihr eine Flasche Wein geschickt hatte, blieb aus. Dafür war die Sendung auch nicht schwer genug, überlegte Gerda. Als sie das Packpapier aufriss, bemerkte sie, dass ein Absender fehlte. Auf alle Fälle kam das geheimnisvolle Geschenk aus dem Bundestag. Das innere Packmaterial bestand aus jenem geriffelten Papier, mit dem in den Abgeordnetenhäusern die interne Post verschickt wurde. Die Anschrift »Wirtschaftsredaktion z. Hd. Frau Gerda Knobel, persönlich« war offensichtlich im Postversand des »Langen Eugen« geschrieben worden. Jetzt kam eine Karte zum Vorschein. Gerda las: »Auf gute, gerne auch sehr gute Zusammenarbeit«. Kein Name, nichts.

Irritiert riss Gerda die letzten Papierlagen der Rolle auf. Sie hielt einen Gruß ihres letzten Informanten aus dem Bundeshaus in der Hand, einen Vibrator.

Einige Minuten starrte Gerda fassungslos auf den Haufen zerrissenes Papier und den Penis-Nachbau auf ihrem Schreibtisch. Wut stieg in ihr auf. Hatte sie etwas falsch gemacht, etwas Falsches gesagt? Hatte sie diesem Kerl irgendein falsches Signal gegeben? Sie versuchte, das Informationsgespräch vom Vortag zu rekonstruieren. Nein, da war nichts gewesen. Sie war sich auch deshalb sicher, weil sie sich mit Schaudern an die Wurstfinger ihres Gegenübers erinnerte. Wenn man sich etwas besser kenne, hatte dieses Schwein gesagt, dann hätte er noch einige heiße Informationen für sie. Und das Wörtchen »heiß« hatte er sich auf der Zunge zergehen lassen. Gerda hatte sich nichts dabei gedacht.

Was lief da schief? Sie liebte ihren Beruf. Sie wollte nie etwas anderes werden als Journalistin. Täglich durfte sie zahlreiche Zeitungen lesen, Nachrichten ansehen und dafür wurde sie auch noch bezahlt. Sie erlebte Politik aus nächster Nähe und durfte sie bewerten. Wie oft hatte sie früher davon geträumt und wie sehr hatte sie darauf hingearbeitet. Mit dabei sein, in der ersten Reihe sitzen, das wollte sie. Aber auch an die Warnungen erinnerte sie sich in diesem Moment, von ihren Eltern, von ihrem Doktorvater an der Uni. Das sei ein Männerberuf, in Bonn allemal, hatten sie zu bedenken gegeben. Da würden Frauen nicht ernst genommen. Sie hatte es weggelacht.

Doch jetzt, nach den ersten Jahren in diesem Beruf und an diesem Ort, wurde sie immer unsicherer. Sie hatte schon so viele Demütigungen einstecken müssen. So viele Widerstände musste sie überwinden, denen ihre gleichaltrigen männlichen Kollegen nicht ausgesetzt waren. Und das nicht etwa, weil sie besser waren als sie. Als Gerda in diesen Beruf einstieg, hatte sie das nicht für möglich gehalten. Gerda versenkte den Gruß aus dem Deutschen Bundestag tief in ihrer Tasche. Sie würde das Ding bei nächster Gelegenheit in einer Mülltonne verschwinden lassen. Und dann brach sie doch noch in Tränen aus.

Bei uns zu Hause angekommen versuchte sie noch einmal, sich jede Sekunde ihres Treffens mit dem mutmaßlichen Sender ins Gedächtnis zurückzurufen. Sie hatte diesen Politiker der konservativen Partei interviewt. Er kannte Gerda kaum. Der Politiker war groß, kräftig, Ende vierzig und laut. Er musterte Gerda von Kopf bis Fuß, und sie ertrug es mit kompletter Ignoranz. Darin war sie geübt. Das erlebte sie nicht zum ersten Mal. Wenn sie als Reporterin mit Männern reden wollte, dann war das für ihre Gesprächspartner in den meisten Fällen zunächst einmal kein ordinäres Informationsgespräch. Es war für sie ein Kräftemessen mit einer Frau. Dazu gehörte dieser erste abtastende Blick: Bist du zu haben, lohnt es sich, dir nachzustellen? Es irritierte sie nicht mehr und sie wusste damit umzugehen. Sie war auch bei dem Herrn Politiker aus der C-Partei sachlich und ohne Umschweife zum Thema gekommen. Es ging um das Gleichberechtigungsgesetz und seine Auswirkungen auf den Arbeitsmarkt.

Gerda merkte genauso schnell wie ihr bemüht arrogantes Gegenüber, dass sie offenbar mehr von der Materie verstand als der Fachmann. Er hatte sich nicht vorbereitet und wohl gedacht, sie mit den üblichen Floskeln wie »wir sind auf einem guten Weg« oder »alle Beteiligten sind guten Willens« abspeisen zu können. Auch das gehörte offenbar zum Männergehabe. Es war ihr schon häufiger passiert, dass die Männer, die sie traf, sich auf ein Gespräch mit ihr weniger vorbereitet hatten, als sie es vermutlich für vermeintlich sachkundigere männliche Kollegen getan hätten.

Doch was dieser Herr Politiker ihr geboten hatte, das war selbst ihr zu viel, oder besser: zu wenig gewesen. Er hörte ihr nicht zu, sondern unterbrach sie mit vermeintlichem Charme. Dabei beugte er sich weit nach vorne, so nah es der Tisch und die Kaffeetasse vor ihr erlaubten, schaute ihr in die Augen und fragte in regelmäßigen Abständen: »Verstehen Sie denn das, was ich sage?«

»Ich bin nicht hier, um über die Kapazität des weiblichen Hirns mit Ihnen zu diskutieren«, hatte sie schließlich gepampt, »beantworten Sie mir doch einfach meine Frage.« Aber geholfen hatte es nichts. Sie musste sich noch einige »Sie sind wirklich ein süßes Frauchen« und »entzückend, wenn Sie zornig sind« anhören. Und dann bat er sie auch noch zu verzeihen, wenn schon mal der Mann mit ihm durchgehe. Als einsamer Abgeordneter fern von zu Hause habe er eben selten so netten Besuch. »Wissen Sie«, hatte er zum Abschied geklagt, »der Bonner Alltag bietet uns Männern wenig.«

Als Gerda an diesem Abend nach Hause kam, war Anke schon da. »Schau dir diesen Dreck an«, brach es aus ihr heraus und sie warf das Päckchen auf den Tisch. Anke packte es aus und ihre Augen weiteten sich: »Von wem?« Gerda sagte wütend: »Scheißegal. Ich will das so wenig wie möglich verbreiten.« – »Das ist wirklich das Letzte. Gib es ihm öffentlich zurück und bedank dich«, riet Anke. »Das fällt doch nur auf mich zurück. Dann denken alle, ich hätte ihn dazu animiert«, erwiderte Gerda. »Es fällt immer auf mich zurück, egal was ich mache.« Die Tür wurde geöffnet. »Was fällt auf dich zurück?«, fragte die eintretende Lisa fröhlich. Sie hatte ihre indische Schlabberhose an, darüber ein enges schwarzes T-Shirt und um ihren Kopf einen voluminösen Schal gewickelt. Gerda schaute kritisch. »Siehst aus wie 'ne Haremsdame – passt zum Thema.« – »Harem? Will Gerda in einen Harem?«, fragte Lisa ungläubig. »Nee, aber die Bonner Kerle wollen sie versklaven.« – »Versteh kein Wort – was ist denn das?« Lisa schaute indigniert auf das Corpus Delicti, das groß und weiß auf dem Küchentisch lag. »Bin ich hier im falschen Haus?«, witzelte Lisa und starrte weiter auf den Tisch. »Nee, den hat Gerda per Post von einem Abgeordneten bekommen.« – »Nicht wahr?« – »Doch leider.« – »Und jetzt schickst du ihn zurück, oder wie?«

»Ihr seid echte Freundinnen.« Gerda schwankte zwischen Weinen und Lachen. »Sehr witzig. Das ist nicht komisch, das ist nur ekelhaft.« – »Wirf ihn weg.« – »Und wenn ich dem Kerl das nächste Mal begegne?« – »Tu so, als sei das Ding nie angekommen.«

»Komm, wir machen eine Flasche Wein auf«, schlug Gerda vor, und selbst Lisa, die derzeit makrobiotisches Essen mit Quellwasser aus der Eifel bevorzugte, hatte nichts dagegen.

Lisa legte eine Schallplatte auf, und die drei machten es sich auf dem flauschigen Teppichboden im Wohnzimmer bequem. Anke heizte den Kamin an, und bald schauten sie alle drei in das Feuer. »Schön«, seufzte Lisa und räkelte sich. Sie konnte eigentlich keine Minute still sitzen und machte aus jeder Bewegung eine Pose. Jetzt schlug sie die Beine untereinander, atmete laut aus und entspannte dann kurz im Yogasitz. »So was wie mit deinem Vibrator-Abgeordneten passiert doch laufend. Warum bleibt das eigentlich alles unterm Deckel?«, fragte Lisa etwas gequält, weil sie inzwischen auf dem Kopf stand. »Ja«, sinnierte Anke, »warum bricht eigentlich keiner diese Tabus?« – »Weil diejenige, die einen von den Kerlen an den Pranger stellt, raus ist aus dem Geschäft. Weil viele finden, dass so etwas ganz normal ist. Und weil den Männern ohnehin das Unrechtsbewusstsein fehlt«, analysierte Gerda in ihrer trockenen Art.

Empört ließ sich Lisa auf den Boden gleiten. »Man kann das doch nicht auf ewig einfach so hinnehmen. Wir lachen über deren Zoten, biedern uns kumpelhaft an und tun nach außen hin so, als ob es uns nichts ausmacht, wenn dieser Busenfetischist aus der SPD-Baracke seine Grabscher ausfährt. Und dann werden wir im Beruf auch noch verspottet und benachteiligt. Das hat schon was von Prostitution«, beendete Lisa ihren Klageauftritt und rollte sich zu einer Kugel zusammen.

»Na ja, irgendwie prostituieren sich die Männer ja auch«, lenkte Anke ein. »Die gehen auch mit jedem Stinkstiefel saufen und bezahlen am Ende auch noch, nur um an Informationen zu kommen. Das läuft nur auf einer anderen Ebene. Wenn dir als Mann so ein Arsch auf die Schulter klopft, kannst du auch nicht sagen: Nimm die Pfoten weg.«

Gerda schlief schlecht in dieser Nacht. Aber schließlich hatte sie eine Lösung gefunden. Sie wusste, dass der Kerl mit dem Vibrator ein guter Freund ihres Redaktionschefs war. Vor der 10-Uhr-Konferenz sprach Gerda ihn an. »Ich habe mit deinem Informanten aus dem Innenausschuss gesprochen. Der hat mich behandelt, als sei ich zu doof, ein Wort geradeaus zu reden. Immer wieder beugte er sich vor, tatschte meinen Arm und fragte, ob ich überhaupt verstünde, was er sagt. Und dann hat er mir noch eine widerliche Anzüglichkeit in die Redaktion geschickt. Kannst du nicht mal mit dem reden?« Gerda hatte ihren Chef auf dem richtigen Fuß erwischt. »Du bist ein Mitglied meiner Redaktion«, brummte er, »und niemand beleidigt dich.« Er begann eine Telefonnummer zu wählen.

Auch Gerdas Chef war durchaus nicht abgeneigt, die eine oder andere Frau, die ihm in seinem Beruf begegnete, anzubaggern. Das wusste Gerda aus eigener Erfahrung. Aber was immer er selber mit jungen Kolleginnen versuchte – andere hatten ihre Finger von seiner Mannschaft zu lassen. Da war er ganz Vorgesetzter und Beschützer. Gerda hatte das richtig eingeschätzt.

Sie durfte zuhören, als er mit seinem Freund sprach. »Hör mal. Meine junge Kollegin, die jüngst bei dir war, hat wohl einige Probleme mit dir gehabt. Ich will da keine Missverständnisse aufkommen lassen. Gerda ist eine hervorragende Journalistin und ich rate niemandem, das anzuzweifeln, nur weil sie eine Frau ist.

Auch dir nicht. Oder glaubst du, ich stelle hier kleine Mädchen ein, die du vernaschen kannst?« Gerda sah förmlich, wie der Mann auf der anderen Seite sein Gesicht verzog und irgendetwas von »falsch verstanden« murmelte.

Kurz hinter Koblenz sind wir mit der Aufarbeitung unserer WG durch und widmen uns nun dem Zweck unserer Tour. »Ich reise sofort wieder ab, wenn wir uns an diesem Wochenende nur ständig gegenseitig bestätigen, wie wahnsinnig naiv wir damals waren«, kündigt Gerda in ihrer rigorosen Art an. »Oder wenn jeder weise nickend sagt: ›So war das eben damals.‹ Niemand sollte mehr wie früher mit Ausflüchten kommen. Schließlich hängt jetzt von diesem alten Mist unsere Karriere nicht mehr ab.« – »Hugh, unsere Karrierefrau hat gesprochen«, erwidert Lisa, nicht ganz ernst wie immer. »Da sollen die jungen Küken, die jetzt in Berlin versuchen, Fuß zu fassen, doch selber sehen, wie sie zurechtkommen«, sagt sie scheinbar nachdenklich. »Wieso habe ich jetzt dieses *Déjà-entendu*-Erlebnis?«, werfe ich ein. Es ist wie früher. Die beiden schaffen es ohne Schwierigkeiten, die restlichen eineinhalb Stunden bis zur Ankunft in unserem Wellness-Hotel in der Eifel mit verbalen Scheingefechten zu füllen.

Wir sind die letzten Ankömmlinge, das ist am Hotelempfang deutlich zu hören. Aus einer abgelegenen Sitzecke des Empfangsbereichs klingt wildes Stimmengewirr herüber. Übertönt wird es von einer Art regelmäßigen schrillen Lachens. »Das ist Gisela«, erkennt Gerda sofort und stürzt in Richtung Stimmengewirr davon. Da sitzen sie, redend und gestikulierend wie vor 25 Jahren, eine andere Frisur hier, üppigere Hüften da – aber sonst auf den ersten Blick unverändert.

Die Begrüßung und der Umgang miteinander allerdings scheint mir anders zu sein als damals, lockerer, unverklemmter. In Bonn, erinnere ich mich, schimmerte doch häufig die Konkurrenzsituation durch, in der wir zueinander standen. Was hatte die eine erfahren, was wusste die andere? Wer hatte mit wem gesprochen? Auch in den Gesprächen im vertraulichen Hintergrundkreis war jede darauf bedacht gewesen, ihren Status zu verbessern und die eigene Anerkennung zu fördern. Das ist jetzt alles überflüssig. Wir haben ein gemeinsames Ziel. Wir wollen uns erinnern und aufschreiben, wie das damals war in der deutschen Politik mit dem Sex und der Macht. Von der ersten Sekunde des Wiedersehens an, so empfinde ich es jedenfalls, ist die Nähe und Vertrautheit zwischen diesen zehn Frauen intensiver, als sie vor 25 Jahren gewesen ist.

»Na?«, begrüßt mich Maya, so als ob wir uns erst gestern auf einer Pressekonferenz begegnet wären, »hat dich dein Gesundheitsminister schon wieder angerufen?« – »Ich hab damals ehrlich gedacht, der wollte mit mir über das Drogenproblem reden«, geb ich zu und frage dagegen: »Klopft bei dir immer noch der Außenminister an und fragt, ob er heute Nacht dein Innenminister sein darf?« Worauf Gisela sich einmischt: »War das eigentlich damals ein guter Witz oder ist es wirklich passiert?« Bevor Maya antworten kann, meldet sich Gerda zu Wort. »Meinen Parteivorsitzenden, der mich auf offener Straße beschimpft hat, weil ich nicht mit ihm ins Hotel wollte, den gab's jedenfalls wirklich. Der hat mir dann noch richtig Zoff gemacht.« – »Aber für die Talkshow haben sie dich nicht genommen, weil du angeblich kein passendes Gesicht hattest, und nicht, weil du den Außenminister hast draußen vor der Tür stehen lassen«, stichelt Karla. »Sie durfte die Talkshow zur Primetime nicht moderieren, weil ihr angeblich dieses

Abendgesicht fehlte, was damals offensichtlich alle Männer mit Tränensäcken und Halbglatzen hatten«, fügt sie erklärend für die Umstehenden hinzu.

Gerda verzieht ihr Gesicht zu einem säuerlichen Lächeln. »Du meinst wohl, jetzt könnten die mich gebrauchen, weil ich Falten habe? Aber du hast Recht. Damals durfte ich nicht vor die Kamera, weil die Senderherren fanden, dass mein Gesicht nicht ins Abendprogramm passe. Heute würden sie mich wahrscheinlich nicht mehr lassen, weil ich Falten habe. Ihr wisst doch, nur Frauen werden vor der Kamera alt, Männer nicht.« – »Erinnert ihr euch noch an unseren alten Emanzen-Witz?«, fragt Christa in die Runde und wartet die Antwort gar nicht erst ab. »Als der liebe Gott die Welt erschuf und die Menschen mit dem Nötigsten ausstattete, musste er am Donnerstag der Schöpfungswoche den Wartenden zu seinen Füßen gestehen: Gehirn ist aus, ab jetzt gibt es Schwänze!« Es wird angemessen gelacht, was Lisa gar nicht witzig findet. »Echt! Jetzt amüsiert ihr euch darüber. Damals hatten wir mit diesem Teil der Schöpfung Riesenprobleme.«

ES WURDE GERNE DARÜBER GESCHWIEGEN – BONNER MACHTVERHÄLTNISSE

Mulier taceat in ecclesia –
Das Weib schweige in der Gemeinde

Paulus in 1. Korinther 14,34

Wir alle kannten sie in Bonn, den Regierungssprecher, der Frauen auf Dienstreisen die Zimmernummer seines Hotels aufdrängte; den hochrangigen Sozialdemokraten, für den jedes weibliche Wesen ein »Schätzchen« war; den CDU-Mann, der bei jeder von uns grundsätzlich in Kindersprache verfiel und zärtlich tatschend nachfragte, ob wir auch alles verstanden hätten. Und schließlich jene Minister, die selbstverständlich annahmen, alleine die Ausstrahlung ihrer Macht reiche für eine gemeinsame Nacht mit uns. Viele dieser Geschichten entwickelten sich im Bonner Treibhausklima jener Jahre zu Allgemeinwissen. Das meiste jedoch spielte sich im Verborgenen ab und wurde nicht allgemein bekannt. Die belästigten Kolleginnen hatten kein Interesse an Öffentlichkeit, weil zu jener Zeit mehr an ihnen als an den Männern hängen geblieben wäre.

Denn die Macht am Rhein war männlich. Minister und Beamte, Verbandsobere und Lobbyisten, Parteigrößen und Medienstars, Botschafter und Gewerkschaftsbosse – von Godesberg bis zum Bonner Kanzleramt nur Männer, nichts als Männer. Und wenn denen beruflich eine junge Frau über den Weg lief, dann galt es zunächst einmal, dieses Einzelwesen auf das speziell Weibliche zu reduzieren. Man kann es auch platter sagen: Zuerst die Anmache, dann die Information.

Wer als Frau bei diesem Bonner Männersport nicht mitmachen wollte, der hatte es ohne Seilschaft schwer. Genau dies aber, Bonner Frauenbünde, gab es nicht – bis Maya kam.

Ein Hintergrundkreis wagt sich in den Vordergrund

Zu ihrem ersten Treffen hatten sich die zehn Journalistinnen, die im unfreundlichen Bonner Frauenklima enger zusammenrücken und so ihre Arbeitsbedingungen verbessern wollten, im Hinterzimmer einer typischen Bonner Kneipe verabredet. Im Schankraum stand der obligatorische rustikale Tresen aus Eiche. Auf ein paar Tischen mit roten Plastikdecken war das Standard-Arrangement für die Liebhaber bodenständiger deutscher Küche aufgebaut: Zahnstocher, Salz und Pfeffer in einem Holzimitat aus braun geriffeltem Plastik, daneben die Maggiflasche. Es roch nach abgestandenem Rauch und vergossenem Kölsch. Hinter dem Tresen links gelangte man in das Tagungszimmer der Zehnerbande. Der Wirt hatte vier mit Resopal beschichtete quadratische Tische zusammengeschoben. Darauf standen gleichmäßig verteilt kleine Flaschen mit Mineralwasser, das Stück für 1,20 Mark. Einige Brötchenhälften lagen daneben, »lecker belegt«, wie der Rheinländer sagt, mit sich vor Trockenheit aufbäumenden Gürkchen und Paprikastreifen, die rote Streifen auf den darunter befindlichen Schnittkäse gemalt hatten. Aber meckern war nicht. Getränke und Imbiss, so hatte es geheißen, werden aus der Clubkasse bezahlt.

Maya taxierte die Frauen, die sie zur Gründungsversammlung der »Rosa Federn« zusammengetrommelt hatte. Da war Karla. Sie arbeitete für eine der renommierten Tageszeitungen und hatte

Almanach zum Bonner Presseball, 1995, »Hofburg Bonn«
Helmut Kohl

sich heute mächtig aufgebrezelt. Sie lief seit Neuestem mit dem Typen vom NDR herum, der ganz gut aussah und schon so ziemlich jede Frau in Bonn angebaggert hatte. Die an sich eher biedere Kollegin hatte es offenbar schwer getroffen. So sexy wie heute hatte Maya sie noch nie in Bonn herumstolzieren sehen. Karla trug Overknee-Wollstrümpfe mit einem girlandenartigen Schlangenmuster, das vielversprechend unter ihrem Minirock verschwand. »Grenzwertig«, dachte Maya. Dabei war sie sonst immer der Typ »Jeans und T-Shirt« gewesen.

Karla gegenüber saß die Kollegin Meike von der Konkurrenzzeitung. Sie hatte zwei Kinder und erwartete gerade ihr drittes. »Ohne Job könnte ich gar keine gute Mutter sein«, pflegte sie auf die Frage, wie sie denn das beides vereinbaren könne, zu antworten. »Wenn ich still an meinem aufgeräumten Schreibtisch sitze, sammle ich die Kraft, die ich für die Kinder brauche.« Allerdings gab sie auch jederzeit zu, dass dies alles nur funktioniere, weil ihre verwitwete Mutter mit im Hause wohne und die Kinder versorge.

Oh, und dann Gisela. Der rote Minirock verdiente wirklich nicht die Bezeichnung »Rock«, dachte Maya und gab neidlos zu, dass Gisela das Nichts tragen konnte. Die kleine hübsche Person recherchierte gerne mal mit dem Augenaufschlag, der da sagte: »Herr Bundeskanzler, können Sie mir das bitte noch einmal etwas näher erklären?« Und der Kanzler, damals ein dicker, großer, birnenförmiger Mann, tat nichts lieber, als alles noch einmal für die kleine, zerbrechliche Gisela zu wiederholen. Sie bekam auf diese Weise exklusive Zitate für ihre Kolumne. Maya fragte sich manchmal, ob der Neid sie da nicht ein bisschen stutenbissig reagieren ließ.

Ansonsten war Gisela schlicht ein Typ Mensch, der Karriere machen wollte und dafür auch alles Äußere einsetzte, was er zu bieten hatte: Schöne Beine, lange blonde Haare und eine Wespentaille. Jüngst hatte Maya miterlebt, wie Gisela den SPD-Promi Oskar Lafontaine angehimmelt hatte. »Ich hänge regelrecht an Ihren Lippen, wenn Sie reden«, hatte sie ihn angesäuselt und sich dabei zutraulich zu ihm vorgebeugt. Und tatsächlich: Gisela brachte es weit.

Mit uns vieren von der Hollywoodschaukel, Anke, Ursula, Lisa und Gerda, war Maya befreundet. Sie hatte schon häufiger im Draußen-Wohnzimmer ein Glas getrunken. Dann gab es noch

Nicole, eine zurückhaltende Intellektuelle, die hauptsächlich für überregionale Zeitungen Reportagen schrieb. Sie tauchte meist gemeinsam mit der schüchternen Christa auf, die für private Medien arbeitete und in Bonn selten ein Fettnäpfchen ausließ. So war Christa jüngst bei einem der zahlreichen Bonner Buffetessen auf Alice Schwarzer getroffen. Als die bekannteste deutsche Feministin anhub, sich wieder einmal unversöhnlich über die Dominanz der Männer auszulassen, war Christa spontan herausgerutscht: »Manchmal tun mir die Männer bei Ihnen aber auch leid.« Eine Äußerung, die beinahe die Frikadellen zum Fliegen gebracht hätte.

Maya hatte die Idee zum Hintergrundkreis gehabt und übernahm die Leitung. Sie arbeitete bei einer kleinen Zeitung und ging mit allem und jedem sehr kritisch um. An Mut mangelte es ihr nicht. So wagte sie sich denn auch gleich beim ersten Treffen an ein für uns damals heikles Thema heran. »Als ich euch eingeladen habe, da hab ich mir natürlich auch überlegt, worüber wir denn zur Eröffnung reden sollten«, begann sie ihr Begrüßungsstatement. »Und ich habe mir gedacht: Warum nicht damit anfangen, worunter wir alle fast täglich zu leiden haben? Warum nicht mal über die üble sexuelle Anmache offen sprechen, mit der uns unser Beruf von den Kerlen vermiest wird?«

An den Resopaltischen wurde es still. Vergeblich wartete Maya auf eine Wortmeldung. Für die eine gab es plötzlich nichts Wichtigeres, als konzentrische Kreise auf ihren Notizblock zu malen, die andere kramte geschäftig in ihrer Tasche, die Dritte beobachtete durch das Fenster aufmerksam einen Spatz, der in einer kleinen Pfütze auf dem gegenüberliegenden Dach badete. Es war offensichtlich: Niemand hatte Lust, sich zu äußern. Nach einer langen und peinlichen Pause runzelte Maya die Stirn, schaute uns kritisch an und schloss das Thema ab mit dem Satz: »Na, dann eben ein anderes Mal.« Gespräche über die Tagespolitik halfen über den Rest der Sitzung hinweg.

Niemand von uns hätte es an diesem Tag zugegeben. Aber es war nicht die Angst vor den Männern. Die konnten mit dem Begriff der sexuellen Belästigung zu jener Zeit noch gar nichts anfangen, weil es ihn im juristischen Sinne noch gar nicht gab. Es war die Scheu, vor sich selbst und den anderen Frauen Schwächen einzugestehen. Von sexueller Drangsal im Beruf zu berichten, hätte auch das Geständnis erfordert, der Situation manchmal nicht gewachsen zu sein – oder schlimmer noch: der männlichen Erpressung hier und da sogar nachgegeben zu haben. Mit solchen Eingeständnissen wäre unsere eigene Sicherheit verloren gegangen und das Ansehen in der sozialen Bezugsgruppe gefährdet worden.

Armin-Paul Hampel, damals *RTL*-Hauptstadtstudio, heute Produzent und Filmemacher in Indien, ließ uns Frauen immer galant vor sich stehen, weil er so groß war. Schließlich waren wir ja keine Konkurrenz.

Armin-Paul Hampel: »Hintergrundkreise sind was für Männer«

Ich erinnere mich noch gut an die ersten Damen in den politischen Zirkeln. Im Hintergrundkreis von Malte Zeeck *(NDR)* war lange Zeit keine einzige Frau. Die ersten Kolleginnen dort beschränkten sich aufs Zuhören. Im Wespennestkreis ging es da schon fortschrittlicher zu und uns männlichen Kollegen fiel erstmals auf, dass Frauen anders fragen – mit teilweise verblüffenden Resultaten. Auffallend war auch, dass die meisten weiblichen Kollegen entweder sozialdemokratisch dachten oder den Grünen zugeneigt waren. In konservativen Kreisen blieben sie länger die Ausnahme. Patricia Wiedemeyer war so eine, auch Barbara Walther. Nicht zu unterschätzen waren (und sind immer noch) die Nachteile, die Frauen in unserem Beruf aufgrund ihrer weiblichen Konstitution nun einmal haben. Mit meinen 1,93 Metern kann ich einen O-Ton noch auf eineinhalb Meter angeln oder mich im Gewühl der Kollegenschar nach vorne mogeln, wenn es um ein wichtiges Politikerstatement geht. Helmut Kohl hat Frauen häufig aus seiner Höhe gar nicht gesehen. Hans-Dietrich Genscher wiederum tat genau das Gegenteil und »pickte« sich die kleinen Damen heraus. Er soll so manche, so wurde kolportiert, auch privatissime empfangen haben – was selbstverständlich nicht stimmt. Heute kann ich rückblickend einen gewissen Groll meiner damaligen Kolleginnen verstehen. Sie mussten, wie in so vielen anderen Berufen auch, doppelt fleißig sein, manchmal frecher, als sie es sein wollten, und wurden dann oft genug doch nicht ernst genommen.

»Orwells Schweine«

1984 landeten die ersten »Rosa Federn« in Bonn. Es war kein gutes Jahr für die Männermacht am Rhein. Nicht, dass die Schreckensvision George Orwells wahr geworden wäre und ein totalitäres System jeden Minister, Abgeordneten und Lobbyisten in Bonn bis in die intimsten Bereiche hinein kontrolliert hätte. Nein. Eine andere Fabel Orwells war wahr geworden: Die von den Schweinen, die auf der »Animal Farm« die Macht übernehmen und nach dem abgewandelten Gleichheitsgrundsatz »Alle Tiere sind gleich, aber einige Tiere sind gleicher als andere« auf dem Bauernhof herrschen.

In Bonn ging es 1984 um starke, wichtige Männer, die sich wie Orwells Schweine gleicher dünkten. Und einige von ihnen mussten in diesem Jahr gehen: Der FDP-Wirtschaftsminister der Kohl-Regierung Otto Graf Lambsdorff, der Vorstandssprecher der Dresdner Bank und Lambsdorff-Vorgänger Hans Friedrichs, der christdemokratische Präsident des Deutschen Bundestages Rainer Barzel. Alle hatten sie an der Steuer vorbei Geld genommen, für ihre Partei, für sich. »Allgemeine politische Landschaftspflege« nannte das der Mann, der mehrere Jahre die drei Parteien des Bundestages CDU/CSU, SPD und FDP sowie einzelne Mitglieder seines Bonner Männernetzwerks am Fiskus vorbei mit Barem versorgt hatte.

Für ein bestimmtes Entgegenkommen der Politiker zeigte sich Eberhard von Brauchitsch, Milliardär Karl-Friedrich Flicks erster Mann, besonders erkenntlich. 1975 hatte sein Arbeitgeber für rund zwei Milliarden Mark seine Anteile am Daimler-Autokonzern verkauft – und wieder angelegt. Was sollte er auch anderes damit tun? Zwei Milliarden Mark auf dem Sparkonto machen wenig Sinn. Damit aber hatte Flick, so befand der damalige Wirtschaftsminister Hans Friedrichs, Gutes für die deutsche Wirtschaft getan. Und Gutes tun für die Volkswirtschaft konnte mit Steuerfreiheit belohnt werden. Flicks erneute Anlage des Geldes wurde vom Bonner Wirtschaftsministerium als besonders förderungswürdig eingestuft; seine zwei Milliarden aus dem Verkauf des Daimler-Pakets durfte Flick deshalb nahezu steuerfrei einstecken.

»Die gekaufte Republik« *(Spiegel)* der Herren Flick und von Brauchitsch hätte den Titel »Bonnflikt«, den die Festbroschüre *Almanach* der Bonner Journalisten zum Presseball im November 1984 trug, allein schon gerechtfertigt. Aber es hatte sich noch mehr ereignet, über das es zu lästern lohnte. Zum Beispiel die Sache mit Verteidigungsminister Manfred Wörner, der ganz eigene Probleme mit der Bonner Manneskraft im Orwell-Jahr bekommen hatte. In den Kölner Schwulen-Lokalen »Tom Tom« und »Café Wüsten« wollte der Minister höchstpersönlich herausgefunden haben, dass sein Vier-Sterne-General und stellvertretender Oberbefehlshaber der NATO, Günter Kießling, schwul sei. Zackig entschied Ex-Kampfflieger Wörner: Schwul, Sicherheitsrisiko, feuern!

Doch Wörner hatte sich leimen lassen – wohl vom DDR-Geheimdienst, wie sich später herausstellte. Am 1. Februar 1984 musste er Kießling in allen Ehren wieder in den aktiven Dienst übernehmen, um ihn zwei Monate später mit noch größeren Ehren und im Fackelschein des Großen Zapfenstreichs in den Ruhestand zu versetzen.

All dem versuchten die Bonner Journalisten, die 1984 für den *Almanach* des Presseballs verantwortlich waren, auf über 200 Seiten etwas Lustiges abzugewinnen. Beim Durchblättern des Layouts muss der einzigen an der Herstellung des *Almanachs* beteiligten Frau wohl aufgefallen sein, dass dem satirischen Werk ihrer Kollegen aus der *Almanach*-Redaktion etwas fehlte: das Weibliche. Na gut, auf Seite 34 ließ der Marketing-Verein der deutschen Landwirtschaft CMA ein lecker Mädsche mit einem süßen Milchbart für das Kraft spendende Glas Milch danach werben. Und weiter hinten war Hannelore Kohl an der Seite ihres Bundeskanzlers auf dem Weg ins gelobte Land abgebildet. Aber keine Frau war auch nur in die Nähe der Skandale gekommen, die die Republik erschütterten.

Und das, fand die Journalistin und *Almanach*-Mitarbeiterin Karin Hempel-Soos, verstieß nun wirklich gegen die Gleichberechtigung. Ganz hinten, auf den letzten Seiten des Männermagazins des Bonner Journalistenvereins, durfte sie ihren Frust loswerden. »Von allen Sauereien« seien die Frauen ausgeschlossen worden, beklagte sie den neuerlichen Fall einer gravierenden Benachteiligung der Frauen. Denn: »Beim Barzeln und Flicken waren die Sammler und Jäger unter sich.« Karin Hempel-Soos, die sich auch als Kabarettistin und Bundestagsabgeordnete der SPD betätigte, fasste diesen »nationalen Skandal« in einer fetten Schlagzeile nach *Bild*-Manier zusammen: »Frauen an Flick-Affäre nicht beteiligt!« (*Almanach* 1984, »Bonnflikt«: Karin Hempel-Soos. »Die deutsche Frau bleibt außen vor«. S. 213)

»Hat es eigentlich jemals einen ähnlichen Skandal um und mit Frauen gegeben?«, will Maya wissen, als Gerda im kleinen Konferenzsaal unseres Hotels in der Eifel daran erinnert. »Und wenn nicht, warum nicht?« Keiner von uns fällt ein zeitnahes Beispiel ein. »Kleopatra«, schlägt Lisa, nicht ganz ernst wie immer, schließlich vor. Das allerdings war ein Beispiel weiblicher Einflussnahme auf Männer und Politik, nach dem wir nicht suchten. Neigen Männer eher dazu, in ihrem ausgeprägten Streben nach Macht die Regeln des gesellschaftlichen Zusammenlebens zu missachten?

Einer, der schon 1984 in der Bonner Machtzentrale saß und 16 Jahre am Stück dem Bundeskanzler Helmut Kohl als Arbeitsminister gedient hat, müsste es eigentlich wissen. Norbert Blüm philosophiert heute noch gerne über das Verhältnis der Bonner Männer zu den Frauen.

Norbert Blüm: »Geschlechterkampf ist so einfallslos wie Klassenkampf«

Wie sind Sie mit den Bonner Journalistinnen ausgekommen?
Norbert Blüm: Oh, es gab da richtige weibliche Autoritäten, die waren halbe Heilige. Denen waren alle Männer unterlegen. Die ließen uns nicht zu Wort kommen, die waren nicht so zart, um unter Naturschutz gestellt zu werden. Die meisten von ihnen hatten von den vielen Kämpfen Hornhaut an den Ellbogen. Wenn die mit ihrem Wissen als Flintenweiber daherkamen, hatten viele von uns Männern Angst.

Klingt erschreckend, also hatten Journalistinnen richtig Macht?
Nein, dazu waren sie zu wenige. Das waren auch nur die älteren, die noch so ein bisschen die Trümmerfrauenmentalität hatten. Daneben gab es dann später auch die jüngeren Frauen. Die waren nicht mehr Frau von Beruf, sondern ganz normal. Was ich schöner fand. Aber alle zusammen haben mich mal zum Pascha des Monats gewählt. Und das war nicht völlig o.k. Ich bin kein Pascha, ich bin nur ein Mann. Es ist doch langweilig, wenn Männer und Frauen immer das Gleiche tun und versuchen gleich zu sein. Wenn Romeo und Julia gleich gewesen wären, hätte es kein wunderschönes Drama gegeben.

Ein Pascha will aber, dass die Frau ihm dient!
Ich fand immer, dass eine Frau nicht erst dadurch Frau oder Mensch wird, dass sie berufstätig ist. Ich fand es manchmal hoch arrogant, wie über Mütter gesprochen wurde. Hausfrauen, die nur Mutter waren, brachten sich ja fast um das Glück der Menschheit, die brauchten quasi einen Behindertenausweis. So wurde damals geredet. Und ich widerspreche bis heute ganz energisch, dass Frauen eine zweite

Geige spielen müssen, bloß weil sie Kinder erziehen, und zwar nur Kinder erziehen. Für diese Haltung hat man mich in den 80er Jahren sogar mal zum Ayatollah gemacht.

Hat Sie das geärgert?
Nie. Ich wurde mal von den jungen Journalistinnen in die *Emma*-Redaktion eingeladen. Da bat man mich dann, meine Hände vorzuzeigen. Ich glaube, die wollten mich an meiner männlichen Ehre packen und beweisen, dass ich ein Schreibtischhengst bin, der keine feste Arbeit kennt. Das habe ich mit großem Triumphgeheul ausgekostet. Klar hatte ich Schwielen an den Händen. Weil ich immer und überall mit angefasst habe.

Wie fanden Sie denn Ihre Kollegen, die ihre Energie lieber nicht in schwere Arbeit, sondern in massives Jagdverhalten steckten?
Über Frauen frotzeln, finde ich ganz schön, aber es braucht eine gute Pointe. Da war ich gerne mit vorne dabei. Diese alten Sudelfritzen aber, die am Stammtisch unter den Tisch pissten, die haben mich nie interessiert. Das ist niveaulos. Wissen Sie, es gab die gute alte Zeit. Natürlich erzählt jeder, früher war alles besser. Aber in diesem Fall war es wirklich besser: Das Privatleben eines Politikers wurde nicht so nach draußen gezerrt, wie es inzwischen üblich ist. Willy Brandts Liebesleben war jahrelang kein Thema für die Presse. Ein Herr Seehofer und seine Affäre, aus der ein Baby hervorging – das wäre damals untergegangen. Man hätte darüber nicht berichtet.

Wir Frauen sahen uns in dieser guten alten Zeit aber allzu oft als Freiwild. Sexuelle Belästigung galt als ein Kavaliersdelikt, mit dem man als Mann protzen konnte.
Gut, es gab in jeder Partei ein paar Prachtexemplare, die sich da

hervortaten. Da gab es auch bei den Grünen mehrere Chauvinisten. Einer war ein richtiger Zyniker, so wie der mit Frauen umging. Und der Minister aus der SPD, der brachte auch häufiger echte Klöpse mit Frauen. Ich kann mir auch vorstellen, also so weit geht meine Fantasie schon, dass manche junge Journalistin damals regelrecht erpresst wurde. Nach dem Prinzip: Ich geb dir Infos, wenn du dieses und jenes tust. Ich kenn das bei mir nicht. Ich habe nie viel darüber nachgedacht, dass das jetzt eine Frau ist, die mir gegenübersteht.

Einen Geschlechterkampf gab es also für Sie nicht?
Geschlechterkampf ist genauso einfallslos wie Klassenkampf. Das ist deshalb völlig deppert, weil es darum geht, den Partner zu vernichten. Wie öde. Da hast du ja danach kein lohnendes Ziel mehr. Dieser Vernichtungskampf ist dumm. Manchmal, finde ich, muss man dieses Mann-Frau-Thema auch ein bisschen in den Leerlauf schalten. Weder alle Frauen noch alle Männer sind Heilige. Man ruft ja auch nicht wegen jeder Blähung gleich den Doktor.

Für solche Doktorspiele hatten die Newcomer im Bundestag nicht viel übrig. Die Grünen hatten seit 1983 ehrwürdige Parlamente mit Turnschuhen, Sonnenblumen und einem Feminat entweiht – und schauten sich jetzt verblüfft an, wie »Mann« darauf reagierte, erzählt Hubert Kleinert, damals Parlamentarischer Geschäftsführer der Grünen, heute Professor in Gießen.

Hubert Kleinert: »Steife Krähenversammlung«

Wer wie ich 1983 mit nicht mal dreißig direkt von der linkspolitischen und allmählich grün-alternativ durchwirkten Hochschulkultur ins politische Bonn kam, sah sich gleich mehreren Fremdheitserfahrungen ausgesetzt. Nicht nur, dass Mann mit Zottelhaaren, schlampigem Outfit und dem Revoluzzerimage der grünen Frühzeit begafft, bestaunt und auch beschimpft wurde wie Invasoren von der Wega. Das ließ sich noch aushalten und irgendwie entsprach das ja auch den Erwartungen. Mehr fremdeln ließ unsereins seinerzeit, dass zwischen Adenauerallee und Rheinaue noch der Geist einer Erica von Pappritz, jener legendären Protokollchefin der 50er Jahre, lebendig war. All die gestanzten Höflichkeitsformeln, die formelhafte Sprache, das floskelhafte Getue, die strengen Hierarchien, die hinter Höflichkeitsfassaden verschleierten Konflikte – das war für mich damals eine vollkommen fremde Welt. Formlosigkeit im Umgang, Direktheit, Offenheit, all die Umgangsformen, die einem aus der linken Hochschulkultur von damals vertraut und selbstverständlich waren – in Bonn gab es das gar nicht. 1968 und die kulturellen Folgen mussten auf dem Rhein an Bonn vorbeigeschippert sein.

Und noch etwas fiel auf in dieser Zeit vor den Frauenquoten, den Gleichstellungsbeauftragten und dem Erziehungsurlaub: Es fehlten die Frauen. Zumal die jüngeren. Gewiss, es gab sie. Es gab die honorige Frau Hamm-Brücher, es gab Ingrid Matthäus-Maier, Annemarie Renger, Anke Fuchs und einige andere. Die Bundesministerin für innerdeutsche Beziehungen hieß Dorothee Wilms und im politischen Journalismus gab es Frau Dieckmann, Ada Brandes und ein paar andere. Aber das waren nicht viel mehr als ein paar Einsprengsel. Das politische Bonn von damals war eine Männergesellschaft. Frauen kamen da in erster Linie als Sekretärinnen und Mitarbeiterinnen vor, die morgens die Postfächer ihrer Abgeordneten leerten. Wirklich anders war das damals nur bei uns Grünen.

Nun will ich hier keinen falschen Eindruck erwecken: Ein großer Freund von Frauenquoten bin ich nie gewesen. Und als die Grünen 1984 ein »Feminat« an die Spitze der Fraktion wählten, war ich dagegen – was mir prompt Ärger einbrachte. Doch die Männerdominanz im Regierungsviertel jener Jahre – das war mir kulturell vollkommen fremd. Im linken Milieu der 70er und frühen 80er gab es keine Quoten. Aber dass Frauen nicht nur dabei waren, sondern auch wichtige Rollen spielten, und zu politischen Gruppen auch eine gewisse Ausgewogenheit der Geschlechter gehört, das war mir derart selbstverständlich, dass ich trotz aller frühen Konfrontation mit dem Feminismus wohl erst in Bonn so richtig bemerkt habe, dass es da wirklich ein Problem gab. Männerbünde waren meine Sache eigentlich nie gewesen – obgleich über die grünen Realos später auch anderes behauptet wurde. Und schließlich fand ich die erdrückende Mehrheit von grau und schwarz gewandeten Männern jener Jahre auch schlicht langweilig. Politik hat auch einen sozialen Aspekt und ein bisschen Geschlechterspannung gehörte und gehört zur sozialen Attraktion einfach dazu.

Dass in meinem eigenen Laden die Frauen auch damals schon reichlich vertreten waren, milderte diese Fremdheitsgefühle nur bedingt. Denn was bei anderen kaum ein Thema war, schien mir bei uns überreichlich vorhanden: die Geschlechterfrage als politisches Programm. Allzu sehr und gelegentlich auch allzu verkrampft war das Frausein mit Kampf und politischen Machtfragen verknüpft. Mag sein, dass das anders damals gar nicht möglich war, weil Rückständigkeit bei der Mehrheit erst durch die Übertreibungen der Minderheit richtig in den Fokus rückt. Aber ich kann nicht sagen, dass mir die Dauerdebatten jener Jahre über offene und subtile Mechanismen der Frauendiskriminierung und die Notwendigkeit immer neuer Quoten und Überquoten gefallen hätten. Eher hielt ich da auf Abstand und nahm hin, was nicht zu ändern war. Gelegentlich auch mit Murren.

So erlebte unsereins in den ersten Bonner Jahren eine seltsame Ungleichzeitigkeit. Wo außerhalb des grünen Biotops im Hochhaus

Tulpenfeld offener Männerchauvinismus und zotige Witze noch zur Tagesordnung gehörten und sich mancher der geschätzten Kollegen von den anderen Fraktionen – jedenfalls zu später Stunde – noch ziemlich unverfroren so aufführen konnte, als seien Frauen in der Regel nur als Bettgefährtinnen, Mütter, Haushaltsorganisatorinnen und Schreibkräfte von wirklichem Belang, galt im grünen Mikrokosmos mehr und mehr eine Vorstellung, nach der die Frauen eigentlich die besseren Politiker seien. Räumlich einander ganz nah, existierten hier zwei verschiedene Welten. Unsereins fühlte sich da manchmal irgendwo dazwischen.

Deshalb registrierte ich mit Wohlgefallen, dass sich im Laufe der Jahre die Zahl gerade der jüngeren Frauen im politischen Bonn allmählich zu vergrößern begann. Da und dort stieß man jetzt auf jüngere Journalistinnen. Nicht nur, dass der Umgang mit ihnen willkommene Abwechslung im grauen und dunklen Einheitsbrei der Bonner Männerwelt sein konnte. Auch sozial war der Kontakt einfach. Ihnen fehlte die steife Förmlichkeit vieler Älterer. Geprägt vom Zeitgeist der alten Bundesrepublik der 70er und frühen 80er Jahre, mischten sich bei ihnen Offenheit, beruflicher Ehrgeiz und Pragmatismus zu einer Art von Selbstbewusstsein, das die eigene Weiblichkeit nicht verstecken zu müssen glaubte, um erfolgreich zu sein. Das war dann oft angenehm unverkrampft. Unverkrampfter jedenfalls, als es oft in unserem eigenen Laden zuging. Die eine oder andere hätte ich mir gut als Fraktionskollegin vorstellen können. Jedenfalls gab es da manche, die meinem Bild einer selbstbewussten, modernen Frau eher entsprach als viele der Kämpferinnen gegen Frauenunterdrückung und für Frauenbefreiung aus meiner Partei. So gab es eine fast natürliche Affinität.

Natürlich hat die altersmäßige Nähe bei diesen Kontakten geholfen. Ich war jung und die kulturelle Prägung war ähnlich. Da tat man sich leichter miteinander. Ausgesprochen konservativ waren jüngere Frauen damals selten – nicht politisch und schon gar nicht im Habitus. Und unsereins wusste wohl auch einfach besser als viele der Älteren, wo in den kulturellen Deutungsmustern der Jüngeren die Grenze lag zwischen kokettem Frozzeln und plumpen Anzüglichkeiten. Ich erinnere mich gut, dass mir B. aus H. eines Tages erzählte, dass ihr der Abgeordnete C. während eines Interviews derart penetrant auf ihren Busen gestarrt hätte, dass sie sich zu der Aussage bemüßigt gefühlt habe: Die können nicht sprechen. So etwas wäre unsereins nun wirklich nicht passiert.

Natürlich hatten es diese jüngeren Frauen alles andere als leicht. Ich erinnere mich noch gut, wie mir S. – es muss Anfang der 90er Jahre gewesen sein – eines Tages berichtete, dass ihr der Chefredakteur unumwunden nahegelegt habe, ihren Vertrag gegen eine ordentliche Abfindung doch aufzulösen. Schließlich werde sie als demnächst alleinerziehende Mutter den terminlichen Belastungen ihres Jobs kaum gewachsen sein. Und im damals noch konkurrenzlosen Hamburger Nachrichtenmagazin wechselten die weiblichen Mitglieder der Bonner Redaktion in rascher Folge.

Trotz solcher Widrigkeiten aber war schon Ende der 80er Jahre nicht mehr zu übersehen, dass sich an der Geschlechterverteilung in Bonn einiges veränderte. Nicht nur, dass es jetzt eine Bundestagspräsidentin gab und die SPD eine Frauenquote eingeführt hatte. Kaum eine der Medienredaktionen kam jetzt noch ohne ein weibliches Gesicht aus. Und mit der Deutschen Einheit kamen nicht nur Gysi und Modrow, sondern auch eine ganze Reihe von Frauen neu ins politische Bonn – eine Weile schon am Outfit deutlich erkennbar.

Wenn ich es recht sehe, hat die Expansion des Mediengewerbes zu Beginn der 90er Jahre der lange unangefochtenen Männerherrschaft dann endgültig den Garaus gemacht. Als dann der Umzug nach Berlin kam, hatte auch das Bonner Regierungsviertel längst Anschluss gefunden an den kulturellen Wandel der modernen Gesellschaft.

Dass in diesen Jahren die Tonlagen offener und der Umgang zwangloser wurde, ist kaum zu bestreiten. Weniger leicht fällt die Antwort nach den Ursachen. Waren es die Grünen, waren es die Frauen oder war das einfach eine natürliche Folge des Generationswechsels? Wahrscheinlich haben alle drei Faktoren eine Rolle gespielt. Die Grünen brachten die Ausläufer der 68er-Kultur ins politische Bonn. Die Frauen brachten mehr Alltag und weniger gespreiztes Gehabe monologisierender Eitelkeiten. Und die Jüngeren sorgten auf allen Seiten dafür, dass der Eindruck einer »steifen Krähenversammlung« im Bundeshaus allmählich wich.

Als junger Journalist erlebte Peter Limbourg, damals *ProSieben*, heute Informationsdirektor der *ProSiebenSat.1 TV Deutschland* und Moderator der *Sat.1*-Hauptnachrichten, die »steifen Krähen« so:

Peter Limbourg, »Nächtliche Tafelrunden«

Als ich im Mai 1996 nach Bonn ins Zentrum der Macht kam, waren Politik und ihre mediale Begleitung noch fest in männlichen Händen. Die Schlüsselpositionen in den Parlamentsredaktionen waren nur mit Männern besetzt. Während die Bundesregierung wenigstens ein paar Ministerinnen zu bieten hatte, gab es zwar einige gute junge Kolleginnen, aber nicht eine Journalistin in leitender Funktion.

Bei Helmut Kohls Hintergrundkreis, zu dem ich erfreulicherweise bald Zugang bekam, habe ich nie eine Frau am Tisch gesehen. Die

Almanach zum Bonner Presseball, 1988, »Bonnsai 2000«
Hubert Kleinert, Joschka Fischer

kleine, nächtliche Tafelrunde im Kanz erbungalow war ein politischer Herrenabend.

Die Spitzen von Rot-Grün sorgten sich da schon intensiver um die Kolleginnen. Doris Köpf *(Focus)* wurde später Kanzlergattin und Nicola Leske *(Reuters)* Frau des Vizekanzlers.

Einflussreiche Frauen gab es trotzdem in Bonn – allerdings auf der anderen Seite. Die Büroleiterin des Kanzlers, Juliane Weber, war die mächtigste. Vor ihr zitterten Minister. Wer bei ihr in Ungnade gefallen war, der hatte keine Chance. Auch die Bürochefin von Theo

Waigel, Ida Aschenbrenner, genannt »Aschi«, hielt über dreißig Jahre die Strippen bei der CSU fest in der Hand. Sabine Bastek gehörte als Sprecherin der CSU-Landesgruppe auch schon in Bonn zu den Damen mit Herrschaftswissen. Beate Baumann und Eva Christiansen fingen gerade erst an.

Ich habe immer gute Erfahrungen mit Frauen in Journalismus und Politik gemacht. Die *ProSieben*-Parlamentsredaktion war schon Mitte der 90er ein Hort der Gleichberechtigung, besetzt mit einer Chefin vom Dienst, einer Planerin und zwei Reporterinnen. Um auf uns aufmerksam zu machen, lud ich 1996 die Wichtigsten aus Bonn und natürlich das Kabinett auf einen Rheindampfer ein. Es wurde eine Super-Party, aber es kam kein Minister. Nur zwei Ministerinnen gaben uns die Ehre. Eine davon hieß Angela Merkel.

BELÄSTIGUNG ALS MITTEL DER POLITIK

Nicht Penis und Uterus machen uns zu Männern und Frauen, sondern Macht und Ohnmacht.

Alice Schwarzer

Trotz der peinlichen Gründungssitzung wurde unser Hintergrundkreis »Rosa Federn« ein Erfolg. Wir trafen uns meistens mittwochs, mindestens einmal im Monat. Neue Mitglieder kamen hinzu. Mit der Zahl wuchs auch unsere Bedeutung. Die »Rosa Federn« hatten einen guten Ruf in Bonn. Einflussreiche Männer aus Ministerien und Politik sahen es als Gewinn an, bei unserem weiblichen Hintergrundkreis vorstellig zu werden, auch um mit unserer Hilfe zu versuchen, Einfluss auf die veröffentlichte Meinung zu nehmen.

Weil wir an Selbstsicherheit gewonnen hatten und weil das Thema »Sexuelle Belästigung am Arbeitsplatz« inzwischen auch öffentlich diskutiert wurde, fand Maya es gut drei Jahre später an der Zeit, einen zweiten Anlauf zu wagen: »Ich möchte erneut ein Thema vorschlagen, an dem wir bei unserer Gründung noch kläglich gescheitert sind.« Wir horchten auf. »Es gibt eine Studie aus dem Bundesfrauenministerium über das Ausmaß sexueller Belästigung am Arbeitsplatz«, fuhr Maya fort. »Sie weist nach, dass immer mehr Frauen sexuellen Übergriffen im Job ausgesetzt sind und dass die Täter fast immer ungestraft davonkommen. Knapp 50 Prozent der Frauen, die sich gegen unerwünschte Annäherungen zur Wehr setzen, erleiden anschließend Nachteile in ihrem Beruf. Das geht dann bis hin zum Rausschmiss. Bei den 778 untersuchten Fällen wurde nur dreimal dem Mann, aber 46-mal der Frau gekündigt. Unser Thema also: Wie sieht das bei uns mit sexueller Belästigung bei der Arbeit aus?«

Beim ersten Anlauf, dieses Thema anzugehen, war noch beredt geschwiegen worden. Männliche Übergriffe? Herabsetzung, nur weil man Frau ist? In Bonn? Nie gehört! Nun, beim zweiten Anlauf, waren meine Kolleginnen kaum zu bremsen. Egal ob politisch links oder rechts, ob hübsch oder hässlich, ob forsch oder schüchtern – wir alle hatten unschöne Geschichten erlebt und alle waren der Meinung, dass die Männer nicht mehr ungeschoren davonkommen dürften.

Eine Kollegin vom *Stern*, die zufällig bei unserem Hintergrundkreis zu Besuch war, meldete sich zu Wort: Ein Ministerpräsident habe sie jüngst beim Interview gefragt: »Sind Sie verheiratet?« Ja, verheiratet. »Und Kinder?« Keine. »Dem kann ich abhelfen«, sprach er fröhlich und rief seiner Sekretärin zu, mal »ein paar Minuten die Tür zu schließen« (*Stern* 22/2011). Alle hätten das witzig gefunden.

»Bei uns hat jetzt eine angefangen«, erzählte Nicole, »das ist die Tochter von diesem Senderchef. Als die sich jüngst bei einer Konferenz zu Wort meldete, bügelte unser Redaktionsleiter sie mit folgenden Worten ab: ›Halt den Mund. Dich haben wir sowieso nur wegen deines Nachnamens eingestellt. Es reicht, wenn du dich damit deutlich am Telefon meldest. Mehr brauchst du nicht zu können.‹«

»Meine Vorgängerin«, erzählte Karla, die mittlerweile für eine Nachrichten-Agentur arbeitete, ganz aufgebracht, »hat abends Besuch von unserem Chef bekommen. Er klingelte bei ihr zu Hause. Ihre Adresse hatte er aus den Personalakten. Er hatte eine Flasche Wein dabei und wollte, wie er sagte, noch einmal über ihren Text reden. Sie hat ihn reingelassen, weil sie sich nicht traute, ihn an der Tür abzufertigen. Es dauerte keine zehn Minuten, da strich er ihr über den Rücken, fummelte an ihrem BH rum und fragte, warum sie denn den trüge, das hätte sie doch gar nicht nötig. Sie hat ihn dann geistesgegenwärtig gefragt: ›Tragen Ihre Frau und Ihre drei Töchter keine BHs?‹« – »Und dann?«, fragte Christa. »Dann ist er mit eingezogenem Schwanz davongeschlichen«, fuhr Karla fort. »Aber eine Woche später rief er sie in sein Büro und teilte ihr mit, dass sie nicht in sein Team passen würde. Und ehe ihr nachfragt: Nein, sie hat sich nicht getraut, sich gegen den Rausschmiss zu wehren. Ein Anwalt hat ihr davon abgeraten mit der Begründung, dass sie dann in Bonn kein Bein mehr auf die Erde bekäme.«

Im Raum herrschte Schweigen. »Soll ich euch mal sagen, was ein Kollege mir jüngst aus einem der Männer-Hintergrundkreise erzählt hat?«, fragte schließlich Gerda in die Stille hinein. »Die haben uns nach Attraktivität geordnet und dann die obersten zehn Plätze verlost. Ein Motto für diese Tombola hatte sich ein einfallsreicher Kollege auch einfallen lassen: ›Diese Mädels vernaschen wir vor Redaktionsschluss‹. Er erntete brüllendes Gelächter.«

Maya berichtete, dass das Frauenministerium für 80 000 Mark eine Infobroschüre mit dem Inhalt »Was können Frauen gegen sexuelle Belästigung tun?« in Auftrag gegeben habe. Die werde den Frauen helfen, wenn sie sich gegen sexuelle Belästigung wehren wollen, habe man ihr im Ministerium von Angela Merkel gesagt. »Eine Broschüre wird das mit Sicherheit nicht«, lästerte Maya, »die kriegen allenfalls ein DIN-A4-Blatt voll.«

Tatsächlich war den Frauen in jenen Jahren nicht wirklich zu raten, sich öffentlich oder vor Gericht zu wehren. Denn wer im

Strafgesetzbuch nach sexueller Belästigung und einer Definition derselben suchte, der fand nichts. Also waren alle Unanständigkeiten, Taktlosigkeiten und Geschmacklosigkeiten, das hatte der Bundesgerichtshof entschieden, nach dieser Gesetzeslage nicht strafbar. Das galt auch für Küsse, Umarmungen, Streicheln und »Begrabschen«.

Ebenso wenig verbot das Strafrecht Pin-up-Fotos am Arbeitsplatz oder auch Äußerungen mit anzüglichem sexuellem Inhalt. Das Berühren des Oberschenkels oder bloße Zudringlichkeiten waren ebenfalls nicht mit Strafe bedroht. Gerichte prüften die »Erheblichkeit« der sexuellen Zudringlichkeit. Es hing von der subjektiv von den Richtern zu beurteilenden Intensität ab, mit der Geschlechtsteile oder Brust berührt wurden, ob das Tun als strafbare Handlung eingestuft wurde. Ein erzwungener Zungenkuss erfüllte diese Anforderungen definitiv nicht. Wich die Klägerin auf eine Anzeige wegen Beleidigung (§ 185 StGB) aus, dann machten es ihr die Gerichte – allen voran die Männer vom Bundesgerichtshof – noch schwerer. Die Klägerin musste »nachvollziehbar« darlegen, dass die erlittene Handlung ein Angriff »auf die Geschlechtsehre« gewesen sei und somit eine Ehrverletzung – ein fast aussichtsloses Unterfangen.

Komm schon, ich werd dir nicht wehtun

Die Rechtsprechung jener Zeit ist voll von Urteilen, in denen sich die unsichere Rechtslage niedergeschlagen hat. Wagte es eine Frau, wegen des Delikts »Sexuelle Belästigung am Arbeitsplatz« zu klagen, dann blieb sie in den meisten Fällen als Geschädigte auf der Strecke. So wie Nicole, die nach ihrem Studium für kurze Zeit als Pressereferentin bei einem Pharmaunternehmen in der Nähe Bonns angeheuert hatte.

Zwei Wochen nach ihrem Dienstanfang wurde sie zu einer kleinen Betriebsfeier in einer Hotelbar eingeladen. Eine Gruppe von zwölf Jungmanagern aus der Pharmabranche feierte einen erfolgreichen Geschäftstag. Als einzige Frau im Bunde war sie ein wenig stolz darauf, an diesem weltweit üblichen Ritual von Männern auf Geschäftsreise, Erfolge am Abend an der Bar mit einigen Absackern zu begießen, teilzunehmen. Sie sah das, wie sie später ihrem Anwalt erklärte, als Zeichen dafür, dass ihre Leistung anerkannt und sie im Bund der Männer akzeptiert wurde.

Kurz nach Mitternacht wollte sie schlafen gehen. Ihr Chef verließ mit ihr die Bar. Man müsse ja am nächsten Morgen wieder früh raus, erklärte er der alkoholseligen Runde seinen Abgang. Was in den nächsten Minuten geschah, das kann Nicole auch noch Jahrzehnte später in unserem Eifeler Wellness-Hotel wie in Zeitlupe abrufen. Ihr Chef ging einen Schritt hinter ihr. Kurz vor dem Fahrstuhl legte er eine Hand auf ihre Taille. Mit der anderen griff er nach ihren Brüsten. Er sei vor ihr stehen geblieben, erzählte sie uns immer noch so empört wie damals, habe sie festgehalten, an die Wand gepresst und auf den Mund geküsst. »Sie spinnen wohl!«, habe sie ihn angefaucht und versucht, sich aus seiner Umklammerung zu befreien. Darauf habe er sie nur noch fester gegen die Wand gedrückt, ihren Busen gegriffen und sein Knie zwischen ihre Beine gezwängt. »Alles, was ich tun konnte, war, diesem feuchten Mund auszuweichen.« Dann habe er gekeucht: »Komm schon, ich werd dir nicht wehtun.«

Mitten in der Nacht rief sie ihre Freundin und Kollegin Christa an. Was sollte sie tun? Den Vorfall melden, und wenn ja, wem? »Komm erst mal heim«, riet Christa, »und halt bloß die Klappe.«

Eigentlich hatte sie diesem Rat folgen wollen. Doch dann setzte sich der Vorgesetzte am kommenden Morgen bei der täglichen Besprechung neben sie und redete auf sie ein, so, als ob nichts gewesen sei. Wie fabelhaft es sei, mit ihr zusammenzuarbeiten, plauderte er. Und er wisse, wie fähig und ehrgeizig sie sei. Er habe noch große Pläne mit ihr. Dann habe er noch »Sorry für gestern« gesagt. Daraufhin zeigte sie ihn an. Ihr wurde gekündigt. Sie versuchte sich zu wehren. Als der Fall an das Bundesarbeitsgericht verwiesen wurde und dieses sie aufforderte, ihre Geschichte »nachvollziehbar darzulegen«, gab sie auf.

Männer kommen immer gerne von hinten

Christas Erlebnis war nachvollziehbar und öffentlich. Aufgeregt hat sich trotzdem keiner. Christa arbeitete damals auf Honorarbasis für den *WDR*. Das Einkommen war zwar kärglich und floss unregelmäßig. Aber sie hatte keine hohen Ansprüche, hatte niemanden zu versorgen und ihre Freiheit. Wenn es mal knapp wurde bei ihr, dann setzte sie sich vor das Telefon, sprach beschwörende Formeln und wartete auf das Klingeln. Meistens klappte das – wie auch heute. Ihr Redakteur bat sie, für einen kranken Kollegen einzuspringen. Sie müsse sich beeilen. In zehn Minuten werde der Verteidigungsminister im Foyer des Bundestages ein Statement zur Verteidigungspolitik abgeben. Er brauche unbedingt den O-Ton und ein kurzes Interview.

Sie schnappte ihr Fahrrad, das sie immer mit in den Flur ihrer kleinen Wohnung nahm, bugsierte es geübt die Treppe hinunter und radelte am Rhein entlang gen Bundestag. Als sie das Foyer betrat, sah sie schon von Weitem das Knäuel von Menschen, Mikrofonen, Kabeln und Kameras, in dessen Mitte sich der Verteidigungsminister befinden musste. Im Laufen setzte sie ihr Tonbandgerät in Gang und drängelte sich mit hoch erhobenem Mikrofon Richtung Knäuelzentrum.

Der Interviewreigen zum Thema »Aufklärungsflüge« hatte schon begonnen. Als Erste kamen wie meistens die Journalisten von der *ARD* zum Zuge. Christa tauchte unter einem letzten im Wege stehenden Kollegen der schreibenden Zunft hindurch und stand jetzt unmittelbar hinter den anderen Öffentlich-Rechtlichen, die dem Verteidigungsminister gerade ihre großen, mit Plüsch geschützten Mikrofone entgegenhielten. Christa tippte dem Vordermann auf die Schulter und fragte höflich: »Stört es dich, wenn ich von hinten mit aufnehme?« Amüsiert beobachtete der Herr Minister den Auftritt der einzigen Frau im Knäuel. Statt des Kollegen antwortete der Minister selber in einer Laut-

»Wenn das Thema Frauenquote auf irgendeinem Landesparteitag diskutiert wird, gibt es sicher keine Mehrheiten«
Die damals als »junge Wilde der CDU« geltenden Günther Oettinger, Ronald Pofalla, Roland Koch, Klaus Escher im Gespräch mit den *Spiegel*-Redakteuren Ursula Kosser und Paul Lersch

stärke, dass es auch in der hintersten Reihe zu verstehen war. »Stört gar nicht, schöne Frau«, trötete der als Frauenfreund in ganz Bonn bekannte Herr der Hardthöhe. »Sie wissen ja: Männer kommen immer gerne von hinten.«

Christa erstarrte. Auch die Männer um sie herum waren einen Augenblick still, bis einer im Knäuel die peinliche Pause mit einem dröhnenden Lachen beendete. Vielleicht war es der persönliche Referent des Ministers, überlegte Christa später, vielleicht ja auch einer von diesen schmierigen Kollegen, die alles taten, um den bedeutenden Männern aus der Politik zu gefallen. Jetzt durfte allgemein geprustet werden. Und der Minister der Verteidigung freute sich. Christa war klar, dass sie sich hätte umdrehen sollen und davongehen. Sie tat es nicht. Sie traute sich nicht. Brav wartete sie, bis sie mit ihrem Interview dran war. Während sie es führte, vermied sie es, ihren Interviewpartner anzusehen. Die Macht der Männer hatte wieder einmal gesiegt. Christa war einfach nur wütend. Über sich selber.

Elisabeth Niejahr, damals im Bonner *Spiegel*-Hauptstadtbüro, heute für die *Zeit* in Berlin, hatte genug Selbstbewusstsein, um sich gegen männliche Macht zu wehren.

Elisabeth Niejahr: »Weibliches Auftreten war meine Form der Rebellion«

Du warst damals eine der wenigen Frauen, die über Wirtschaftsthemen aus Bonn berichteten. Haben dir die Männer das Leben schwer gemacht?

Elisabeth Niejahr: Als ich in Bonn beim *Spiegel* anfing, kam ich frisch von der Uni und war absolut nicht vorbereitet auf das, was mich erwartete. Ich war 28, hatte VWL-Studium, Journalistenschule, ein halbes Jahr Amerika und viele Praktika hinter mir, ich freute mich auf die erste feste Stelle und dachte, ich hätte schon eine Menge gesehen. In Bonn habe ich dann aber eine Art von Anmache und platten Männersprüchen erlebt, über die ich erst mal nur gestaunt habe. Ich habe mich damals zum Beispiel bei einem Minister vorgestellt, der mich in seinem Büro singend begrüßte – er sang das Lied »Wenn die Elisabeth nicht so schöne Beine hätt.« Er fand das lustig, ich fand das merkwürdig. Solche Erlebnisse gab es immer mal wieder, auch mit Kollegen. Im Nachhinein halte ich die Bonner Welt von damals für etwas sehr Spezielles: Es gab besonders viele einsame Männer, deren Ehefrauen weit entfernt im Wahlkreis wohnten, es gab besonders viel überschüssiges Testosteron, und wir alle lebten in einer katholisch geprägten Provinzstadt, in der es sehr viel weniger Abwechslung gab als beispielsweise in Berlin. All das ergab eine Mischung, die sich wie in einem Reagenzglas besonders für die Konservierung einer bestimmten Art von Chauvinismus eignete, dessen Zeit anderswo im Land schon lange abgelaufen war. Ich fand das befremdlich, aber auch interessant. Ich glaube, ich habe mich damals immer mal wieder gefühlt wie bei einem Zoobesuch, bei der Besichtigung einer eigenartigen fremden Spezies. Aber behindert haben die Männer mich nicht. Ich konnte mir immer den nötigen Respekt verschaffen – und es gab damals auch eine Menge Vorteile für Frauen in meiner Situation.

Was waren das für Vorteile?

Es gab zum Beispiel durchaus väterliche Fürsorge und Galanterie. Was es selten gab, waren ältere Politiker und Kollegen, die eine 28-jährige Frau genauso behandelten wie einen 28-jährigen Mann. Aber gerade beim *Spiegel* haben sich mehrere Kollegen ganz rührend um mich gekümmert, mir von Anfang an jede Menge Kontakte vermittelt, mich zu wichtigen Runden mitgenommen und mir Recherchehinweise gegeben. Eine Zeit lang war ich das Küken, was sehr ungewohnt, aber nicht unangenehm war. Ich glaube nicht, dass ein junger Mann diese Unterstützung bekommen hätte. Von ihm wäre eher erwartet worden, dass er selbst klarkommt und sich durchsetzt. Auch im Umgang mit Politikern gab es für Frauen viele Vorteile. Man fiel mehr auf, die Leute erinnerten sich eher. Wir bekamen oft bessere Plätze, bei Reisen zum Beispiel durften wir im Bus vorne sitzen, bei wichtigen Essen wurden wir öfter direkt neben dem Minister platziert, bei Terminanfragen hat es vermutlich auch nicht geschadet, dass es in Bonn damals viele einsame Männer gab, deren Familien weit entfernt im Wahlkreis saßen und die es vielleicht manchmal einfach netter fanden, mit einer Frau mittags zu essen als mit einem Mann. Einige haben mir das übrigens auch genau so gesagt. Und dann wurden Frauen, speziell die wenigen Wirtschaftsberichterstatterinnen, die es damals gab, auch viel häufiger für Fernsehsendungen wie den »Presseclub« der *ARD* angefragt.

Und wo waren die Schatten?

Es gab auch richtig unangenehme Situationen. Ich habe zum Beispiel auf einer Dienstreise in einem Flugzeug nach South Carolina neben einem Politiker gesessen, der sich ständig über mich beugte und dabei keinen Körperkontakt ausließ. Das passiert Männern umgekehrt nicht. Stellen Sie sich mal eine gestandene Politikerin vor, die sich elf Stunden lang bemüht, sich über einen jungen Mann zu beugen. Sich da grob zu wehren ist schwierig, ich hatte da jedenfalls eine Hemmschwelle. Oder: Ich ging mit einem anderen Politiker essen. Er legte eine Zeitschrift mit der Titelgeschichte »Raffinessen im Bett« neben sich auf den Tisch, räusperte sich und sagte in seiner ganzen Wichtigkeit: »Also, ich finde hier keine neuen Anregungen drin. Und Sie?«

Ich habe mich allerdings immer frei gefühlt, in solchen Situationen Grenzen zu setzen, mit Gesten oder Sprüchen. Den Gedanken, ich müsste in solchen Situationen nett sein, um Informationen zu bekommen, gab es nie. Ich dachte damals immer: Im Zweifel kommen die alle wieder, selbst wenn sie beleidigt sind. Es half sehr, für ein machtvolles Medium wie den *Spiegel* zu schreiben.

Haben die gleichaltrigen Politiker und Kollegen sich anders verhalten als die älteren?
Die Männer in meinem Alter kamen mir manchmal etwas doppelzüngig vor. Waren wir unter uns, redeten sie so, wie ich es von Kommilitonen an der Uni oder im Freundeskreis gewohnt war. In der Nähe anderer Männer wurden sie dann Teil des Rudels und erfreuten sich an irgendwelchen schlüpfrigen Bemerkungen. Das fand ich dann immer besonders doof, ich wollte da weder mitlachen noch andauernd so tun müssen, als hätte ich nichts gehört. Insgesamt habe ich in den ersten Jahren in Bonn meine Haltung zu Frauenfragen verändert. Bevor ich nach Bonn kam, habe ich mich als Vertreterin einer postfeministischen Generation gefühlt. Meine Mutter war engagiert bei den Grünen, eine Tante, eine Lehrerin, hat mir als Jugendliche mal ein *Emma*-Abo geschickt. Ich wollte mich als junge Frau von ihnen absetzen. Alles Wollstrumpfige war mir zuwider, ich habe oft Miniröcke und hohe Schuhe getragen und fand es schade, dass es in Deutschland wenig Frauen gab, die gleichzeitig feminin, sexy, cool und wirklich mächtig waren. In Bonn habe ich dann etwas besser verstanden, worum es den Feministinnen ging – ironischerweise in einer Zeit, in der das Frausein alles in allem für mich mehr Vor- als Nachteile hatte.

Tina Hildebrandt, damals im Bonner *Spiegel*-Hauptstadtbüro, heute für die *Zeit* in Berlin, kämpfte gegen Klischees.

Tina Hildebrandt: »Ich war immer der Rhett Butler, nie die Scarlett O'Hara«

Du bist jung, hübsch und auch noch blond! War das, als du als Hauptstadtjournalistin in Bonn anfingst, ein Problem?
Tina Hildebrandt: Für mein Selbstwertgefühl hatte das eigentlich nie eine Rolle gespielt. Ich habe von klein auf beigebracht bekommen, dass eine Frau arbeiten kann und darf. Meine Mutter war Chefärztin. Die hat mir also nie das Gefühl gegeben, dass eine Frau irgendetwas aus irgendeinem Grunde nicht tun oder schlechter tun könnte als Männer. Als meine Mutter Krankenschwester werden wollte, sagte mein Opa zu ihr: »Bist du wahnsinnig? Dann musst du dir von Leuten was sagen lassen, die dümmer sind als du! Studier gefälligst Medizin.« Meine Familie hat mir für bestimmte geschlechtsspezifische Muster wie »eine Frau kann so etwas nicht« kein ausgeprägtes Empfinden mitgegeben.

Und mit dieser Einstellung bist du dann in Bonn angekommen?
Da bin ich eher ahnungslos reingestolpert. Dieses ganze Frauenthema war zunächst für mich ein reines Kopfthema. Ich habe dazu geneigt, zu behaupten: Ist doch alles Quatsch! Dann wurde mir aber doch klar, dass da was dran sein musste.

Hast du das auch erlebt? Hattest du Probleme mit dem Bonner Männerhaufen?
Die alten Machos fand ich immer ganz okay. Sie wussten ja, dass sie Machos sind, oder sagen wir lieber: sein wollten. Da stimmte deren

Selbstbild und Fremdbild überein. Die machten einem nichts vor. Und für die gehörte dieses Taxieren so ziemlich jeder jungen Frau einfach dazu: Wie weit krieg ich die? Was kann ich da rausholen? Damit konnte man gut umgehen. Denn wenn man ein klares »Nein« signalisierte – dann haben die das auch meist kapiert. Ich hatte da auch noch ein Argument für mich gegen die: Sie wussten ja, dass ich biologisch im Vorteil war. Deren Zeit lief ab, meine Zeit kam.

Von denen gab es keine Belästigungen?
Einer hat mal versucht, mich zu küssen. Damit konnte ich gar nicht umgehen. Ich hab ihn angeschnauzt. Ich fand das in mehrfacher Hinsicht unverschämt. Einmal unverschämt, weil er die kleinen, höflichen Mitteilungen auf der nonverbalen Ebene einfach ignorierte. Unverschämt auch, weil mir so zugemutet wurde, unfreundlich zu werden. Er zwang mich in eine Situation, in der ich schließlich grob werden musste. Wer kann das schon ausstehen?

Und die jüngeren männlichen Kollegen?
Diese »Zwischenmachos« waren viel schwieriger, vor allem als Vorgesetzte, weil da Fremd- und Selbstbild eben nicht zusammenpassten. Die hielten sich für modern, dachten aber in Wirklichkeit sehr hierarchisch. Da sagte dann einer schon mal locker in der Konferenz: »Wenn ich morgens dem Bundeskanzler die Hand schüttele, kann ich abends zu Hause wirklich nicht den Müll runtertragen.« Und dabei war völlig klar: Das meinte der nicht witzig. Und wenn denen dann weibliche Unterordnung, auf die sie Anspruch zu haben glaubten, verwehrt wurde, dann konnten die schon sehr unangenehm werden.

Mir wurde deutlich: Die Alten nahmen uns so wenig ernst, dass sie uns überhaupt nie als Konkurrenz empfunden haben. Die lächelten eher über uns »Kinder«. Die Jungen versuchten auch über uns zu lächeln, nahmen Frauen aber dennoch als Konkurrenz wahr, ohne sich das einzugestehen. Das heißt, vieles, was man zwischen neutralen Wettbewerbern als sportlichen Wettkampf betrachtet hätte, wurde zulasten der Frauen in einen Geschlechter-Katalog einsortiert. Da waren die Frauen dann »anstrengend« oder »ganz schön schwierig«. Die Männer blieben unter sich und gingen unbewusst auf Abwehr-Kurs.

Wie sah das aus? Seilschaften und Männerbünde?
Zunächst waren die Männer einfach viele und die Frauen wenige. Das führte dazu, dass die Männer gar nicht versuchen mussten, die Frauen abzudrängen. Sie waren einfach da und qua Masse abzudrängen. Seilschaften gab es naturgemäß viele, aber auf den Stellen, die den Daumen hoben oder senkten, saßen nur Männer. Die Seilschaften entstanden also oft gar nicht mit Absicht. Das war einfach logisch: Wenn mehr Männer da sind, kennst du auch mehr Männer. Die Wirkung war aber dieselbe wie bei gezieltem Networking: Mann blieb unter sich.

Brauchen wir andere Regeln für die Frauen oder einen neuen Feminismus?
Neuer Feminismus? Was soll denn daraus folgen? Was soll das denn sein? Feminismus als systematische Förderung von Frauen finde ich künstlich, denn das Frausein ist ein sachfremdes Kriterium, und wenn man da ansetzt und sich darüber definiert, läuft man aus meiner Sicht Gefahr, sich selbst zu marginalisieren. Es braucht eine besondere Begründung, warum Frauen mitmachen dürfen. Wir haben damals am Punkt Arbeit angesetzt. Wir haben uns in der Arbeit emanzipiert und da liegt nach wie vor das Problem. Frauen kippen da raus. Deshalb ist vielleicht doch praktische politische Ingenieurarbeit gefordert.

Aber bei der müssen die Frauen mitmachen. Ich glaube, viele

müssen mehr Selbstbewusstsein und auch Selbstkritik entwickeln. Man muss sich nicht jeden Schuh anziehen, der einem hingestellt wird. Das fängt schon bei der Frage nach »role models« an, die heute so oft diskutiert werden. Die Frage ist für mich nicht, ob ein »role model« männlich oder weiblich ist, sondern, ob es funktioniert, was man von jemand lernen kann. Mit wem vergleichst du dich? Mit Rhett Butler oder mit Scarlett O'Hara? Scarlett war für mich nie interessant.

Patricia Wiedemeyer, damals *ZDF*-Hauptstadtkorrespondentin, heute für das *ZDF* in Brüssel, hatte sich in ein ganz und gar männliches Terrain vorgewagt.

Patricia Wiedemeyer: »Ja, wann kommt denn nun der Redakteur?«

Du warst in Bonn beim ZDF *für die Berichterstattung über die Verteidigungspolitik zuständig. Wie war das als Frau?*
Patricia Wiedemeyer: Ja, das war ungewöhnlich, hatte aber Charme. Als ich in das Bonner *ZDF*-Studio kam, gab es sofort unglaubliche Kämpfe. In der Mainzer Zentrale war man anfangs der Meinung, dass politisch harte Themen (also nicht die sogenannten Aussteigerstücke oder das Stück über Frauenpolitik) besser von Männern gemacht werden. Das ging so weit, dass ein Chef der Nachrichtenredaktion meinte, die Aufmacher, also die ersten Stücke der Sendung, die über harte Themen, sollten nicht von einer Frau gesprochen werden.

Wie ging es weiter?
Ich hatte damals einen tollen Chef. Dem war das Mainzer Getue zu blöd und der sagte mir: Denen zeigen wir es jetzt. Sie machen Sicherheits- und Verteidigungspolitik.

Hand aufs Herz – warst du denn dafür die richtige Fachfrau?
Sagen wir mal so: Anfangs kannte ich die Materie kaum, hatte dafür zunächst eher die objektive Sicht von außen. Aber ich habe mich da reingearbeitet, so wie meine männlichen Kollegen auch.

Und wie war die Reaktion?
Zunächst stand ich da neben dieser Schar männlicher Kollegen, die seit Jahren das Thema bearbeiteten und es als ihr Hoheitsgebiet ansahen, und wurde nicht wirklich ernst genommen. Die männlichen Kollegen haben ja fast alles unter sich ausgemacht. Das war anfangs extrem anstrengend.

Ein Beispiel?
Als ich zu meinem ersten Interviewtermin mit dem Verteidigungsminister ging, wurden mein Fernsehteam und ich in einen Warteraum geführt. Dort haben wir ziemlich lange rumgesessen. Schließlich kam ein entnervter Pressesprecher und fragte mich: Ja, wann kommt denn nun der Redakteur? Ich habe ihn angeschaut und nur gesagt: Ich bin doch längst da. Der ist richtig rot angelaufen. Frauen und Bundeswehr – das war für den völlig unmöglich, er dachte, ich sei die Sekretärin oder Hospitantin.

Martina Fietz, damals *Die Welt*, heute *Focus*, war eine der wenigen Frauen, die für konservative Blätter arbeitete. Sie fühlte sich deshalb als Außenseiterin, ließ sich davon aber nicht beirren.

Martina Fietz: »Die wollten gar nichts mit mir zu tun haben«

Wie war das damals, als junge Frau für Die Welt *zu arbeiten?*
Martina Fietz: Ich galt als Schreiberin für ein Blatt mit Gedankenwel-

ten, die nicht dem linken Mainstream entsprachen, bei den wenigen Parlamentskorrespondentinnen damals als Außenseiterin. Dabei wurde ich gerade von den sehr konservativen und älteren Männern in der Redaktion gefördert. Über sie kann ich wirklich nicht klagen.

Haben die jüngeren Kollegen dich als Konkurrenz empfunden?
Ein junger Parlamentskorrespondent hat einmal zu mir gesagt: »Karriere machen wirst du nie.« Ich wollte natürlich wissen, wieso nicht. Sein Argument war ausgesprochen verblüffend: »Du wirst nie die Kanzlerpartei betreuen können. Schließlich kannst du nicht dem Kanzler in die Toiletten folgen, um dort – ungestört von Kollegen – exklusive Informationen zu erhalten oder Hintergründe zu erfahren.«

Das klingt aber nicht unbedingt nach einem angemessenen Abstand zwischen Journalist und Politiker.
Einige Kollegen und Kolleginnen haben Journalismus immer anders verstanden als ich. Ich habe mich als Berichterstatter gesehen. Andere sahen sich mehr mit politischem Herzblut und Sendungsbewusstsein ausgestattet. Das ging mir viel zu weit. Einmal forderte ein Kollege in der Bundespressekonferenz Oskar Lafontaine auf: »Du Oskar, erzähl doch mal.« Ich kann mir nicht vorstellen, dass man bei solch einer Nähe noch objektiv berichten kann.

Du sprachst einmal von einer »Gesäßtheorie«?
Damals wurde viel zu viel Wert auf Anwesenheit gelegt. Als ob jemand, der permanent in der Redaktion ist, Neues erfahren könnte. Das ist heute leider vielfach immer noch so.

SICH BEWERBEN ODER SICH PROSTITUIEREN?

Auch unsere Künstlerin Lisa kam sich mehr und mehr als Außenseiterin im Bonner Spiel vor. Immer wieder dieses »Sei lieb zu mir, und ich erzähl dir was«, immer wieder dieses Macho-Gehabe, um den Gesprächspartner möglichst kleinzumachen – vor allem dann, wenn er eine sie ist. Sie fragte sich, ob die etablierten Politiker und Kollegen nur mit den Frauen so umgingen oder ob auch ihre jungen männlichen Kollegen, die nicht zu den Starken gehörten, Ähnliches ertragen mussten. Einmal fragte sie einen netten, eher schüchternen Reporter vom Rundfunk: »Sag mal, demonstrieren dir die starken Bonner Typen auch immer als Erstes, wie viel Macht sie haben und wie bedeutend sie sind?« Er war rot geworden – er wurde schnell rot – und hatte geantwortet: »Na ja, ich bin ja keine Frau. Bei euch ist es wohl noch schlimmer. Aber die versuchen auch aus mir ein kleines, unbedeutendes Würstchen zu machen, das man nicht ernst nehmen muss.« Er zog einen Stapel Karteikarten aus der Tasche und zeigte sie Lisa. »Ich schreib mir vor jedem Gespräch jede Menge Fragen auf. Und mit denen bombardiere ich dann die starken Figuren. Das bringt die manchmal ganz schön aus dem Konzept.«

Lisa hatte gelacht und war irgendwie froh gewesen, dass offenbar auch männliche Kollegen ihre Probleme mit dem Bonner

Machtapparat hatten. Gegenüber ihren Freundinnen und Kolleginnen war Lisa damals ohnehin im Vorteil. Was sie während ihrer Tätigkeit als junge Journalistin einstecken musste, das konnte sie den Männern bei ihrem Gesundheitstraining für Politiker und Manager ein wenig heimzahlen. Besonders dann, wenn die Herren persönliche Therapiestunden buchten, weil Wehwehchen ihre meist übergewichtigen Körper plagten. Ihre zaghaften Versuche von damals hat sie bis zum Wiedertreffen in der Eifel längst zu ihrem Hauptberuf gemacht.

Zu ihren Stammkunden gehörte damals ein aus ihrer Sicht alter Knacker aus der SPD-Opposition. Er hatte eine attraktive, vollbusige Ehefrau zu Hause, was ihn aber nicht davon abhielt, in jedes Dekolleté zu fallen, dem er begegnete. Er sah sich immer noch als toller Hengst, auch wenn der Rücken nicht mehr alles mitmachte. Darüber wollte er mit Lisa reden und sie fragen, ob sie Übungen kenne, die ihm die alte Beweglichkeit zurückgeben würden. »Heute wird nicht geredet, sondern geatmet«, sagte Lisa bestimmt. Der wichtige gewichtige Mann schaute sie verständnislos an. »Beide Füße fest auf den Boden, Beine leicht auseinander, den Oberkörper nach vorne gebeugt«, befahl Lisa.

Energisch korrigierte sie die Körperhaltung des ziemlich schlaff vor ihr hängenden Mannes, dem das Ganze deutlich peinlich war. »Jetzt pressen Sie die Lippen aufeinander und stoßen den Atem fest gegen die Lippen.« Während der bedeutende Mann vor ihr mühsam durch die Zähne pfiff, erklärte sie: »Das ist eigentlich eine Asthma-Übung. Aber sie beruhigt und verbessert Ihre Haltung, was Ihrem Rücken zugute kommt.« Und etwas boshaft fügte sie hinzu: »Sie sehen gleich jünger aus, wenn Sie sich straffer halten.«

Aber noch gab sich der Casanova mit Bauchansatz nicht geschlagen. Gegen Ende der Stunde fragte er: »Haben Sie nicht

Lust, am Wochenende im Tennisclub der Politiker auszuhelfen? Da steigt unsere Vereinsfeier. Leider sind ein paar junge Damen, die sonst bei diesen Festen ein bisschen Getränke und so verteilen, verhindert. Wie wär's? Da ist richtig Geld zu verdienen. Die Kollegen sind nicht knauserig.« Den schickt der Himmel, dachte Lisa. Ihr Konto war wieder einmal in den Miesen. »Was muss man da genau tun?«, fragte sie vorsichtshalber. »Nichts Aufregendes. Eine kleine weiße Kellnerschürze umbinden, Getränke von der Bar holen und an die Tische bringen. Das wird eine große Veranstaltung. So cirka 200 Leute.« Lisa sagte zu.

Am nächsten Tag kramte sie ihre alte weiße Schürze hervor, die sie als Studentin schon in so mancher Kneipe getragen hatte – für weniger Geld. Auch ihr abgewetztes Kellner-Portemonnaie mit dem breiten Ledergürtel war noch da. Konnte ja nicht schaden, es mitzunehmen. Sie fuhr quer durch Bonn nach Friesdorf zum Promi-Tennisclub. Es war eine schicke Anlage mit Squashplätzen und einem kleinen Schwimmbad im Souterrain.

Die Eingangshalle des Clubhauses, in der das Vereinsfest steigen sollte, war lieblos mit bunten Papiergirlanden geschmückt. Ein Herr Zimmermann begrüßte sie und sechs weitere junge Frauen in ihrem Alter, Studentinnen, von denen wohl auch einige dem Verein angehörten. Eine kurze Einweisung genügte. Die Arbeit schien überschaubar. Die Gäste traten mit der antrainierten Selbstsicherheit von Menschen auf, die schon einmal vor einer Fernsehkamera drei Sätze stotterfrei herausgebracht hatten. Einige der begleitenden Damen sahen nicht nach Ehefrauen aus. Sie trugen ein wenig zu viel Protz um den Hals und an den Fingern. Man zeigte, was man hatte, und was man meinte zu sein. Aber 200, ging es Lisa durch den Kopf, waren das nie und nimmer.

Lisa trug die Getränke zu den Stehtischen, räumte die Gläser ab und gab sich Mühe, über anzügliche Witze zu lachen. Es wurde flott und ausdauernd getrunken. Die Zeit verging schnell und die Stimmung stieg. Das Buffet war zügig geplündert worden, die Musik wurde lauter gestellt und einige Paare tanzten. Lisa schaute heimlich auf die Uhr. Noch gut zwei Stunden bis ein Uhr nachts. So lange sollte sie arbeiten. Ihr taten schon jetzt die Beine weh. Trinkgeld gab es nicht so viel wie erhofft, weil viele Gäste über ihre Clubkarten abrechneten.

Dafür gab es zunehmend lästige Komplimente. Ärgerlich stellte sie fest, dass ihre »Kolleginnen« eine nach der anderen verschwanden, bis sie allein in dem großen Raum bediente. Die konnten ja schlecht alle gemeinsam auf die Toilette gegangen sein, dachte Lisa verwundert. Aber wer weiß? Sie musste sowieso mal und steuerte Richtung Toilette, die sich im Untergeschoss befand. Dabei kam sie an dem clubeigenen Schwimmbad vorbei, dessen Türen offen standen. Da waren sie. Betrunkene Männer hatten sich zwei der Serviererinnen geschnappt und versuchten diese ins Wasser zu werfen. Politikermänner und deren weibliche Begleitungen planschten nackt im Pool. Die Serviererinnen, beobachtete Lisa, wehrten sich nicht wirklich ernsthaft. Es waren die Mädchen, die Mitglied im Club waren und offenbar solche Planschereien kannten. Lisa blieb entsetzt stehen. »Da ist die Kleine, die Hübsche mit den dunklen Haaren« hörte sie. Und zwei von diesen triefenden Unholden kamen auf sie zu. Männlich an ihnen waren nur ihre erigierten Glieder. In ihrer Not schrie Lisa die beiden an, sie sollten sie in Ruhe lassen, und floh zurück in den Partyraum. Dort hatten sich mittlerweile spärlich bis gar nicht Verhüllte aus dem Pool unter die Gäste gemischt. Ihr Abgeordneter war dabei, umgeben von triefenden Nackten. Die meisten kannte sie aus dem Bundestag.

Lisa fragte sich, wie sie mit denen je wieder ein Informationsgespräch führen sollte. Sie suchte nach diesem Herrn Zimmermann, der sie begrüßt hatte. Sie wollte ihre Arbeit beenden, wollte nichts als weg. Schließlich sah sie ihn – oder vielmehr das, was von ihm übrig geblieben war. Herr Zimmermann, der seriöse Mitarbeiter ihres Abgeordneten mit dem überforderten Rückgrat, tanzte vom Alkohol beseelt mit nackten Füßen und nacktem Oberkörper vor der Bar herum. Auf dem Boden hinterließ er dabei rote Spuren. Offenbar war er in eine der herumliegenden Glasscherben getreten.

So ruhig wie möglich teilte sie ihm mit, dass sie ihre Aufgabe hier als beendet ansehe und dass sie sich die ihr noch zustehenden 100 Mark aus der Kasse nehmen würde. Ob er ihr das quittieren könne. Herr Zimmermann schwankte auf sie zu und wäre gestürzt, wenn sie ihn nicht aufgefangen hätte. Verträumt fuhr er mit seinen Fingern durch Lisas Haare und versuchte sie zu küssen. Lisa trat ein paar Schritte zurück, kritzelte »100 Mark entnommen Lisa« auf einen Zettel, nahm sich zwei 50-Mark-Scheine und verließ die enthemmte Gesellschaft.

Lisa setzte sich in den VW Käfer, den Anke ihr geliehen hatte. »Höppemötzche« stand groß in Lila auf der Fahrertür des knallroten Veteranen des Automobilbaus. Anke liebte das Schrottteil mehr als manchen Mann. »Höppemötzche« hatte sie ihn getauft. Das ist rheinisch und heißt so was wie »Seitensprung«.

Tu so, als sei nix

Nicole liebte Seitensprünge im alten Bonn, allerdings nur berufliche. Sie hatte eine multimediale Ausbildung. Sie konnte Fernsehbeiträge produzieren, hatte eine gute Radiostimme, war als Live-Reporterin einsetzbar, machte in Talkshows eine gute Figur und konnte auch noch gut und schnell Texte verfassen. Darum ging es dieses Mal. Der Redaktionsleiter der Agentur, für die sie nach dem Desaster beim Pharmaunternehmen arbeitete, stand vor ihr und sah sie flehend an. »Nicole, bitte machen Sie das für mich.« Die Städtischen Wasserwerke hatten bei ihm angefragt, ob er monatlich eine interne Zeitung für das Unternehmen herausgeben könnte. Ein finanziell interessanter Auftrag. Allerdings hatte der Chef der Stadtwerke die dringende Bitte geäußert, Nicole möge die Artikel für die Firmenzeitschrift verfassen. Nicole und ihr Chef wussten auch warum. Der Herr der Stadtwerke hatte Gefallen an der schlanken, dunkelhaarigen Frau gefunden und sich ihr schon einmal unsittlich genähert. Deshalb lehnte Nicole diesen Auftrag strikt ab.

»Sie brauchen doch nur ein paar Hurra-Texte über die Stadtwerke zu schreiben und dabei die CDU freundlich erwähnen«, versuchte der Ressortleiter jetzt Nicole zu ködern, »weil doch Mr. Stadtwerke emsig in dieser Partei tätig ist«. Und mahnend fügte er hinzu: »Nicole, wir brauchen den Auftrag.« – »Das heißt, ich soll mich verkaufen«, begehrte Nicole auf. »Und was hat das, bitte schön, mit Journalismus zu tun?« – »Sehen Sie es doch einmal so«, schlug ihr Chef vor, »Sie können locker ein wenig Schreiben üben, wir überleben und dann können wir den richtigen Journalismus machen.« – »Der will nicht nur meine Schreibe, der will dann auch mich«, hielt ihm Nicole entgegen. Ihr Chef schaute sie lange an: »Na ja, mit solcher Anmache haben Sie doch sicherlich genug Erfahrung. Damit werden Sie doch locker fertig. Wegen so was dürfen wir doch nicht einen potenten Kunden verlieren. Und potent ist er wirklich. Das weiß ich aus erster Hand.« Ihr

Chef grinste vielsagend. Auch für ihn war es offenbar selbstverständlich, dass Frauen, wenn sie schon den Beruf des Journalisten wählten, nicht nur wie ihre männlichen Kollegen nach Leistung und Können, sondern auch nach Körbchengröße und Bereitwilligkeit beurteilt wurden. Falls sie den zweiten Teil als sexuelle Belästigung werteten, dann mussten sie sich eben einen anderen Job suchen.

Da es »Sexuelle Belästigung« als Straftatbestand, wie gesagt, im deutschen Recht noch nicht gab, konnten Frauen nur bei offensichtlichem Verstoß gegen den Gleichbehandlungsgrundsatz der Verfassung ein bisschen klagen. Der »Portoparagraf« sicherte ihnen für den Fall, dass sie bei einer Bewerbung wegen ihres Geschlechts übergangen worden waren, die Rückerstattung der Bewerbungskosten zu. Beklagten sie sich wegen sexueller Belästigung am Arbeitsplatz, dann bekamen sie in den meisten Fällen ihre Papiere zurück.

So etwas konnte sich Nicole nicht leisten. Also begleitete sie den Chef der Stadtwerke und seine eifersüchtige Sekretärin auf einer Dienstreise nach München. Der Dienst bestand aus einem Besuch beim LKW-Produzenten MAN zwecks Besichtigung der neuen Müllwagengeneration. Der Schnaps sollte abends bei der Besichtigung des Münchner Nachtlebens fließen. Und Nicole, seine »kleine Frau«, der er so gerne »die Stadt zeigen« wollte, musste dabei sein. »Ein bisschen hübsch machen« solle sie sich für den abendlichen Bummel durch München, wünschte sich der Chef der Stadtwerke.

Nicole tat ihm auch noch diesen Gefallen. Aber für demonstrativen Abstand sorgte ein Notizblock, in den Nicole jedes Mal, wenn seine Blicke zu intensiv wurden, eifrig etwas hineinschrieb. Später las sie dann so wichtige Informationen wie »ein heller Mercedes ist in die Leopoldstraße eingebogen« in ihrem Block. Beim Absacker, dem weltweit auf Dienstreisen üblichen letzten Getränk an der Hotelbar, kam er dann zur Sache. Als heiße Information, noch »unter drei«, flüsterte er ihr ein Geheimnis ins Ohr. Er werde für das Parlament kandidieren, offenbarte der inzwischen leicht fuselig riechende christdemokratische Chef der Stadtwerke. Er habe die volle Unterstützung seiner Partei.

Nicole ahnte, was als Nächstes kommen würde. Sie hatte Ähnliches vorher schon durchgemacht. Und dann kam es auch schon. Als Neuer im Parlament brauche er unbedingt, säuselte der Stadtwerke-Chef, eine fähige Mitarbeiterin für die Pressearbeit. »Eine alte Häsin sozusagen«, gluckste er. Und dabei habe er an sie gedacht. Dabei nahm er ihre Hand und versuchte, mit dem anderen Arm auf Brusthöhe, um sie herumzugreifen. Nicole stand auf und verließ ohne ein Wort die Bar.

Die Stelle für die Pressearbeit bekam ein Mann. Der hatte schon seit Jahren für ihren Grabscher gearbeitet und war von Anfang an für den Job vorgesehen. Nicole zuckte nur die Achseln, als sie das erfuhr.

Der natürliche Nachteil, eine Frau zu sein

Ein Mann zu sein allein genügte oft nicht, um in entscheidenden Momenten in Bonn voranzukommen. Größe war hilfreich, körperliche Größe, und Kraft. Von Helmut Kohl wurde behauptet, seine ihm nachgesagte Geringschätzung von Frauen habe vor allem einen Grund: Er nehme sie visuell gar nicht wahr, weil er immer über sie hinwegsehe. Viele der damaligen Bonner Machtmenschen unterstrichen ihren Anspruch auf Überlegenheit eben auch dadurch, dass sie auf andere hinabschauen konnten. Männer, die Napoleon näher waren als Arnold Schwarzenegger, hatten oft mit ähnlichen Problemen zu kämpfen wie die Frauen. Zumindest dann, wenn es um bloßen Körpereinsatz ging.

So manch kleiner Mann schleppte zu Pressekonferenzen einen Hocker mit, auf den er sich stellen konnte, wenn er wieder einmal nichts sah und von niemandem gesehen wurde. Kleinen Politikern, die bei Fernsehinterviews zu größeren Journalisten hätten aufschauen müssen, wurde eine Kiste untergeschoben. Norbert Blüm gehörte ebenso aufs Kistchen wie der ewige selbst ernannte Frauenheld Johnny Klein oder der *ARD*-Promi Friedrich Nowottny. Und wenn sich der Kollege Johannes Gross von der *Zeit*, der ob seiner Rhetorik und Intelligenz ständiger Gast in Diskussionsrunden war, dem Sendestudio näherte, dann wurden schon die dicken Polster für seinen Stuhl bereitgelegt.

Aber immerhin waren auch sie Männer, wenn auch kleine. Zierliche Frauen dagegen gingen, wenn es sich in den Bonner Zentren der Macht wieder einmal aufgeregt knubbelte, gänzlich unter. Wie Gisela am 25. Januar 1987, dem Tag der letzten Bundestagswahl vor der deutschen Wiedervereinigung.

Johannes Rau, SPD-Ministerpräsident von Nordrhein-Westfalen und einer der besten Skatspieler und Witze-Erzähler der alten Bundesrepublik, hatte gegen den ewigen CDU-Kanzler Helmut Kohl verloren. Und wie. Nachdem sich die Hochrechnungen am Abend des Wahlsonntags stabilisiert hatten, wollte der Verlierer in der Bonner SPD-Zentrale vor die Presse treten. Gisela war für diese Pressekonferenz für einige private Radiosender akkreditiert. Die Privaten waren damals noch neu und arm. Nicht jeder Sender konnte sich einen eigenen Reporter leisten. Sie schickten deshalb »eine für alle«. Das war Gisela. Aus dem vor

Ort aufgenommenen Material schnitt sie dann für jeden ihrer Kunden ein passendes Stück zurecht. So fiel es nicht so sehr auf, dass in allen Berichten dieselben Informationen steckten.

Als sich Gisela im Laufschritt dem flachen, dunklen Bau an der Friedrich-Ebert-Allee näherte, erkannte sie schon von Weitem ihr Problem. Durch die bis zum Boden reichenden Fenster der Baracke, wie die SPD-Zentrale in Erinnerung an die erste Behelfsunterkunft der Sozialdemokraten in Bonn nach dem Krieg genannt wurde, sah sie nur Menschenmasse. Vor den gläsernen Eingangstüren drückten Kollegen, Kameras und Mikrofone als Waffen nutzend, in die Eingangshalle, in die eigentlich nichts mehr gedrückt werden konnte. Dank ihrer schmächtigen Gestalt gelang es Gisela, mit der Flutschtechnik nah am Boden einige Meter in den Raum vorzudringen.

Doch dann war Schluss. Sie steckte hoffnungslos fest. Alles, was sie sah und roch, waren durchfeuchtete Hemden schwitzender Männer. Der Verlierer kam und das Chaos brach endgültig aus. Kameramänner fielen mit ihrem schweren Gerät übereinander. Das Fernsehstudio der *ARD* aus Pappe und Plakatständern ging zu Bruch. Ein Monitor krachte auf den Boden. Der in der ersten Reihe postierte Reporter der *ARD* bekam Platzangst und fing an, um sich zu schlagen. Dabei schrie er immer wieder, ungewollt den Titel einer späteren *RTL*-Serie vorwegempfindend: »Holt mich hier raus!«

Gisela konnte nicht vor noch zurück. Sie war eingequetscht zwischen schwankenden Körpern. Ein halbes Dutzend Sicherheitsleute schirmten, für sie unsichtbar, Johannes Rau ab und bugsierten ihn zurück durch den hinteren Ausgang, der zu den Büros und Konferenzräumen im hinteren Teil des Hauses führte. Gisela drohte zu Boden zu gehen. Ein vierschrötiger Sicherheitsmann in ihrer Nähe rief ihr zu: »Halten Sie sich an mir fest.« Gisela verhakte sich am Bein des kräftigen Mannes so, als ob sie einen Baumstamm erklimmen wollte. Mit beiden Händen klammerte sie sich an seinem Arm fest.

Als einige Journalisten bemerkten, dass Johannes Rau den Rückzug antrat, ohne ein Wort zu sagen, schrien sie hinter ihm her: »Herr Rau, Herr Rau, ein Statement! Herr Rau, ein Bild, schauen Sie hierher. Wie fühlen Sie sich?« Als der Verlierer verschwunden war, kehrte vorübergehend etwas Ruhe ein. Gisela sah dankbar zu ihrer Eiche auf. Der Sicherheitsmann lächelte, ihm lief der Schweiß über das Gesicht. »Für Frauen ist das hier aber wirklich nichts«, keuchte er. Gisela wollte dies ungern zugeben.

Fast eine halbe Stunde dauerte es, bis sich das Journalistenknäuel in der SPD-Baracke einigermaßen gelöst hatte. Mit einem dicken Tau sperrten die Sicherheitsmänner einen kleinen Bereich ab, in dem der Wahlverlierer schließlich doch noch seinen Wahlhelfern im verlorenen Kampf um das Kanzleramt dankte. Wieder versuchte Gisela, sich mit ihrem Mikrofon nach vorne zu schieben. Aber selbst unter den jetzt herrschenden fast ordentlichen Bedingungen gelang es ihr nicht, sich Johannes Rau zu nähern. Ihre männlichen Kollegen übersahen sie einfach und drückten das lästige Wesen mit der hellen Stimme zur Seite. Schließlich gelang es ihr, einem Kamera-Assistenten weiter vorn ihr Mikrofon in die Hand zu drücken. Er hielt es in Richtung des gescheiterten Bundeskanzlerkandidaten.

Abends in der Badewanne zählte sie die blauen Flecken an ihrem Körper, die ihr harte Männerknochen zugefügt hatten.

Wozu genau braucht man einen Penis in diesem Job?

Christa hatte das Bonner Leben auf Abruf irgendwann satt. Jedenfalls jenes, das sie bisher geführt hatte. Sie war eine der zahlreichen freien Mitarbeiter, in ihrem Fall freilich Mitarbeiterin. Aber die weibliche Form wurde selten gewählt. Also, sie war freier Mitarbeiter beim *Westdeutschen Rundfunk*. Die öffentlich-rechtlichen Anstalten leisteten sich ein ganzes Heer solcher Freier. Sie wurden von den bei Funk und Fernsehen fest angestellten Redakteuren bei Bedarf eingesetzt. Bei den schlecht bezahlten Kollegen, die für knauserige private Medienverlage arbeiteten, hatte dieses frühe System von Outsourcing nicht den besten Ruf. Die Kritik richtete sich nicht gegen die Freien wie Christa, sondern gegen jene, die ihr beamtenähnliches, gebührenfinanziertes journalistisches Dasein durch Delegation ihrer Arbeit noch bequemer gestalteten.

Christa hatte es jedenfalls satt, von Schreibtischfuzzis mit Pensionsberechtigung auf Termine geschickt zu werden, die auffallend häufig in den späten Abendstunden und an Wochenenden lagen. Sie hatte Wirtschaftswissenschaften mit Schwerpunkt Arbeits- und Sozialrecht studiert, hatte, bevor sie sich für den Journalismus entschied, schon zwei Jahre im Personalbüro eines großen Unternehmens gearbeitet und wollte wieder etwas Festes in der Wirtschaft.

Angebote gab es genug. Die Anzeige eines angesehenen Unternehmens im Bonner *General-Anzeiger* schien ihr besonders interessant. Eine große Aktiengesellschaft mit Sitz in Köln suchte einen Supervisor. Die Stellenbeschreibung gefiel Christa. Es wurde ein kompetenter Mediator mit abgeschlossenem Studium gesucht, der zwischen Führung und Belegschaft vermitteln und sich um Konflikte in der Firma kümmern sollte, bevor sie virulent wurden. Ein Job, so schien es Christa, der für sie wie geschaffen war.

Christa schickte ihre Bewerbungsunterlagen nach Köln und wurde zum Vorstellungsgespräch eingeladen. Der Personalleiter empfing sie. Christa berichtete von ihrem Studium und ihrer Tätigkeit in der Wirtschaft. Als sie gerade begründen wollte, warum sie dann zum Journalismus gewechselt war, unterbrach sie der Personalchef ungeduldig und sprach: »Ich fürchte, hier liegt ein kleines Missverständnis vor, meine Liebe. Was Sie von sich erzählen, ist sehr interessant. Aber wir brauchen eine Sekretärin.«

Das wusste Christa. In der Supervisor-Anzeige waren auch noch andere freie Stellen genannt worden. »Aber ich habe ausdrücklich auf die Anzeige bezüglich der Stelle als Supervisor geantwortet«, klärte sie den Krawattenherrn auf der anderen Seite des Schreibtisches auf, »und nur an dieser Stelle bin ich interessiert.« – »Aber meine Verehrte«, schmalzte der Personalleiter und wiegte bedenklich den Kopf hin und her, »das ist eine Aufgabe, für die man eine ordentliche Ausbildung braucht.« Zorn stieg in Christa auf. »Entschuldigen Sie bitte, aber von meiner ordentlichen Ausbildung habe ich Ihnen doch gerade erzählt. Außerdem können Sie das alles in meinen Bewerbungsunterlagen nachlesen.«

Der Personalleiter musterte sie von oben bis unten und kam zu einem erstaunlichen Ergebnis: »Aber Sie sind doch eine Frau.« Und sein Blick schien hinzuzufügen: »Und was für eine.« Christa hatte genug. Auch sie musterte jetzt ihren Gesprächspartner. Sie beugte sich sogar ein wenig vor, damit sie auch den unteren Teil des Personalleiters sehen konnte. Und dann sagte sie einen Satz, auf den sie ihr Leben lang stolz war. »Würden Sie mir bitte erklären«, fragte sie in übertrieben mädchenhaftem Tonfall, »für welchen Teil der Arbeit eines Revisors ein Penis benötigt wird?«

Der Personalleiter lief rot an, stand auf, zupfte wild an seiner Krawatte und sagte ein wenig zu laut: »Ich denke, hiermit ist das Gespräch beendet.« Christa verließ die Vorstandsetage bester Laune. Selten hatte sie sich so wohl gefühlt. Endlich hatte sie sich getraut, sich zu wehren. Dann blieb sie eben doch eine freie Mitarbeiterin.

Höhere Etagen – gehen wir mal essen?

Um eine Art Bewerbung ging es auch im Sommer 1988, als Anke nicht wusste, was sie anziehen sollte. Nun war das nicht gerade ein außergewöhnlicher Zustand. Es gehörte bei ihr zum Ritual des Ankleidens, dass sie zunächst alle ihre Klamotten durchprobierte. Wenn sie sich dann nach frühestens 30 Minuten im Spiegel betrachtete, sah sie meistens dasselbe: Sich in ihrem liebsten Jeansrock mit passendem T-Shirt.

An jenem Sommerabend im August aber wusste sie wirklich nicht, welche Kleidung für das bevorstehende Ereignis angemessen war. Immerhin konnte sich in den nächsten Stunden ihr Schicksal als Bonner Journalistin entscheiden.

Am Nachmittag, nach der Pressekonferenz beim Bundespräsidenten, hatte sie der Bonner Bürochef einer renommierten Zeitschrift angesprochen. Er habe sie schon eine ganze Weile beobachtet, hatte er behauptet. Ihm gefalle ihre Art zu fragen und zu recherchieren. Das würde zu seinem Blatt passen, hatte er gesagt. Er suche weibliche Verstärkung für sein Büro. Und dann hatte er gefragt: »Haben Sie heute Abend Zeit? Dann könnte ich Ihnen beim Essen ein bisschen über die Arbeit bei uns erzählen.«

»Ja, das könnte ich einrichten«, bekam Anke mühsam lässig heraus, während ihr vor Aufregung heiß wurde. Das wäre es! Sie bei diesem Blatt! Und das in der hochgelobten Parlamentsredaktion! Das wäre der Karrieresprung, von dem sie nicht einmal zu träumen gewagt hatte. Deshalb hing aus ihrer weiblichen Sicht der Fortbestand ihres Daseins mit davon ab, ob es ihr gelingen würde, sich heute Abend passend zu kleiden.

Nicht zu sexy, aber auch nicht fad, nicht zu geschäftsmäßig, aber auch ein wenig seriös – das zu vereinen schien ein Ding der Unmöglichkeit. Der schwarze Minirock stand ihr gut, aber er erschien ihr dann doch zu kurz. Das Hängekleid hatte etwas von den 70ern und zu viel Folklore. Der enge Hosenanzug, na ja, sie hatte nun mal einen weiblichen Po. Irgendwie wirkte sie darin pummelig. Das schwarze Jackett – doch zu sehr Karrierefrau? Aber zusammen mit den Blumenjeans ging das. Dazu ein graues T-Shirt. Und hohe Stiefel. Welche? Anke probierte alle durch.

Mit einem wirklich guten Gefühl, was ihre äußere Erscheinung anging, machte sie sich schließlich zu der Pizzeria in der Bonner Südstadt auf. Sie war vor ihm da, und als sie sich setzte und ihre gestiefelten Beine unter den Tisch schieben wollte, da merkte sie es. Ihr linker Stiefel bestand aus glattem schwarzem Leder, ihr rechter aus einem Leder-Patchwork in unterschiedlichen dunklen Brauntönen. Beim Gehen war ihr der fatale Fehler, der jetzt zweifelsfrei ihre berufliche Zukunft ruinieren würde, nicht aufgefallen. Die Stiefelpaare waren ähnlich geschnitten und hatten dieselbe Absatzhöhe.

Ihr Selbstbewusstsein war dahin, ihre Sicherheit auch. Verlegen versteckte sie ihre Beine unter dem Tisch, als sie einige Minuten später in steifer Sitzpositur ihren neuen Wunschchef begrüßte. »Frau Wiescher, wie schön, dass Sie Zeit haben.« Der große, den ganzen Raum füllende Mensch hatte sich zu ihr gesetzt und begann sofort, von der Arbeit in seinem Hauptstadtbüro zu berichten. Anke sah ihn aufmerksam an und lächelte mühsam an den passenden Stellen. Sie überlegte, wie sie nachher beim Aufbruch die Farbvielfalt ihrer Stiefel verbergen könnte. Deshalb konnte sie dem weit ausholenden Vortrag über das Bonner Büro, seine Aufgaben und seine wichtige Rolle im politischen Bonner Leben kaum folgen. Offensichtlich interpretierte er ihr Schweigen als besonders konzentriertes Interesse und beugte sich nun vor. »Wir suchen eine Frau für unsere Mannschaft. Was halten Sie davon?«

Anke richtete sich kerzengerade auf. Von einem solchen Angebot träumten alle jungen Journalisten in Bonn. Jetzt kam es darauf an, mit oder ohne Stiefel. »Sie kennen mich doch gar nicht und wissen nicht, was ich kann«, sagte sie und versuchte selbstbewusst zu wirken. Er könne sich auf seine Menschenkenntnis verlassen, antwortete ihr Gegenüber. Sie würde gut in sein Männerteam passen.

»Soll ich Ihnen ein paar Schreibproben liefern?«, erkundigte sich Anke. »Sehr gut«, lachte er und wechselte unvermittelt zum Du. »Schreib mir eine Geschichte über ein politisches Thema, von dem du meinst, dass es zu uns passt. Geht das bis Donnerstagabend? Ich hol' dich um acht Uhr ab und dann seh' ich mir das an. Wo wohnst du?« Anke beschrieb ihm den Weg zu ihrem Draußen-Wohnzimmer-Haus, und bevor sie noch etwas sagen konnte, rief er nach dem Kellner und bat um die Rechnung.

Er holte sie ab. Mit seinem Porsche natürlich. 911er Cabrio. »Wo fahren wir denn hin?«, wollte Anke wissen. Unter dem Arm trug sie eine Klarsichtfolie, in der die entscheidenden acht Blatt Text steckten. Zwei Nächte hatte sie damit verbracht, Wort für Wort, Satz für Satz eine aktuelle Bonner Geschichte im Duktus ihres – hoffentlich – neuen Arbeitgebers zu verfassen. Jetzt wollte sie nur noch eins: ein Lob ihres Fast-Büroleiters und vor allem den Job.

»Eine Überraschung«, antwortete der auf ihre »Wohin«-Frage. Ihr Chef in spe fuhr auf die Autobahn Richtung Süden. Als sie die Ausläufer des Siebengebirges erreicht hatten, bog er an einer Autobahnraststätte ab. »Müssen wir tanken?«, fragte Anke so kühl, wie es eben ging. Ganz so, als sei es das Normalste der Welt, zum Manuskriptlesen über die Autobahn zu brettern.

»Ach Mädchen«, lachte der große Büroboss und umkurvte die Autobahnraststätte, »wo lebst du denn?« Vor einer Pension, in der vermutlich Lkw-Fahrer ihre Wochenenden verschnarchten, hielt er an. Er kannte sich offenbar bestens aus. »Ich besorge uns nur schnell ein Zimmer«, sagte ihr Begleiter und hangelte sich aus seinem Porsche. O-beinig im Mir-gehört-die-Welt-Schritt stakste er auf den matt erleuchteten Eingang der Absteige zu.

Einen Augenblick war Anke versucht, ihm seine feinen dunkelroten Ledersitze aufzuschlitzen und sich zur nahen Tankstelle zu retten. Später, als sie immer wieder über diese Situation nachdachte, wurde ihr klar, dass es die arrogante, selbstverständliche Unverschämtheit dieses Machos war, die ihr die Angst genommen hatte. Sie wurde wütend. Sie ließ ihn das Zimmer bezahlen, stieg aus dem Porsche aus, stellte sich neben das Auto und atmete tief durch. Als er mit dem Zimmerschlüssel in der Hand zurückkehrte, war sie ganz ruhig: »Ich habe einen Text dabei«, sagte sie. »Aber ich glaube kaum, dass das hier der richtige Ort ist, ihn zu besprechen. Ich werde mir ein Taxi besorgen. Vielen Dank für das hier, aber das ist nicht mein Stil.«

Der große Mann mit dem kleinen Porsche schaute sie verblüfft an. Er schien seine Chancen abzuwägen. Sie ging entschlossen in Richtung Autobahnraststätte davon. »Hey Mädel, ist gut, dann ein anderes Mal«, rief er ihr hinterher. »Ich fahre dich nach Hause.«

Ein Test sei das gewesen, wie sie auf ein solches Angebot reagieren würde, redete er sich später heraus. Es habe ihm gefallen, dass sie ihn sogar noch das Zimmer habe bezahlen lassen. Sie hatten dann noch in einem Studentenlokal in der Weberstraße ein Glas Wein getrunken und ganz vernünftig miteinander geredet. Anke bekam den begehrten Job und setzte sich in ihm durch. Weil sie gut war. Und nicht, weil der Chef es bei ihr versucht hatte, wie er es wahrscheinlich immer zu tun pflegte, wenn ein ansehnliches weibliches Wesen in seinen Machtbereich gelangte.

Als Gerda – 25 Jahre danach – diese Geschichte von und über Anke liest, wedelt sie begeistert vor ihren hinter Laptops versunkenen Kolleginnen mit den Blättern hin und her: »Hier, wer hat dasselbe mit ihm erlebt?« Die Köpfe von uns neigen sich über den Text, so wie früher, wenn man in der Schule etwas Verbotenes gemeinsam las. Und einige fangen an zu lachen. Ankes Fernfahrerpension kannten mehrere von uns – irgendwie.

Ingolf Zera, damals freier Journalist, heute Leiter einer Kommunikationsagentur, erinnert sich gut, wie er sich für seine Geschlechtsgenossen fremdschämen musste.

Ingolf Zera: »Ihre Klitoris gehört mit dem stumpfen Messer beschnitten«

»Wollen Sie hier nicht fest anfangen?« Und ob ich wollte. Dafür hatte ich schließlich meine Semesterferien in dieser Redaktion verbracht.

Ich wollte eine feste Anstellung, und zwar als Redakteur. Und solche Stellen gab es auch Mitte der 70er Jahre nicht im Überfluss. In Bonn schon gar nicht.

Da war es mir dann auch egal, dass der Vorschlag von jemandem kam, den ich nicht besonders mochte, den ich manchmal sogar widerlich fand. In seiner unmittelbaren Umgebung war es immer gefühlte drei Grad kälter als im Rest des Raumes. Und wenn er etwas sagte, dann hatten das die Zuhörer, die sowieso keine Ahnung hatten, als Offenbarung zu beklatschen. Ein zustimmendes, eifriges Nicken war das Mindeste, was er von seinen Untergebenen erwartete. Viele waren das ohnehin nicht. Einschließlich Sekretärin und mir als Neuzugang bestand die Redaktion gerade mal aus fünf Personen. Er war der Herrscher, wir sein Volk.

Es war schwer, ihm etwas recht zu machen. Die Seiten im Handbuch »Wie werde ich ein guter Chef«, auf denen das Lob als unverzichtbares Instrument erfolgreicher Menschenführung beschrieben wird, hatte er mit Sicherheit überschlagen. Ein resigniertes »na ja«, das ihm zusammen mit einem Stöhnlaut hin und wieder entfuhr, war seine höchste Form der Anerkennung.

Lieber schrie er und tobte, wenn er etwas suchte und nicht gleich fand. Schuld war dann automatisch die Redaktionsassistentin Gabriele. Entweder er beschimpfte sie unflätig oder er fand etwas an ihr, an das er seinen sarkastischen Humor ausschütten konnte. Mal war es ihre Frisur, dann ihre Kleidung, mal waren es ihre strammen Schenkel, dann ihre Brüste. Jedes Mal, wenn er sie sah, fand er einen Anlass für eine anzügliche Bemerkung.

Eines Tages suchte er Prozessunterlagen, die er dringend für einen Gerichtstermin benötigte. Sie waren einfach nicht zu finden. »Haben Sie die möglicherweise mit nach Hause genommen?«, erkundigte sich Gabriele vorsichtig. In dem Moment, als sie es aussprach, erkannte sie ihren Fehler. Sie hatte es gewagt, das Tun ihres Chefs anzuzweifeln. Der lief rot an, zog hörbar die Luft ein und schrie so laut, dass alle es hören konnten: »Sie sind so doof, Ihnen sollte man mit einer stumpfen Klinge die Klitoris beschneiden.«

Alle starrten ihn an. »Was ist?«, fragte er in die Stille hinein. Doch niemand sagte etwas. Niemand, auch ich nicht, keiner empörte sich, niemand kam auf die Idee, den Vorfall später der Verlagsleitung oder der Standesvertretung zu melden. Am Abend traf ich mich mit Gabriele. »Was willst du jetzt gegen den Kerl unternehmen?«, fragte ich sie. »Ach«, sagte sie, »es hat ja doch keinen Zweck. Der ändert sich nicht mehr und ich verliere meine Arbeit.« Und dann fügte sie leise hinzu: »Von dem gibt es doch noch ganz andere Geschichten.«

Mit einem seiner Lieblingsspiele prahlte er ganz offen. Er machte sich an die Frauen von Freunden heran und nannte das »doppelten Betrug«. Auf einem Parteitag, über den ich berichten sollte, hatte er sich mit einem, er nannte ihn wirklich so, »Freund« verabredet. Der war in Begleitung seiner Frau erschienen, und mit dieser Frau pflegte mein Chef eine intime Beziehung. Eigentlich war er nur ihretwegen zu dem Parteitag gefahren. Schon Tage vorher hatte er von ihr geschwärmt. Ihr Mann ahnte nichts davon, und als er seiner Frau vorschlug, ihn doch einfach abends vom Parteitag abzuholen und sich bis dahin einen schönen Tag zu machen, erklärte mein Chef, er habe eigentlich auch keine Lust auf Politik und man könne ja gemeinsam etwas unternehmen. Der Freund empfand das als »prima Idee« und verabschiedete beide.

Als sie schließlich gegen Abend wieder auf dem Parteitag erschienen, fragte der Freund, was sie denn so gemacht hätten. »Wir sind sofort ins Hotel«, antwortete mein Chef, »dort fielen wir wie von Sinnen übereinander her und vögelten eigentlich den ganzen Nachmittag.« Der Freund lachte laut über den, wie er fand, gelungenen

Scherz seines Freundes. Mein Chef fand sich ebenfalls recht witzig. Er liebte es, solche Geschichten in der Redaktion zu erzählen. Und jedes Mal blickte er Beifall heischend in die Runde.

Ich selbst habe nach wenigen Monaten gekündigt. Meinem damaligen Chef bin ich danach in großem Bogen aus dem Weg gegangen. Wenn wir uns trotzdem im kleinen Bonn über den Weg liefen, dann habe ich ihn mit Nichtachtung gestraft. Aber gesagt habe ich nichts.

»Warum habt Ihr Euch nicht gewehrt?«, fragt meine Tochter Katarina, als ich ihr vor meinem Aufbruch in die Eifel zum Jubiläumstreffen der »Rosa Federn« ein wenig über unsere damaligen Schwierigkeiten erzähle. »Ich hätte ...« Und dann kommt die ganze Bandbreite von Abwehrreaktionen, die wahrscheinlich jedem 16-jährigen Mädchen im Jahre 2011 einfällt: Ihm eine knallen, mit einem lauten »Du Arschloch« davonstürmen, dem Kerl in die Weichteile treten, ihn anzeigen oder noch besser: eine richtig böse Geschichte auf Facebook posten.

Was haben Frauen und Kartoffeln gemeinsam?

Ja, warum hat sich damals niemand öffentlich gewehrt? Als Journalistin hätte das eigentlich für jede von uns ein Leichtes sein müssen – auch wenn es noch kein Internet gab. Schließlich waren wir ja mit dem Ideal angetreten, über Missstände und Ungerechtigkeiten in der Gesellschaft zu informieren. Anke, Lisa, Gerda und ich trinken Kaffee auf der überdachten Terrasse unseres Hotels in der Eifel. »Fast wie unser Draußen-Wohnzimmer in Bonn, nicht?«, freut sich Lisa und strahlt mit den Gänseblümchen auf dem Rasen um die Wette. Wie immer lässt sie sich –

selbst bei Gesprächen über Beerdigungen – die gute Laune nicht verderben. »Da gab es viele Gründe, warum wir das damals ohne große Gegenwehr hingenommen haben«, sagt Gerda nachdenklich. Und sie beschreibt die aus ihrer Sicht wichtigste Ursache.

Trotz aller Frauenbewegungen dieser Welt hatte sich im Bewusstsein der großen Mehrheit beim Thema Mann und Frau noch nicht viel getan. Es herrschte immer noch die vom Christentum und den anderen Weltreligionen vorgegebene Hackordnung, wonach die Frau dem Mann Untertan zu sein hat. Und es war die von der Natur oder auch von Gott gegebene Machtverteilung zwischen den Geschlechtern, dass der Mann die Frau zwecks Beischlafs zu erobern habe, wann und wo immer sich die Gelegenheit dazu bietet. Schließlich geht es ganz archaisch um Fortpflanzung und Arterhaltung. Wie und wo das geschieht, ob mit nur halber oder ganzer Zustimmung der Frau, ob im Ehebett oder in einer Besenkammer, das ist bis heute der neutralen Natur egal.

In dieser moralischen Halbwelt konnten Männer, auch bekannte Männer, öffentlich und ohne Schaden zu nehmen die schlimmsten Stammtischsprüche von sich geben. »Erinnert ihr euch an diesen Funke?«, fragt Lisa. Karl-Heinz Funke war Landwirtschaftsminister in Niedersachsen und ein bodenständiger Sozialdemokrat. Von ihm stammte die Broschüre »Wehe, wem der Funke blüht«. In diesem, wie Funke behauptete, ironischen Werk politischer Stammtischliteratur äußerte er sich fachkundig über kommunale Belange wie zum Beispiel die Brandbekämpfung.

»Oft wird gesagt, eine intakte, gut ausgerüstete Feuerwehr soll sein wie die Jungfrau: stets bereit, nie begehrt. Ich halte das für falsch. Du musst die Feuerwehr behandeln wie ein hübsches junges Mädchen, ihr die Wünsche von den Lippen lesen und sie ständig im Auge behalten, dann ist sie dir auch stets zu Willen.«

Der Autor war ganz stolz auf solche Passagen seines Werkes und trug sie gerne vor, auch seinem damaligen Chef, dem niedersächsischen Ministerpräsidenten Gerhard Schröder. Diese Textstelle mochte der Mann vom Jadebusen besonders gern: »Was haben Kartoffeln und Frauen gemeinsam? Nun, auf den ersten Blick vielleicht nicht viel. Aber beide Spezies sind ziemlich teuer im Unterhalt, verfügen über frühreife Exemplare und eine ansprechende Formgebung.«

»Das Problem lag doch auch im Juristischen«, wendet Anke ein. Das Prinzip der Gleichberechtigung und Selbstbestimmung war in den allgemeinen Menschenrechten der Vereinten Nationen anerkannt und im deutschen Grundgesetz festgeschrieben. Aber wo lagen die Grenzen des Erlaubten? Wo hörte der Flirt auf und wo begann die moralische und sexuelle Belästigung der Frau, die auch juristisch zu ahnden war? Wir kramen gemeinsam in unserer Erinnerung und in unseren alten Artikeln und tragen in unserem Beitrag für das Projekt Eifel zusammen, wie wir und die damalige Familienministerin Angela Merkel das Zustandekommen des Bonner Gleichberechtigungsgesetzes nach jahrzehntelangem Gezerre im Jahre 1994 erlebten.

STUSS VOM MÄDEL – EIN GESETZ WIRD ENTKERNT

Männer und Frauen sind gleichberechtigt.

Elisabeth Selbert (Parlamentarische Rätin 1948/49)
bringt diesen klaren Satz ins Grundgesetz

Ein Sieg war es nicht. Aber ein Grund zum Feiern. Im Schneidersitz hockten Anke, Lisa, Gerda und ich auf den Polstern der Wohnlandschaft in meinem kleinen Häuschen, Sekt und Chips in Reichweite. Wir waren wild entschlossen, es uns an diesem Abend gut gehen zu lassen.

Ein bisschen schöntrinken mussten wir uns den Anlass unserer Sekt-Party allerdings schon. Denn was die Männermehrheit des Deutschen Bundestages an diesem 24. Juni 1994 zum Schutz der Frauen gegen sexuelle Belästigung beschlossen hatte, das würde aus der Bundeshauptstadt Bonn und ihrem deutschen Umland sicher keine grabsch- und tatschfreie Zone machen.

Nein, Illusionen über die Wirkung eines solchen Gesetzes machten wir uns nicht. Schon gar nicht gingen wir davon aus, dass sich unser eigenes Leben in der Bonner Männerwelt ändern würde. Gestern erst, erzählte Gerda am Fuße der zweiten Flasche Sekt, sei sie bei diesem Minister in der Adenauerallee gewesen, der jedes Mal, wenn er sie sieht, ein zotiges Lied auf ihren Namen anstimmt. Diesmal habe es allerdings dessen Sekretärin getroffen. Die trug zur weißen Bluse eine schicke, eng anliegende Hose aus Wildleder, als sie den Kaffee brachte. Nach der Melodie von »Pack die Badehose ein« wurde sie von ihrem Chef mit einem selbst gedichteten Liedchen empfangen. »Zieh die Lederhose aus«, prustete der Herr Minister, »hol die besten Stücke raus.« Weiter kam er nicht. Der Herr Minister musste zu sehr lachen.

»Ich wäre ja schon froh, wenn sie nur singen würden«, empörte sich Anke. Sie streckte ihr gefülltes Glas gefährlich hoch in die Luft. »Trinken wir darauf«, forderte sie uns auf, »dass dieser Triebtäter von Kollege in meiner Redaktion seinen nagelneuen Porsche im Rhein versenkt.« Auch Gerda hob ihr Glas. »Darauf, dass dieser schwanzwedelnde Bürohengst in der SPD-Baracke sein bestes Stück in der Schreibtischschublade einklemmt.« Jetzt steuerte Lisa ihren Trinkspruch bei. »Wir trinken darauf, dass sich mein Lieblingsabgeordneter endlich einmal von allen Seiten nackt im Spiegel betrachtet und sich so erschreckt, dass er meine Telefonnummer vergisst.«

Dabei war die für das Gesetz zuständige Frauenministerin Angela Merkel durchaus mutig ans Werk gegangen. Helmut Kohl hatte sein »Mädchen«, wie der Kanzler seinen Neuzugang aus der DDR zu nennen pflegte, damit beauftragt, das Diskriminierungsverbot für Frauen aus der Frauenrechtskonvention der Vereinten Nationen in deutsche Gesetze zu übertragen. Mindestens die Hälfte der Arbeitsplätze im Öffentlichen Dienst sollte mit Frauen besetzt werden, hatte Angela Merkel der Bonner Männerrunde in der Regierung vorgeschlagen. Sexuelle Belästigung am Arbeitsplatz wollte sie unter Strafe stellen.

Gleichberechtigung der Geschlechter könne nur verwirklicht werden, wenn »die traditionelle Rolle des Mannes und die Rolle der Frau in der Gesellschaft und in der Familie sich wandelt«, hatte es in der UN-Vorlage für die deutsche Familienministerin geheißen. Dieser Meinung war Kohls »Mädchen« schon kraft Amtes auch. Frauen müssten in gleichem Maße wie die Männer teilhaben am öffentlichen und gesellschaftlichen Leben, hatte sie noch vollmundig ein Jahr zuvor verlangt. Solange sie nicht in den Führungspositionen der Medien, der politischen Parteien, der Interessenverbände, der Wirtschaft und der sozialen Bereiche adäquat vertreten seien, so lange würde es den Frauen schwerfallen, mit der Gleichberechtigung voranzukommen. »Wir Frauen müssen weitergehen auf dem Marsch durch die Institutionen und teilhaben an der öffentlichen und wirtschaftlichen Macht«, wurde Merkel Anfang 1993 in der Frauenzeitschrift *Emma* zitiert.

Zu einer solchen Wende waren die Männer in Bonn aber noch lange nicht bereit. Das hätte ihre Macho-Macht gefährdet, und das ließen sie Kohls »Mädchen« auch wissen. Wo immer sie mit ihrem Gleichberechtigungsgesetz auftauchte, bekam sie vor allem beim Thema »sexuelle Belästigung« Anzügliches und Spott zu hören.

Zuletzt hatte der CSU-Grande Carl-Dieter Spranger bei der Abstimmung des Gesetzentwurfs im Kabinett im Namen der feixenden Kollegen kundgetan, was er von den Plänen der Frauenministerin hält. »Wissen Sie, Mädel«, wandte sich der Minister für Entwicklung jovial an Frau Merkel, »wenn ich Sie nicht so nett fände, würde ich ja für diesen Stuss gar nicht stimmen« *(Der Spiegel)*. Und der CDU-Berichterstatter für Merkels Gleichberechtigungsgesetz im Rechtsausschuss, Freiherr von Stetten, wusste schon vorher genau, was das für Frauen sind, die sich über sexuelle Belästigung beschweren. Jene nämlich, »die gerne belästigt würden, aber nicht belästigt werden und sich mit einer Beschwerde wichtig machen wollen.« Eine feministische Abgeordnete der Grünen-Fraktion hatte dem Adeligen daraufhin empört vorgeworfen, er fördere mit solchen Sprüchen das Geschlechter-Mobbing. Sie erklärte den Kollegen im Bundestag, was sie damit meinte. Sexuelle Bemerkungen und Berührungen würden vor allem dazu eingesetzt, um Mitarbeiterinnen zu demütigen und Männermacht zu demonstrieren nach dem Motto: Siehst du, was ich ungestraft alles mit dir anstellen kann?

Das »Sexbelap-Gesetz« – so nannten männliche Abgeordnete launig die Bestimmungen gegen sexuelle Belästigung am Arbeitsplatz – war nach mehr als zehn Jahren Anlauf nun tatsächlich verabschiedet worden. Aber der Streit darüber fing erst an. Denn das neue »Beschäftigtenschutzgesetz«, in dem auch die sexuelle Belästigung geregelt war, warf viele Fragen auf. Stempelte das Gesetz nun alle Männer zu lüsternen Bürohengsten, die über wehrlose Opfer herfallen? Oder setzten nicht auch viele Frauen ihre Reize zur Förderung des beruflichen Fortkommens und privaten Wohlergehens ein? Wer durfte wegen was wen brandmarken? »Die fürchten«, resümierte die Abgeordnete Susanne Rahardt-Vahldieck die von den Männern geäußerten Bedenken, »dass jetzt wild gewordene Frauen sie schon wegen ganz harmloser Situationen völlig zu Unrecht denunzieren könnten.«

Der Schutz vor sexueller Belästigung war nur ein Bestandteil des »Zweiten Gleichberechtigungsgesetzes«, dessen Beratung am 11. November 1993 mit einer Expertenanhörung im Bundestag in die entscheidende Phase trat. Damit sich bei den vielen Männern in der Koalition eine frontale Ablehnung erst gar nicht entwickeln konnte, sorgten die Bonner Politikerinnen dafür, dass in der Arbeitsgruppe »Frauen und Jugend« ein Mann das Thema betreute. Die Wahl der Damen erstaunte. Sie fiel auf Hubert Hüppe, der zu den striktesten Abtreibungsgegnern in der CDU-Fraktion zählte.

Der 37-jährige CDU-Abgeordnete aus Lünen galt deshalb bei seinen Kolleginnen im Bundestag eher als Frauenfeind.

Doch kaum war Hüppe zum Berichterstatter für das Problem der sexuellen Belästigung gewählt, da bekam er selbst einige Kostproben der Macho-Sprüche seiner Geschlechtsgenossen zu hören. »Es sollen nicht nur Opfer, sondern auch mal Täter sprechen«, empfahl man ihm als Einleitung seiner Bundestagsrede. Am abendlichen Stammtisch polterte ein SPD-Kollege: »Lass dich doch nicht von den Weibern einspannen!« Andere flegelten: »Wenn sexuelle Belästigung strafbar wird, dann ist ein kurzer Rock aber Anstiftung zur Straftat« *(Der Spiegel)*.

Hüppe war »nicht gerade begeistert«, als ihm das Thema angetragen wurde, von dem er anfangs glaubte, es betreffe nur relativ wenige. Aber bald stellte er verblüfft fest: »Sexuelle Belästigung kommt nicht nur hin und wieder vor, sondern gehört zum Alltag.« Und: »Wenn ich meine Kollegen frage, was sie davon hielten, wenn ihre Frau oder Tochter sich darüber beschweren würde, dass ihr Chef sie angepackt hätte«, stellte Hüppe einsichtig fest, »dann werden sie nachdenklich.«

Dennoch: Was man der jungen Frau Merkel aus dem Osten schließlich erlaubte und worauf wir vier auf der Wohnlandschaft jetzt tranken, fand selbst der Männerclub der Bonner *Spiegel*-Redaktion »skurril«. Männliches Tatschen und Anmachen konnte zwar theoretisch als »Dienstvergehen« geahndet werden. Über eine entsprechende Beschwerde einer Frau aber hatte der Chef zu entscheiden. Der aber war fast immer ein Mann und nicht selten ein Täter. Kam es doch zur Verhandlung, dann musste dem Beschuldigten Vorsatz nachgewiesen werden. Der Bonner Gesetzgeber hatte sich die Perspektive des Täters zu eigen gemacht und nicht die des Opfers. Erst 2006 wurde diese Männerversion im

»Allgemeinen Gleichbehandlungsgesetz« korrigiert, aber nicht etwa, weil die Männermehrheit des Bundestages einsichtig geworden wäre, sondern weil die Europäische Union es verlangte.

Das »Sexbelap« von 1994 war das vorläufige Ende eines mehr als 30 Jahre dauernden Kampfes von Frauen und Männern um die Gleichberechtigung der Geschlechter. Bereits im Mai 1957 hatte der Bundestag die im Artikel 117 des Grundgesetzes geforderte Änderung des Familienrechts beschlossen. Es trug den Namen »Gleichberechtigungsgesetz«, obwohl es alles andere als das war.

Im bis dahin geltenden Familienrecht war noch die »alleinige ehemännliche Verwaltung und Nutznießung des gesamten Familienvermögens« verbrieft. Der Mann konnte also über das gesamte Einkommen und Vermögen der Frau verfügen und bestimmen. 77 Mal tagten Kommissionen, um diesen zweifelhaften juristischen Stand deutscher Gleichberechtigung zu verbessern.

Was schließlich herauskam, war allerdings auch nicht viel besser. Zwar hatte man die männliche Verfügungsgewalt über das Familienvermögen abgeschafft und dafür die Zugewinngemeinschaft eingeführt, gab die seit 1956 dem Juristenbund angehörende Familienrechtsexpertin Lore Maria Peschel-Gutzeit kritisch zu Protokoll. Aber der Vater behielt immer noch das Entscheidungsrecht über die Kinder. Er allein war es auch, der die Kinder gesetzlich vertrat. Das Gesetz legte außerdem fest, dass die Frau immer noch im Zweifel an den Herd gehört und nicht ins öffentliche Leben: »Die Frau führt den Haushalt (...). Sie ist berechtigt, erwerbstätig zu sein, soweit dies mit ihren Pflichten in Ehe und Familie vereinbar ist.«

Dieser Paragraf des Bürgerlichen Gesetzbuches blieb bis zur nächsten Reform des Familienrechts im Jahre 1977 in Kraft. Dann erst wurde auch das antiquierte Scheidungsrecht gekippt, das die Auflösung einer Ehe nach dem Schuldprinzip vorschrieb. Seit dem 1. Juli 1977 gilt das »Zerrüttungsprinzip«. Seither kann jede Ehe nach Ablauf einer bestimmten Trennungsfrist geschieden werden. Damit fand ein kleines Stück gesellschaftlicher Entwicklung seinen Niederschlag im deutschen Recht. 1961 erklärten die Verfassungsrichter die Frau noch zur »Gehilfin des Mannes«. 1974 sprachen sie dann schon von »Partnerschaft«. Und erst 1979 rangen sich die Männer des höchsten Gerichts zu der Erkenntnis durch, dass »Hausarbeit zu verrichten nicht zu den geschlechtsbedingten Merkmalen der Frau« gehöre.

Bezeichnend für das weltfremde Gezänk über unterschiedliche Rechte des männlichen und weiblichen Menschen ist die parlamentarische Auseinandersetzung um den Gleichberechtigungszusatz des Artikels 3 des Grundgesetzes. Der Text, der erst nach jahrelangem Gezerre 1994 in die Verfassung aufgenommen wurde, lautet schlicht und einfach: »Der Staat fördert die tatsächliche Durchsetzung der Gleichberechtigung von Frauen und Männern und wirkt auf die Beseitigung bestehender Nachteile hin.« Gestritten wurde um die »Beseitigung«. Stattdessen wollte die Bonner Männer-Lobby auf die »Milderung« oder die »Verminderung« der Nachteile hinwirken. Dann wollten die Männer auch das Wort »bestehende« Nachteile streichen, weil nicht verschwinden könne, was angeblich gar nicht bestand. Erst als dieser Zusatz, der den Politikern nicht zuletzt von der sich ändernden Rechtsprechung des Verfassungsgerichts diktiert worden war, in der Verfassung stand, kam Bewegung in das Thema. Alle Gleichstellungsgesetze, die seitdem auf Bundes- und Länderebene beschlossen wurden, gehen auf diesen Verfassungszusatz zurück.

Rita Süssmuth, damals CDU-Frauenministerin und dann Bundestagspräsidentin, erinnert sich lebhaft an all die Kämpfe um Frauenbelange im Deutschen Bundestag.

Rita Süssmuth: »Über sexuelle Themen durfte nicht einmal die Bundesfrauenministerin referieren«

»Alle Macht, die die Frauen bisher hatten, ob sie stark oder schwach waren, ist von Männern verliehene Macht!« Das haben Sie in den 80er Jahren gesagt. Warum ist das so?

Rita Süssmuth: Ich bin in den 70er Jahren zur Feministin geworden. Ich kam aus der Frauenforschung. Da gab es auch an den Hochschulen keine weiblichen Vorbilder. Die Gremien, in die ich hineinkam, waren frauenleer. Jede Förderung, die ich erfahren habe, habe ich von Männern erfahren. Und deshalb hat es auch zu lange gedauert, bis man mich und meine Leistung nicht mehr nur unter dem Aspekt »Frau« beurteilt hat.

Wollten und wollen Frauen denn überhaupt Macht?

Frauen stehen sich oft selbst im Wege. Das war nicht nur in den 80er und 90er Jahren so. Ich erlebe bis zum heutigen Tag, dass die Frauenidentität immer noch sehr diffus ist. Wir waren damals schon in der Erwerbstätigkeit angekommen. Aber wollten wir auch aufsteigen? Da taten sich die Frauen damals schwer. Sie tun es auch heute noch. Aber ohne Macht kein Einfluss, ohne Einfluss keine Veränderung. Frauen brauchen ebenso wie Männer Macht.

Muss den Frauen zur Macht verholfen werden?

Es war für mich eine echte Ernüchterung zu erkennen, dass in Forschung und Lehre der Frauenanteil auch nicht höher war als in der

»Strafe ist das letzte Mittel«
Bundestagspräsidentin Rita Süssmuth (CDU) über die Reform des Abtreibungsparagrafen 218 im Gespräch mit den *Spiegel*-Redakteuren Ursula Kosser und Paul Lersch am 13. 05. 1991

politischen Praxis. Wenn ich als Frau nur zurückhaltend bin und vorsichtig abwarte, dann erreiche ich fast gar nichts. Die Rolle der Frau war damals biologisch festgelegt und zementiert auf die drei K's: Kinder, Küche, Kirche. Emanzipation galt als schlimmes Schimpfwort. Wenn frauenrelevante Fragen im Parlament diskutiert wurden, dann war der Plenarsaal leer.

Ein paar verirrte Männer werden doch gekommen sein?

Bei Reden zum 8. März, dem Tag der Frauen, kam wirklich niemand. Und grundsätzlich war es ein großer Unterschied, ob ein Mann oder eine Frau sprach. Bei den Frauen leerte sich immer der Saal. Wenn Frauen über Wirtschaft oder auch mal über Verteidigung sprachen, kamen ein paar Zuhörer. Aber bei all den anderen Themen, da hatten wir kaum Lobby. Zum Beispiel: Vergewaltigung in der Ehe zu bestrafen

– das hat 25 Jahre gedauert. Unfassbar, aber wahr: Ohne die Intervention der katholischen Kirche und eines hohen kirchlichen Würdenträgers ständen wir noch heute ohne Gesetz da. Tatsächlich brauchten wir Frauen interfraktionell die Unterstützung der Kirche, um Politikern beizubringen, dass sexuelle Gewalt innerhalb einer Ehe unter Strafe gestellt werden muss. Bei all diesen Themen hörte wirklich kaum jemand zu oder es wurde gefeixt. Bewegung kam dann nach der Wiedervereinigung in unsere Sache. Etwa beim Paragrafen 218, dem Abtreibungsparagrafen. Da standen sich vorher nicht nur die Parteien, da standen sich parteiübergreifend Männer und Frauen unversöhnlich gegenüber. Und die Männer hatte das einfach jahrelang nicht interessiert. Ohne die Wiedervereinigung, davon bin ich überzeugt, hätte es keine Neuregelung des Paragrafen 218 gegeben. Dafür gibt es noch mehr Beispiele: Den Rechtsanspruch auf einen Kindergartenplatz – unbedingt nötig für Frauen, die im Erwerbsleben weiterkommen wollen – hätten wir ohne die deutsche Einheit nie bekommen.

Das Parlament sollte ja eigentlich alle Bürger, Männlein und Weiblein, repräsentieren, oder?
Es war eben ein Männerparlament. Und es gab und gibt tabubeladene Frauen- und Männerthemen. Als 1987 in der Koalition das Thema Aids behandelt wurde, da passierte Folgendes: Die Zuständigkeit dafür lag eindeutig bei mir als Gesundheitsministerin. Doch ich sollte dazu nicht reden. Aufgerufen, darüber vorzutragen, wurde Herr Gauweiler. Warum? Die Mehrzahl der Anwesenden waren Männer und ihnen schien es völlig unmöglich, dass eine Frau über ein sexuelles Tabuthema referieren könnte. Aber das haben wir mit einer Gruppe von engagierten Männern und Frauen verändert. In der Aids-Politik haben wir einen menschenverträglichen, aufgeklär-

ten und verantwortlichen Kurs durchsetzen können, Ende November 1988 mit 10 Bundesländern.

Sex war ein Problem?
Besonders im sexuellen Bereich dachten Männer, über so etwas dürften nur Männer reden. Das wurde noch schlimmer bei der Diskussion über eine pornografische Verletzungsgrenze. Wir Frauen forderten, harte Pornografie unter Strafe zu stellen. Da wurde mir einfach geraten: »Die Frauen müssen sich das ja nicht ansehen.« Die Männer konnten sich gar nicht vorstellen, dass Frauen verletzt sein könnten, wenn man sie in demütigender Weise auf das rein Sexuelle reduziert.

Cornelie Sonntag-Wolgast erlebte Bonn als Journalistin, als Parteisprecherin der SPD und Parlamentarische Staatssekretärin beim Bundesminister des Inneren.

Cornelie Sonntag-Wolgast: »›Zimtziege‹ meinetwegen – aber ›alt‹, das weise ich zurück.«

»Alte Zimtziege!«, titulierte mich während einer meiner ersten Reden im Plenum der Abgeordnete Pfeffermann von der CDU. Leider habe ich den Zwischenruf im Wortlaut erst im Bundestagsprotokoll nachgelesen, sonst hätte ich vermutlich prompt geantwortet: »›Zimtziege‹ meinetwegen – aber ›alt‹, das weise ich zurück.« Attacken aus dem Plenum wirken eher befeuernd als verwirrend, zumal man sich mit einer halbwegs schlagfertigen Replik des Beifalls der eigenen Fraktion sicher sein kann. – Unangenehmer empfand ich das Gebaren der Kollegen in meinem wichtigsten Ausschuss, dem Innenausschuss, der bis weit in die 90er Jahre stark männlich dominiert war. Auffällig deren langatmige Kommentare und Fragen, die eher der Darstellung

Almanach zum Bonner Presseball, 1987, »Bonnkrotteure«
Rita Süssmuth, Norbert Blüm

eigenen Wissens als dem Bedürfnis nach Antworten durch die Regierungsvertreter zu dienen schienen. Als Journalistin war ich darauf aus, mit kurzen, klugen Fragen die Interviewpartner in die Enge zu treiben oder zügige Aufklärung eines Sachverhalts zu bekommen. Die Fragetechnik der Kollegen stieß mich eher ab. Gravierender noch war die Angewohnheit der Männer, die Wortmeldungen von Kollegen durch Getuschel oder höhnische Zwischenbemerkungen zu begleiten.

Ursula Engelen-Kefer, damals stellvertretende DGB-Vorsitzende, heute Expertin für Arbeitsmarkt- und Sozialpolitik, hatte sich das Leben einer stellvertretenden DGB-Vorsitzenden zunächst auch viel einfacher vorgestellt.

Ursula Engelen-Kefer: »Von der Saula zur Paula«

Ein wenig Glück gehörte dazu, dass aus mir, 1943 geboren, in dieser Männerwelt etwas geworden ist. Ich hatte das Glück, dass mir meine Eltern die bestmögliche Ausbildung ermöglichten – was für die damalige Zeit ungewöhnlich war. Glück hatte ich dann wieder, als ich bei der Suche nach Literatur für meine Dissertation an der Universität in Köln eine Forschungsstelle für Arbeitsmarktfragen im Wirtschafts- und Sozialwissenschaftlichen Institut des DGB erhielt. Das Glück blieb mir auch gewogen, als mir nach vier Jahren die Referatsleitung für internationale Sozial- und Arbeitsmarktpolitik im DGB angeboten wurde.

So weit das Glück. Aber es gab auch unangenehme Erfahrungen, die ich im Laufe meiner Karriere als Frau gemacht habe. Bei meinen Bemühungen um eine ordentliche Professorenstelle lernte ich zum ersten Mal die »Kungeleien« der Männer im Wissenschaftsbetrieb der Bundesrepublik kennen. Damals habe ich mein Scheitern auf eigene Schwächen zurückgeführt und beschlossen, noch mehr zu arbeiten.

Das hat mir zwar keine Professorenstelle eingebracht, aber immerhin den Aufstieg zur Abteilungsleiterin für Arbeitsmarktpolitik im DGB und den Einzug in verschiedene nationale, europäische und internationale Gremien und in den Vorstand der Nürnberger Bundesanstalt für Arbeit (BA).

Der nächste Schub Chauvinismus traf mich, als ich auf Vorschlag des DGB an die Spitze der Bundesanstalt für Arbeit aufrücken sollte. In den oberen, damals ausschließlich mit Männern besetzten Etagen der BA war die Vorstellung unerträglich, dass eine jüngere Frau diese Männerdomäne leiten sollte. Noch dazu eine mit Mann und zwei Kindern, die offenbar ihre Rolle als Mutter und Hausfrau vernachlässigen wollte, um in Positionen vorzurücken, die nach deren Verständnis Männern vorbehalten bleiben sollten. Eine, die ihre Identität als Frau, Berufstätige und Mutter nicht aufgeben wollte.

In dieser Zeit wurde ich von einer Saula zur Paula. Bis dahin war ich immer noch der Überzeugung gewesen, dass Frauen mit guter Qualifikation und beruflichem Engagement auch faire Chancen im Arbeitsleben hätten. Ich hatte ja trotz kleinerer Rückschläge und der üblichen Intrigen und Auseinandersetzungen in einer Großorganisation wie dem DGB immer wieder Mitstreiter und Wege gefunden, meine Arbeit voranzubringen. Die bitteren Erfahrungen über sechs Jahre als Vizepräsidentin der BA mit einem Präsidenten, der den Eindruck machte, dass er die Auffassung vertrat, dass für Frauen die drei K's Kirche, Küche, Kinder zu gelten haben, in dem frauenfeindlichen politischen Umfeld der schwarz-gelben Regierungskoalition unter Bundeskanzler Helmut Kohl haben mich eines Besseren belehrt. Ich wurde zu einer glühenden Verfechterin von Frauenquoten in Wirtschaft und Politik.

Nachdem ich 1990 zur Stellvertretenden Vorsitzenden des DGB gewählt wurde und mir zusätzlich zur Sozial- und Arbeitsmarktpolitik die Verantwortung für die Frauenpolitik anvertraut wurde, habe ich mich vehement für die Durchsetzung des Gleichstellungsgesetzes im öffentlichen Dienst 2001 eingesetzt.

Für Benedicte Maegaard, damals Botschaftssekretärin an der dänischen Botschaft in Bonn, heute im Außenministerium in Kopenhagen, war das eine Erfahrung, die sie schon damals verblüffte.

Benedicte Maegaard: »Warte nur ab, bis deine Zeit kommt« – Eine junge Dänin in Bonn

Die Deutschen denken und handeln ideologischer als wir Dänen. Auch das Selbstverständliche wird oft so lange diskutiert, bis es kompliziert wird. Ich habe in meiner Bonner Zeit diese Auseinandersetzungen verwundert verfolgt. Dass man zum Beispiel als Frau gegen einen Paragrafen 218 und für eine Abtreibung kämpfen musste, war recht schwer zu verstehen. Dass die Kinder von der Schule zu Mittag nach Hause kommen und dort die Mutter auf sie warten muss, ist für uns Skandinavier etwas ganz und gar Ungewöhnliches. Das hindert ja die Frauen daran, einen Beruf auszuüben. Bei uns essen die Kinder ein Butterbrot zu Mittag – und das in der Schule!

Die subtileren Schwierigkeiten, die eine Frau im Berufsleben zu meistern hat, die kenne ich allerdings auch aus meiner Heimat. Sie treten vor allem dann auf, wenn eine Frau in ihrem Beruf aufsteigen will und dabei an Männern vorbeiziehen muss. Auch junge dänische Frauen hörten und hören Sätze wie: «Warte nur ab, deine Zeit kommt schon noch.« Sie kam dann aber selten, denn plötzlich zogen die Männer an uns vorbei und schon waren wir für die Karriere angeblich zu alt. Wir Frauen haben häufig einfach zu brav gewartet.

Das findet auch der eine oder andere Mann. Reimar Oltmanns hat die Szene jahrzehntelang und aus wechselnder Perspektive beobachtet. Zunächst als Pressesprecher des niedersächsischen Kultusministers Peter von Oertzen, später dann als *Stern*-Kollege. Im Jahre 1979 verließ Oltmanns den *Stern* und arbeitete als freier Autor für den *Spiegel* und die *Zeit*. 1981 sagte Oltmanns vor dem Hanseatischen Oberlandesgericht im sogenannten »Titelblattprozess« aus. Dabei klagte Promi-Feministin Alice Schwarzer gegen eine angebliche Zensur des *Stern*-Chefredakteurs Henri Nannen und die Darstellung von Frauen als bloße Sexualobjekte. Oltmanns schilderte zugunsten der *Emma*-Herausgeberin interne Redaktionsabläufe des *Stern*. Als Insider beschreibt er den kläglichen Beginn der Frauen in Bonn:

Reimar Oltmanns: »Männer-Macht im Treibhaus der Bonner Republik der 70er Jahre«

Zugegeben, mit Begriffen wie Feminismus oder Emanzipation konnte und wollte ich als junger Bonner politischer Korrespondent des Hamburger Magazins *Stern* im Jahre 1972 wenig anfangen. Mir schienen das eher Randgruppen-Ereignisse zu sein wie so vieles in diesem Land. Scheuklappen. Fehleinschätzungen.

Dabei war ich zutiefst davon überzeugt, nicht nur präzise aus der Bundeshauptstadt zu berichten, sondern gleichsam die Kulissen des Treibhaus-Charakters Bonns wahrgenommen zu haben. Ich blickte hinter die Fassaden des Bonner Macher- und Mackertums. Schließlich wollte ich auch einer von ihnen sein. Ich sah hinter den konventionellen Freundlichkeiten mit Strahlemann-Gesichtern die Grabenkämpfe im Journalismus, Prestigesucht, Intrigen und Demütigungen. Und natürlich beobachtete ich auch das kleine Häuflein von wissbegierigen, aber noch reichlich artig um Einlass bittenden Redakteurinnen. Zu jener Zeit – exakt im Jahre 1973 – wies das Mitgliederverzeichnis der Bundespressekonferenz von den 366 akkreditierten Parlamentskorrespondenten lediglich 25 Frauen aus. Damals konnte ich nicht ahnen, dass die Emanzipation der Frau für mich fortan zu einem zentralen Thema würde, über das ich gleich mehrere Bücher schreiben würde.

Es war 1973, als die *ARD* dem *Stern* zur Hauptsendezeit einen Film mit dem Titel »Brandt und Busen für 1,80« widmete. In der Hamburger Illustrierten hatten die Fernsehkollegen einen für die alte Bundesrepublik neuen Trend ausgemacht: Sex und Politik als Verkaufsschlager. Die Heftmischung aus, wie es da hieß, »Frischfleisch« (barbusigen, möglichst kokett Eis schleckenden Mädchen mit knalligen Popos) quasi als Appetithäppchen und der Bonner Politik als seriöse Hausmannskost – das zahlte sich offenbar aus. Willy Brandt (Bundeskanzler 1969–1974) stand für die Politisierung des Massenblattes mit nahezu acht Millionen Lesern, Pin-up-Girls für ungestillte Triebe. Die Frau als willfähriges Sexualobjekt.

Mein Korrespondenten-Büro lag in der Dahlmannstraße 13, gleich neben der Parlamentarischen Gesellschaft, einen Steinwurf vom alten Bundestag entfernt. Die mit Velours-Teppichen und Champagner-Flaschen reichlich ausgestattete Parlamentsredaktion war »frauenfrei« – tagsüber zumindest. Auch im Vorstand der Bundespressekonferenz fand sich im Jahre 1973 keine Frau.

Über Frauen und natürlich Kolleginnen wurde ehedem allerdings viel geredet. Wer mit wem und vor allem wo im Bundesdorf und wie. Vielleicht lag es daran, dass sich in den Köpfen der Männer eine Art besonderer Numerus clausus oder auch Zulassungsbeschränkung für Kolleginnen in Bonn festgesetzt hatte. In meinem Redaktionsbüro – wie wohl auch in anderen – galten für Journalistinnen dieser

Jahre andere, in erster Linie informelle Anforderungen. Tauchte eine Bewerberin auf, dann wurde von den Herren Chefs nicht zuerst – wie eigentlich üblich – nach Qualifikationen oder Leistungsnachweisen gefragt. Viel wichtiger und aufschlussreicher schienen praktische Tauglichkeitstests, in denen die weiblichen Fähigkeiten überprüft wurden. Die Personalgespräche drehten sich dann nicht selten um die Frage, ob die Kollegin besondere Beziehungen – »na Sie wissen schon« – zu wichtigen männlichen Informationsquellen unterhielt. Noch besser war es natürlich, wenn sich die Bewerberin bereits persönlichen Zugang zu einem Regierenden der Republik erschlossen hatte.

Ob eine Kollegin schreiben konnte, war zweitrangig. Beim *Stern* in Hamburg wurden an den Produktionstagen ehedem die aus Bonn gelieferten Manuskripte ohnehin noch einmal durch die Mangel von vier Kontrollinstanzen (Ressortleiter, Chef vom Dienst, Chefredaktion, Dokumentation) gedreht. Was unten herauskam, das hatte mit dem Ursprung häufig nur noch entfernte Ähnlichkeit. »Umficken« nannte sich das. Bei Hintergrundgesprächen oder Interviews hatten sich die Korrespondentinnen dann allerdings appetitlich auf dem Präsentierteller des Magazins zu präsentieren – mundgerecht sozusagen, zum Anbeißen. Und das Abschmecken wurde dann auch in den Büros der Männerwelt und auf der Terrasse von Nannens »Belle Etage« im zweiten Stock praktiziert. [Henri Nannen (1913–1996), Chefredakteur des *Stern*]

Verständlich, dass etwa eine profunde Autorin wie Marielouise Jurreit im Bonner *Stern*-Büro nur ein kurzes Gastspiel gab. Sie wusste zu viel, sie war zu gut für die Männer. Ein Frauen-Sonderling, der die Kerle mit Können nervös machte. Sie war und blieb eine belächelte Außenseiterin, auch Angst-Gegnerin. Mit ihrem gesellschaftlichen Bewusstsein und ihrer Persönlichkeit war sie dem Bonner

Männergetriebe um Lichtjahre voraus. Von ihrem Buch »Sexismus: über die Abtreibung der Frauenfrage« (1976) – ein Standardwerk – wollte ohnehin niemand etwas wissen. Zu allem Überfluss heiratete Frau Jurreit auch noch den Parteireferenten Janssen aus der SPD-Baracke. Roter Stallgeruch, und das als Frau. Nein danke.

Da fand Bonns Gesellschaftskolumnistin Almut Hauenschild schon eher Anschluss. Wenn sie etwa am Tresen der Bundeshaus-Bar, dem Ersatz-Zuhause vieler Politreisender, mit dem Mainzer FDP-Staatssekretär Wolfgang Rumpf (1936–2006) trank, dann sammelte sie das Bunte für ihren journalistischen Bauchladen. Ihre durch Erfahrungen geprägten Lebensweisheiten besagten: Wer ein Staatsamt will, der muss sich mit Haut und Haaren einbringen – auch mit Erotik und gegebenenfalls Sex. »Was sollen die Männer da machen, wenn's mal drückt«, erklärte sie an der Bundeshaus-Bar auf ihre Weise die Bonner Schöpfungsgeschichten. Jedenfalls hatte sie das Thema ihrer Kolumne des nächsten Tages nach dem Umtrunk mit Rumpf im Kopf: »Die Einsamkeit des Staatssekretärs. Im Moonlight-Schimmer der Bar allein gelassen – das war Hollywood von gestern.«

Frau Hauenschild gehörte zu den wenigen Frauen, die es vermochten, sich eine Art Stammplätzchen an den Theken der Herren Abgeordneten zu erobern. Meist waren schreibende Frauen in Bonn ohnehin für Klatsch und Tratsch, Kitsch und Nippes auf den bunten Personalien-Seiten zuständig. Für Geschwätz wie Gefasel bot sich nach männlichen Redaktionsmaßgaben jener Jahre geradezu naturgegeben das weibliche Geschlecht an. Zu jener Zeit war es kaum vorstellbar, dass eine Korrespondentin einen substanziellen politischen Hintergrundbericht schrieb. Keiner kam in den 70er Jahren des vergangenen Jahrhunderts auf die Idee, dass Frauen etwas derart Anspruchsvolles können.

FLINTENWEIBER, PLATZHIRSCHE UND FRISCHFLEISCH

Die Feministinnen zäumen die Sache vom Schwanz her auf.

Werner Schneyder

Die politischste Frauenzeitschrift Deutschlands, Alice Schwarzers *Emma*, feierte ihr 10-jähriges Bestehen in der Kölner Flora. Und ich sollte darüber im Fernsehen berichten. Endlich einmal ein Fest, auf dem bewiesen werden konnte, wie fortschrittlich und aufgeschlossen auch die von den Männern bespöttelten *Emma*-Frauen sein können, dachte ich.

»Es gibt ein Fax von *Emma*«, begrüßte mich unsere Sekretärin im Büro, »mit den Bedingungen für Ihre Berichterstattung.« – »Was für Bedingungen?«, fragte ich zurück und nahm der Mitarbeiterin das Schreiben aus der Hand. Vorsorglich wiesen die Veranstalterinnen darin die für das Fest angemeldeten Berichterstatterinnen darauf hin, dass auf dem Gelände der Kölner Flora nur Frauen zugelassen würden. Das gelte auch für Fernsehteams, für Kameraleute und Kabelträger. Weiter geruhten die *Emma*-Macherinnen mitzuteilen, dass nur von ihnen vorher auf Zuverlässigkeit überprüfte Frauen an dem Fest teilnehmen dürften.

Ich rief bei *Emma* an und verlangte eine der Organisatorinnen des Jubiläumsfestes zu sprechen. Eine gewisse Carina meldete sich. »Ursula Kosser vom privaten Fernsehen«, meldete ich mich. »Organisieren Sie die Veranstaltung in Köln?« Carina hatte offenbar gemerkt, dass ihre Gesprächspartnerin nicht gut drauf war. »Ja schon«, antwortete sie deshalb leicht gereizt, »was kann ich für dich tun?« Ich hasste dieses Geduze und blieb hartnäckig beim Sie. »Die Berichterstatterinnen sollen vorher von Ihnen überprüft werden. Was bitte soll denn das heißen? Ich habe bereits die Genehmigung, live von Ihrer Veranstaltung zu berichten. Dafür brauche ich Techniker und Kameraleute. Soll ich die etwa in lila Latzhosen stecken?« Carina versuchte zu beschwichtigen. »Ach weißt du, wir wollen doch unter uns bleiben. Da stören Männer. Such dir doch einfach ein paar Frauen, die das machen.« – »Es gibt keine Frauen, die in der Technik diesen Job können«, giftete ich nun doch säuerlich zurück. »Tja, da siehst du, wie es um unsere Gesellschaft bestellt ist«, seufzte Carina. Ich konnte schwer an mich halten. »Ok, ok. Aber wir können die Gesellschaft bis morgen wirklich nicht mehr komplett umkrempeln. Wie kann ich also live von Ihrer Fete berichten?« – »Gar nicht, mein Schatz«, gluckste Carina, »oder du bringst Frauen mit. Wir machen da keine Ausnahmen. Und versuch erst gar nicht, mit meiner Chefin darüber zu streiten«, baute Carina vor, »wir haben das gemeinschaftlich beschlossen. Bitte schick mir bis 15 Uhr die Namen der Frauen. Ich werde sie dir dann alle bestätigen«, fügte Carina gönnerhaft hinzu. Und dann hörte ich nur noch: »Entschuldige mich jetzt, das andere Telefon klingelt. Tschüssili.«

Ich schaute fassungslos das Telefon an. Nicht auszudenken, was meine Kollegen dazu sagen würden. Was für eine Gelegenheit für Männer, sich einmal mehr über die Frauenbewegung lustig zu machen. Und dieses Mal, fand ich, sogar zu Recht. Das musste ich anders lösen. Ich rief bei Produktionsfirmen an. Vielleicht gab es ja doch irgendwo starke Frauen, die gelernt hatten, sich mit der schweren Fernsehkamera auf der Schulter inmitten von Geschubse und Gedrängel auf den Beinen zu halten. Nach drei Stunden Telefonierererei hatte ich es geschafft. Ich hatte das, davon war ich überzeugt, weltweit einzige rein weibliche Kamerateam beisammen. Und mehr noch. Kamerafrau und Technikerin sagten zu, sich für diesen Arbeitstag bei den Latzhosenschwestern besonders herzurichten.

Es wurde dann doch noch ein ganz schönes Fest. Zumindest bunt. Unsere kleine Crew, eine Kamerafrau und eine Assistentin, fiel allerdings nicht durch besondere Farbigkeit auf. Wir drei vom Fernsehen trugen zum schwarzen Rock ein schwarzes Jackett, während um uns herum sich kunterbuntes Frauenwesen unterdrückungsfrei entfaltete. Hoch getürmte Turbane, weite Hosen, bauchfreie T-Shirts, wallende Röcke, wilde Haare, kurz geraspelte Lesbenfrisuren – alles, was die 80er Jahre an auffallenden Frauenfiguren zu bieten hatten, war da. Meine Kamerafrau wusste gar nicht, in welche Richtung sie zuerst schwenken sollte.

Da gab es Frauen in Leder begleitet von zarten Mädchentypen in weißer Unschuldswäsche; Frauen in weiten Ökosäcken mit grellrot geschminkten Lippen turtelten mit männlichen Damen in Frack und Lackschuhen; nach zu viel süßem Parfum und Schweiß duftende, übergewichtige »Ich-lass-mich-gehen«-Exemplare rauschten in ihren Wallekleidern vorbei. Und über allem schwebten die Schwaden der Patschuli-Räucherkerzen.

»Ich krieg keine Luft mehr«, hüstelte meine Kamerafrau Tanja nach einstündigem Einsatz und band sich ihren Seidenschal vor die Nase. Und dann sprach Alice Schwarzer von einem kleinen Podest herab in die üppig unter ihr wogende Frauenmasse. Eine ganze Stunde lang beschwor die prominenteste Vertreterin des Feminismus in Deutschland Frauensolidarität, rief zum Sturz des Herrschaftsimperiums der Männer auf und forderte voller Kampfesmut, endlich die Unterdrückung der Frauen zu beenden und ihnen das zu geben, was Frauen brauchen, nämlich dasselbe wie die Männer. Und rund 3000 Frauen in der Kölner Flora waren begeistert.

Schon nach kurzer Zeit konnte ich die Variationen zum Thema Frauenunterdrückung vom Podest herab nicht mehr hören. Ich gab mir trotzdem Mühe, möglichst neutral über das bunte Treiben um mich herum zu berichten. Statt über politische Inhalte der Frauenbewegung zu sprechen, flüchtete ich in das Beschreiben unterhaltsamer Äußerlichkeiten.

Auch wenn ich vieles von dem, was Alice Schwarzer ihren Anhängerinnen predigte, nicht billigte: Zu bewundern war diese Frau schon. Im Archiv hatte ich mich über die Anfänge von *Emma* informiert und nachgelesen, wie die Männer versucht haben, den Start der kämpferischen Frauenzeitung zu behindern. Erreicht hatten sie damit häufig das Gegenteil. *Emma* baue den Mann als Feindbild auf, hatte die *Süddeutsche Zeitung* etwa die erste Ausgabe kommentiert, »eine Art King Kong mit einem Penis wie das Empire State Building«. Alice Schwarzer konnte ein solcher Empfang ihrer *Emma* in der Männerwelt nur willkommen sein. Das war kostenlose Werbung für ihr Projekt. Die Druckauflage von 200 000 Exemplaren der ersten *Emma* war in drei Tagen vergriffen. 100 000 wurden nachgedruckt, was die Laune der etablierten Herren Journalisten damals nicht gerade hob.

»*Emma* ist keiner Partei und keinem Trend verpflichtet«, sprach die lila Frau auf dem Podest in das Mikrofon, und *Emma* habe auch in Zukunft nicht die Absicht, »Kreide zu fressen, auch wenn die Jungs sich ärgern«.

Über das unversöhnliche *Emma*-Verhalten schieden sich in Bonn die weiblichen Geister. Der kleinen Schar Bonner Journalistinnen gehörten zwei voneinander getrennte Altersgruppen an, die so um die 15 Jahre auseinanderlagen. Da waren wir, um die 30 Jahre alt. Und dann gab es die wenigen altgedienten Kolleginnen. Sie mussten sich ihren Platz in der Bonner Männerwelt noch auf die harte Tour erkämpfen: Sie mussten die besseren Männer sein. Mit Hochachtung sprachen die Männer von diesen »Flintenweibern«, die ihnen im Machtkampf mit Faust und Ellbogen nichts schenkten.

Diese geübten und geprüften Kämpferinnen, von denen einige schon den Beginn der Republik in Bonn miterlebt hatten, hielten uns für nicht ganz ernst zu nehmende Gören, alberne Jungweiber allenfalls, die mit Recht auch von den Männern nicht ganz ernst genommen wurden. Aus unserer Sicht gebührte den Älteren durchaus das Verdienst, für Frauen in Bonn die erste Bresche geschlagen zu haben. Aber ihre Methode, die Machtspiele der Männer zu kopieren, hielten wir für veraltet. Aus deren Perspektive tauchten plötzlich angeblich naive, junge Dinger in kurzen Röcken auf, die sich auch noch erdreisteten, in Pressekonferenzen Fragen zu stellen – natürlich besonders dämliche Fragen.

So blieben Konflikte nicht aus, wie sie Patricia Wiedemeyer bei ihrem Einstieg beim *ZDF* erlebte.

Patricia Wiedemeyer: »Konkurrenz aus der eigenen Reihe«

Für uns junge Frauen waren ja oft nicht nur die Männer die harten Konkurrenten. Das konnten durchaus auch die älteren Frauen sein.

Das habe ich als Erstes erfahren, als ich in die Hauptstadt kam. Wenn man in Bonn politische Redakteurin werden wollte, musste man einen Antrag stellen, um in die Bundespressekonferenz aufgenommen zu werden. Das war eigentlich eine Formsache. Jeder kam rein, der nachweisen konnte, dass er oder sie regelmäßig aus der Hauptstadt berichtete. Als ich diesen Antrag stellte, kam ein Brief zurück, in dem der Vorstand der Bundespressekonferenz meinen Chefredakteur bat, zu bestätigen, dass ich über ernsthafte politische Themen berichten würde und nicht nur über Seichtes. Unterschrieben war das von der damaligen einzigen Frau im Vorstand der Bundespressekonferenz.

Unsere gleichaltrigen Kollegen hatten sicher auch ihre Probleme mit den Platzhirschen der älteren Generation ihres Geschlechts. Sie hätten sich mit uns verbünden können. Aber daran dachten sie nun gar nicht. Sie waren ja deutlich in der Überzahl. Die Jungs setzten auf Masse und nicht auf Mädels. Armin-Paul Hampel kann darüber heute herzhaft lachen.

Armin-Paul Hampel: »Hach, das ist ja alles so aufregend, was hier abläuft.«

Zugegeben, der Auftritt der gut aussehenden Blondine hatte Sex-Appeal. Dem damaligen Regierungssprecher Hans »Johnny« Klein verschlug es jedenfalls die Sprache, als die verspätet erschienene Kollegin von der *Bild*-Zeitung den Mittelgang im Saal der Bundespressekonferenz entlangstelzte. Ihre Haare waren blond und lang, ihre Absätze hoch und ihr Rock hatte die Ausmaße eines breiten Gürtels. Während sie langsam bis zur ersten Reihe vorschritt, vergaß der sonst so redegewandte Regierungssprecher etliche Vokabeln:

Er fing an zu stottern. Gekonnt nahm die Kollegin direkt vor Johnny Klein Platz. Ob sie dabei auch noch ihre langen Beine übereinanderschlug, das war von weiter hinten nicht zu erkennen. Die völlige Fassungslosigkeit Johnny Kleins aber, einem bekennenden Verehrer des Weiblichen, ließ darauf schließen. Jedenfalls habe ich ihn in keiner Pressekonferenz – weder vorher noch nachher – so unkonzentriert und manchmal stotternd erlebt wie an diesem Tag. Der damalige Büroleiter der *Bild* Bonn erwähnte mir gegenüber Jahre später, dass Kollegin H. seine Wunderwaffe gewesen sei, um Politiker zum Plaudern zu verführen. Auch wurde ihr eine gewisse Nähe zu einem Bundesminister nachgesagt, was bei Kenntnis der Natur dieses Ministers wahrscheinlich erschien. Ihr Outfit konnte man manches Mal, selbst als neutraler Beobachter, durchaus als provokant bezeichnen, was sie bei ihren Kolleginnen nicht unbedingt beliebt machte.

Letztendlich ist H. dann auch über ein allzu »Kleines Schwarzes« gestolpert, das sie anlässlich einer Dänemarkreise des damaligen Bundespräsidenten trug. Frau von Weizsäcker jedenfalls beschwerte sich so heftig bei den *Bild*-Chefs, dass Kollegin H. nach Hamburg zurückbeordert wurde.

Zu Zeiten des Mauerfalls gab es dann noch einmal eine Kollegin aus dem Bereich des Privatfernsehens in Bonn, die mit Sex-Appeal und einer knapp geschnittenen Garderobe manchen männlichen Politiker irritierte. Allerdings bestach die Dame auch mit intellektuellen Fähigkeiten und war deshalb mit Kollegin H. nicht zu vergleichen. Interesse an ihr zeigte allerdings dann derselbe Minister wie bei H., was uns Kollegen nicht verwunderte.

Hatten es die Damen des journalistischen Gewerbes also leichter, wenn es um den persönlichen Zugang zu wichtigen Politikern ging? Da kann ich mein Nähkästchen nur ein wenig öffnen und schlicht feststellen, dass ich mindestens fünf Kolleginnen kannte, die sich über private Kontakte Informationen aus dem politischen Alltag besorgten. Allerdings war spätere Heirat nicht ausgeschlossen, was in drei Fällen auch tatsächlich passierte. Ungeachtet dieser Tratschgeschichten aber waren meines Erachtens die Frauen im politischen Journalismus der Bonner Jahre damals angekommen. Es gab schon viel bewunderte Vorbilder wie Barbara Diekmann und Ulrike Wolf auf dem Bildschirm der *ARD*-Tagesthemen, es gab die kompetente Wirtschafts- und Finanzexpertin Fides Krause-Brewer beim *ZDF* oder eine nassforsche Carmen Thomas beim *WDR*-Hörfunk. In meiner Anfangszeit Ende der 70er als Lokalreporter des *Bonner General-Anzeigers* erinnere ich mich gerade mal an eine einzige, dazu noch sehr attraktive Kollegin, Marianne Antwerpen. Auch in meiner ersten Fernsehredaktion saß nur eine Kollegin, die sich bezeichnenderweise um Kulturthemen kümmern musste. Aber das änderte sich Mitte der 80er schnell. Und in meiner Zeit als politischer Korrespondent von *RTL-Plus* hatte ich bereits eine stellvertretende Chefredakteurin, Maggie Deckenbrock. In den politischen Runden und Hintergrundkreisen aber hatten es Frauen damals schwer. Ernst genommen wurden sie erst mit der Zeit. Und auch dann nur, wenn sie eine gehörige Portion Durchsetzungsfähigkeit besaßen. Aus männlicher Sicht würde ich heute schließen, dass wir unseren weiblichen Kollegen damals nicht so richtig zutrauten, sich wirklich und intensiv mit den politischen Geschehnissen auseinanderzusetzen. Einige wirkten in der Tat wie die früheren Studentinnen der Kunstgeschichte, nach dem Motto: »Hach, das ist ja alles so aufregend, was hier abläuft.« Oder sie hatten noch einen relativ naiven Blick auf die »große Politik«. Auch die Autorin dieses Buches bestach in ihren jungen Journalistenjahren gegenüber dem damaligen Außenminister Hans-Dietrich Genscher mit der investigativen Frage: »Und was ist sonst noch so passiert?« Hinzu kam, dass das Interesse an Politik und Geschichte ein relativ neues Beschäftigungsfeld für Frauen war. Mit Fragen zu Personen der Vergangenheit oder Zeitgeschichte konnte man die meisten unserer damaligen Kolleginnen schon irritieren – um es freundlich auszudrücken. Das war einfach so und hat noch einige Jahre angehalten.

Carsten Lueb, damals *videobonn*, heute Chefreporter bei *n-tv*, erlebte beim Privatfernsehen ein ganz anderes Bonn. Er denkt gerne an seine Lehrjahre unter und mit Frauen zurück:

Carsten Lueb: »Der Kaffeefleck auf der Bluse«

Hey, politischer Journalismus, das war es doch, was ich immer machen wollte! Und klar fühlte ich mich fast schon am Ziel, als ich die Möglichkeit bekam, meine ersten Gehversuche in Bonn zu machen. Der Bundeshauptstadt!

Privatfernsehen und privates Radio steckten Mitte der 80er Jahre noch in ganz kleinen Kinderschuhen. Aber für einen Newcomer wie mich mit Anfang 20 bot dieses neue Feld eine Riesenchance. Nirgendwo sonst konnte man so viel so schnell machen und nirgendwo sonst bekam man so wenig Geld für so viele Stunden Arbeit. Und nirgendwo sonst hatte man mit so vielen Frauen zu tun. Ich bekam gar nicht mit, dass diese sich in Bonn fast ausschließlich in den privaten Medien tummelten.

Ich saß also plötzlich nicht mehr im Hörsaal der Bonner Uni, sondern in einer richtigen Redaktion. Mit Ausnahme der beiden Geschäftsführer des Startups gab es außer mir nur Frauen in der Redaktion. Dazu war ich mit Abstand der Jüngste. Eine für Bonn beinahe unvorstellbare Situation und für einen jungen Mann eine Traumkonstellation. Die Privatisierung des Fernsehens machte in einem Bonner Hinterhof möglich, was im politischen Bonn noch undenkbar war: Die Frauen durften ran!

Nachdem im Süden der Republik die Privatradios langsam, aber sicher in Fahrt kamen, wuchs auch der Bedarf an politischer Berichterstattung. Und da hatten wir also einen echten Standortvorteil. Das Regierungsviertel lag quasi vor der Haustür.

So zog ich denn Morgen für Morgen los, bewaffnet mit einem Sony-Aufnahmegerät und einem Sennheiser-Mikrofon, und wurde ständiger Gast im Tulpenfeld, im Presseclub und wo sonst so die Pressekonferenzen stattzufinden pflegten. Ich sammelte tapfer meine O-Töne und bastelte daraus Radiobeiträge. Ich fühlte mich gleichzeitig toll, als Journalist in Bonn zu arbeiten, und erbärmlich, weil die Kollegen mich nicht ernst nahmen. Anfänger und dann auch noch von den Privaten, das konnte in deren Augen nichts Bedeutendes sein.

Natürlich fing ich zu dieser Zeit auch an, die Studentenkneipen in der Bonner Altstadt zu meiden, und frequentierte die einschlägigen »politischen« Pinten und Tränken in der Bonner Südstadt. Denn dass die eigentlichen Geschichten am Tresen erzählt wurden, war ein offenes Geheimnis. Jedenfalls hat man mir das immer wieder eindringlich nahegelegt. Und so versoff ich mein sauer verdientes Geld im »Gambrinus« (da sollte der Blüm ja geradezu wohnen), in der »Kerze« (die gaben sich sehr presseaffin) und immer öfter in der neuen In-Location »Grunerts Nachtcafé«.

Stories habe ich an den Theken der Stadt zwar nie aufgerissen, aber wir hatten immerhin einen Höllenspaß.

Auch beruflich ging es mit Riesenschritten voran. Das deutsche Privatfernsehen trat auf den Plan. Für mich hieß das: Der Sony-Rekorder wurde durch einen Kameramann mit Kamera und einem U-matic

Highband-Rekorder ersetzt. Das Sennheiser-Mikrofon blieb. Und so sah ich Willy Brandt bei einem seiner letzten Auftritte als Vorsitzender der SPD, Bundeskanzler Helmut Kohl mit verletztem Fuß in Sandale oder Staatsbesucher beim Eintrag ins Goldene Buch der Bundeshauptstadt Bonn.

Auf den Pressekonferenzen des politischen Betriebs in Bonn wurden wir weiter belächelt und nicht für voll genommen. Unsere »privaten« Frauen kämpften tapfer mit Politikern, deren Interesse ausschließlich ihrem Ausschnitt galt. Sie wurden begrüßt mit »ach, da kommen ja die vom tuttifrutti-Fernsehen«. Das war die Anspielung auf die erste Busenblitzshow von *RTL* damals. Aber die Mädels bei uns, die waren tough und brachten den Jungs Benehmen bei. Eine textete einmal in einem Fernsehbericht: »Der Herr Abgeordnete schien sich während des Interviews dann aber mehr für einen imaginären Kaffeefleck auf meinem Busen zu interessieren als für die Entwicklung der deutschen Rentenpolitik.«

Das war beileibe kein einfaches Geschäft und unsere jungen Frauen taten sich da oft leichter, fand ich damals. Sie waren obenrum einfach attraktiver gebaut als ich. Das jedenfalls fanden die Bonner Männer. Bonn war schon speziell.

Rudolf Seiters, damals CDU-Bundesinnenminister, heute Präsident des Deutschen Roten Kreuzes, fand das manchmal auch anstrengend:

Rudolf Seiters: »Enough!«

Als ich 1969 – also zu Beginn meiner 33-jährigen Mitgliedschaft im Deutschen Bundestag – erstmals ins Parlament gewählt wurde, gab es nur 34 weibliche Mitglieder, einige davon allerdings mit großem politischem Gewicht wie zum Beispiel Annemarie Renger, Liselotte Funke und Käte Strobel.

1990 saßen im Bundestag bereits 140 Frauen, viele in herausragenden Ämtern. Aber auch in dieser Zeit war das Parlament zahlenmäßig noch männlich dominiert, ebenso die Medien. Ich kann mich aber nicht erinnern – und ich kannte das Parlament und die Fraktionen als langjähriger Parlamentarischer Geschäftsführer sehr gut –, dass bei der Gewichtung von Argumenten und Vorschlägen Frauen weniger gehört wurden als Männer. Von Ausnahmen abgesehen. Mit übertriebenem Eifer geführte Quotendiskussionen gingen allerdings schon manchem Abgeordneten auf den Nerv. Und hin und wieder gab es auch gegenüber weiblichen Abgeordneten am Rednerpult unqualifizierte Zwischenrufe. Zudem: Der Umgangston unter Männern war etwas offener. Vielleicht, weil einige Kolleginnen aus der Minderheitsposition heraus bei manchen Debatten oder Formulierungen empfindlicher reagierten.

Ich habe einmal Rita Süssmuth von einer Auslandsdienstreise berichtet, dass ich nach zwei wirklich anstrengenden Tagen abends beim Dinner neben der gastgebenden Parlamentspräsidentin gesessen und überhaupt keine Lust mehr gehabt hätte, noch mehr anstrengende politische Diskussionen zu führen. Aber was ich befürchtet hatte, war dann auch eingetreten. Meine Nachbarin fragte mich als Erstes, wie viele weibliche Abgeordnete im Bundestag säßen. Meine frustrierte Antwort über dieses Gesprächsthema: »Enough!«

Nach einer Schrecksekunde schaute meine Tischnachbarin mich an und fing schallend an zu lachen. Sie hatte mich verstanden. Wir hatten einen herrlichen Abend, sprachen über alle möglichen Dinge, aber nicht mehr über solche Pflichtthemen. Als Rita Süssmuth allerdings das Wort »enough« hörte, reagierte sie empört. Es dauerte eine Weile, bis sie akzeptieren konnte, dass dies ein Scherz gewesen war – wenngleich aus ihrer Sicht wohl eher ein verunglückter.

Auch bei den Sozis waren es nicht viele – so schildert es der spätere Fraktionsvorsitzende Franz Müntefering. Damals war er erst Bundesminister für Verkehr, Bau- und Wohnungswesen, Bundesgeschäftsführer und dann Generalsekretär der SPD, heute arbeitet er als Abgeordneter des Deutschen Bundestages.

Franz Müntefering: »Aber ihre Wirkung war schon damals größer als ihre Zahl.«

Als ich Mitte 1975 als Nachrücker zum ersten Mal in den Bundestag kam, da saßen in der Fraktion Herbert Wehner, Willy Brandt und Helmut Schmidt vorne. An dem einen langen Tisch, mit vielen anderen, aber klar in der ersten Reihe. Nahe bei ihnen saß Annemarie Renger, Bundestagspräsidentin, souverän, auch streitbar. Auch in Reihe eins.

Bevor ich das so sah, war ich schon eingegliedert worden. Das machte Helga Timm, Parlamentarische Geschäftsführerin, die es schaffte, mich wunschgemäß im Wohnungsbau- und Städtebau-Ausschuss zu platzieren. Aber nur, wenn ich auch in den Petitionsausschuss ging. In Ordnung.

Zum ersten Mal im Plenarsaal, so Reihe 15 – man drängt sich besser nicht vor –, setzte sich eine Genossin zu mir. Wer bist du, woher, was interessiert dich, melde dich, wenn du Rat brauchst. Anke Martiny, einfach so.

In der AG sachkundig, offensichtlich hoch geachtet, verbindlich, lebhaft, engagiert: Hedi Meermann. Nach der Wahl vom 3. Oktober

1976 waren dann unter den 214 SPD-MdBs 15 Frauen. Antje Huber und Marie Schlei in der Regierung.

Es stimmt, es waren wenige damals. Aber ihre Wirkung war größer als ihre Zahl. Und Zahl und Präsenz wuchsen. Mit Zeitgeist und Quote oder umgekehrt. Teils lila, aber nur teils.

Meistens waren die meisten Männer in Anwesenheit von Frauen weniger pöbelig. Meistens waren die meisten Frauen in Anwesenheit von Männern ziemlich cool.

Wahrscheinlich war in den Jahren danach die Spannung zwischen Politik und Medien eines der fortschrittlichsten Übungsfelder in Sachen Gleichberechtigung. Mit der Tendenz zur Normalität.

Was man von gleichem Lohn für gleiche Arbeit allgemein und von Spitzenfunktionen für Frauen in der Wirtschaft nicht sagen kann.

Da vor allem gibt's dringenden Handlungsbedarf.

Rupert Scholz, damals Bundesverteidigungsminister (CDU), sah da nie so richtig Handlungsbedarf. Der erklärte Quotengegner sieht bis heute Gesetzesänderungen oder gar mehr Rechte für Frauen in der Verfassung als unnützen Ballast an: »Eine Verfassung muss so knapp und präzise wie möglich sein.« Unterstützt wurde er damals von anderen Rechtsgelehrten, wie dem Bayreuther Hochschullehrer Walter Schmitt-Glaeser: »Durch geschwätzige Sätze wird keine Wirklichkeit verändert.«

Und toughe Frauen gibt's ausreichend – findet Rupert Scholz.

Rupert Scholz: Bonn – keine »Männerrepublik«

Wenn ich auf die 80er und 90er Jahre in Bonn zurückblicke und mich nach der Rolle frage, die damals Frauen in der Politik und im politischen Journalismus gespielt haben, so komme ich – für den einen oder anderen vielleicht sogar überraschend – zu dem Ergebnis, dass die damalige Bonner Republik jedenfalls keine »Männerrepublik« gewesen ist. Sicherlich, Frauen gab es in Politik wie im Journalismus viel weniger als Männer, und die meisten Männer haben die Politik sicherlich als ihre eigene Domäne, wenn nicht als ihr eigenes, mehr oder weniger ausschließliches Recht betrachtet, Frauen also ebenso deutlich missachtet. Aber die Wahrheit ist aus meiner Sicht doch eine etwas andere gewesen. Selbst wenn es viel weniger Frauen als Männer in Politik und politischem Journalismus gegeben hat, so wussten die Frauen, die dort tätig waren, sich doch in aller Regel nicht nur ihrer eigenen Haut zu erwehren, sondern sie wussten sich auch – ebenso regelmäßig – mit Konsequenz durchzusetzen. Zugegeben, dies waren in aller Regel nur einzelne Persönlichkeiten. Ich denke in der CDU/CSU vor allem an Rita Süssmuth und Michaela Geiger. Aber Frauen wie Rita Süssmuth und Michaela Geiger wussten vor allem immer um die immanenten Schwächen und Eigenheiten männlicher Karriereplanung und männlicher Seilschaften. Richtig ist, dass männliche Seilschaften nur allzu oft mit der fröhlichen Kumpanei von Stammtischen verbunden sind. Ich denke nur an den Bonner Links-Stammtisch in der »Provinz«. Das Gleiche galt natürlich für die Parlamentarische Gesellschaft. Solche stammtischverhafteten Seilschaften sind Frauen fremd, was sicherlich ein gewisses Handicap bedeutet. Umso sympathischer ist es für mich aber immer gewesen, dass sich Frauen gerade solchen stammtischverhafteten Seilschaften meist verweigert haben oder doch zumindest nicht versucht haben, nach entsprechenden Verhaltensmustern zu suchen. Erfolgreiche Frauen wussten um solche Schwächen des männlichen Geschlechts und solche Frauen konnten gerade deshalb so erfolgreich auch mit Männern und deren politischen Egoismen umgehen. Mit Lächeln, Charme und Souveränität wurden die Männer auf der einen Seite auf Distanz gehalten, auf der anderen Seite belächelt und gelegentlich sogar ein wenig bemuttert. Wer dies konnte, wer dies beherzigte, dem fiel der politische Erfolg fast automatisch in den Schoß.

Dass Frauen auch in der Politik und im politischen Journalismus Nachteile haben bzw. hatten, ist allerdings nicht zu bestreiten. Frauen gehen ihren Weg gern alleine und Frauen stehen immer vor dem Problem, Beruf oder Karriere mit der vor allem von ihnen getragenen Familie zu vereinbaren. Die Selbstverständlichkeit, mit der heute, wie in der Person von Frau Schröder, eine Ministerin ihr Kind austrägt, war damals wohl noch nicht in vergleichbarer Weise möglich, wurde jedenfalls noch nicht mit der Selbstverständlichkeit akzeptiert, wie dies heute glücklicherweise der Fall ist.

WIE VERDAMMT NOCH MAL – IST FRAU SOLIDARISCH?

Eine gescheite Frau hat Millionen geborener Feinde: alle dummen Männer.

Marie von Ebner-Eschenbach

»Wir reden immer nur über uns. Wie haben sich eigentlich früher die Politikerinnen geschlagen?«, fragt Karla in die Runde und fügt hinzu: »Ein paar gab es ja doch in allen Bundestagsfraktionen. Sind die jemals als solidarisierte politische Frauenpower aufgetreten?« – »Nach außen konnten die ja gar nicht«, gebe ich zu bedenken, »die bekamen doch immer sofort Zoff mit ihren Männern.« – »Nach der Wiedervereinigung gab es eine kleine weibliche Zuwanderung aus dem Osten, Merkel und Co. Und da gab es sogar bei wenigen Themen parteiübergreifende Bündnisse, zum Beispiel bei der Abtreibungsfrage und dem Paragrafen 218. Aber in der alten Bundesrepublik waren die Politikerinnen in Bonn Einzelkämpferinnen und wollten es auch sein«, bekräftigt Gerda diese These und fügt hinzu: »Die waren weibliche Che Guevaras.«

Die Abgeordnete Ursula Männle von der CSU, damals Vorsitzende der Arbeitsgruppe Frauen der CDU/CSU-Fraktion, heute pensionierte Professorin und Mitglied des Bayerischen Landtages, weiß noch genau, was hinter den Kulissen lief zwischen den Politikerinnen unterschiedlicher Couleur und den Journalistinnen. Sie war immer zu jeder Form von Frauensolidarität bereit, die auch erwidert wurde.

Ursula Männle: »Soll ich dich mal wieder angreifen, damit du die Unterstützung deiner Männer bekommst?«

Meine Bundestagsjahre in Bonn während der 80er und Anfang der 90er Jahre waren äußerst spannend, und das nicht nur, weil ich als weibliche Abgeordnete einer konservativen Partei ziemlich allein stand auf weiter Flur. In diese Zeit fiel der Regierungswechsel von sozialliberal zu schwarz-gelb, die Mauer fiel und die Wiedervereinigung forderte das Parlament und die Regierung täglich neu heraus. Der NATO-Doppelbeschluss trieb die Menschen auf die Straße und über die Änderung des Asylrechts wurde heftig gestritten. Aber auch frauenpolitisch war die Zeit turbulent.

Nach einem nur kurzen Gastspiel 79/80 als Nachrückerin zog ich 1983 wieder in den Bundestag ein. Als Landesvorsitzende der Frauenunion musste ich mir das Mandat hart erkämpfen. Und auch in Bonn wurde ich von den Kollegen nicht gerade mit offenen Armen empfangen. So dauerte es einige Zeit, bis mir meine Landesgruppe ein Büro zuwies. Ich war die Neue und auf den CSU-Etagen des »Langen Eugen« im 11. und 13. Stock war für mich kein Platz. So wurde ich in ein Stockwerk des Hochhauses Am Tulpenfeld abgeschoben, das die zum ersten Mal im Bundestag vertretene Grüne Partei belegt hatte. Ich war die einzige »Schwarze« unter lauter »Grünen«. Berührungsängste durfte man da nicht haben. So war es für mich selbstverständlich – ich war inzwischen Vorsitzende der Arbeitsgruppe Frauen der CDU/CSU-Fraktion geworden –, den Kolleginnen bei den Grünen zu gratulieren, als es ihnen gelungen war, 1984 eine nur von Frauen besetzte Fraktionsspitze durchzusetzen. Meine Glückwünsche zum grünen »Feminat« landeten bei der Presse – und brachten mir prompt einen öffentlichen Rüffel meines Geschäftsführers ein.

Hinter den Kulissen tat sich zwischen den Frauen im Bundestag doch so einiges. Die frauenpolitischen Sprecherinnen der damaligen Zeit, Renate Schmidt von der SPD, die Grüne Waltraud Schoppe und ich (die FDP-Frauen hielten sich eher zurück), waren sich in der Ausschussarbeit näher gekommen. Die beiden Kolleginnen wussten, dass sie ihre Vorstellungen nur mit mir und der Mehrheit der CDU/CSU durchsetzen konnten. Und so testeten wir uns, in welchen Punkten wir gemeinsam agieren konnten.

Zunächst verabredeten wir uns zu gemeinsamen Frühstücken, nicht öffentlich, sondern abwechselnd in unseren Büros. Ich erinnere mich noch gut an unser erstes Frühstück, das ganz offen im Bundestagsrestaurant stattfand. Da saßen wir, kritisch beäugt von den Männern aller Fraktionen und den Journalisten. Von da an trafen wir uns nur noch konspirativ und konnten einiges erreichen. Gelegentlich fragte mich Renate Schmidt: »Soll ich dich mal wieder angreifen, damit du die Unterstützung deiner Männer bekommst?«

Der Durchbruch gelang, als wir uns zunächst auf die Gebiete beschränkten, die bisher von den männlich geprägten Fraktionen vernachlässigt oder sogar tabuisiert wurden: Menschenrechtsverletzungen an Frauen, Vergewaltigung in der Ehe, Prostitutionstourismus und Heiratshandel, sexueller Missbrauch von Kindern im Ausland, Änderung der Verjährungsfrist bei Missbrauch, Unterhaltsrecht und Namensrecht. In der Bewertung dieser Fragen spielte die parteipolitische Zugehörigkeit der weiblichen Abgeordneten kaum eine Rolle. Wir unterschieden uns sicherlich in Stil und Sprache, aber in der Sache waren wir uns einig. So konnten wir im Laufe der Jahre und Legislaturperioden mit langem Atem einiges durchsetzen.

Unterstützt wurden wir von Bonner Journalistinnen, die unsere Themen offensiv beförderten und unsere männlichen Kollegen durch Insistieren in Zugzwang brachten. Diese Form der Zusammenarbeit war neu, wurde von der weiblichen Öffentlichkeit (Frauenverbände) positiv begleitet und von unseren männlichen Kollegen kritisch verfolgt.

Schwieriger war die Durchsetzungsfähigkeit bei allgemeinen Fragen der Gleichberechtigung. Mit Rita Süssmuth als Frauenministerin und später als Parlamentspräsidentin bekamen diese Themen auch in unserer Fraktion einen Schub. Aber zu gravierenden Änderungen war sie nicht bereit. Schließlich ging es hier um Machtfragen. Alte Rollenbilder kamen ins Wanken. Die Einführung der Quote brachte prozentual mehr Frauen ins Parlament, sie erreichten eine kritische Masse, mussten also beachtet werden. Um die Einführung einer Quote in den sogenannten konservativen Parteien zu verhindern, mussten die Männer »freiwillig« mehr Frauen in die politische Verantwortung bringen. Eine Chance für uns!

Die Verfassungsdiskussion nach der Wiedervereinigung bot die einmalige Situation, im Grundgesetz die Grundlage für eine aktive Durchsetzung der Gleichberechtigung zu schaffen. Die Widerstände in der Verfassungskommission waren groß. Aber die Frauen hatten inzwischen gelernt, sich auch außerhalb des Parlaments Verbündete zu suchen. Es kam zu einer Frauenallianz von Politikerinnen aus allen Parteien und politischen Ebenen, von Frauenverbänden, Gewerkschaftlerinnen, Medienfrauen und Künstlerinnen. Diese Allianz warb mit ihren Köpfen auf einem auffälligen Plakat. Aktionen auf Plätzen in Bonn erregten Aufmerksamkeit, ebenso wie innovative, witzige Veranstaltungen. Wichtig war die Unterstützung der Frauenministerin Angela Merkel, die gegen den Widerstand von Kabinettskollegen und des Bundeskanzlers gewonnen werden konnte. Kohl wurde vom Deutschen Frauenrat regelrecht belagert und erkannte den Sprengsatz. So überzeugte er seine Parteifreunde von der Notwendigkeit der Ergänzung des Grundgesetzes. Dieser neue Absatz in Art. 3 GG, der in einem langen Kompromiss formuliert wurde, war kein Glanzstück, aber er brachte den Durchbruch für aktive Frauenförderungsmaßnahmen. Das Eingeständnis, dass Gleichberechtigung noch nicht verwirklicht ist und dass es des aktiven Handelns des Staates bedarf, dies durchzusetzen, war der Erfolg der Frauen. Ohne das Zusammenwirken der Parlamentarierinnen sowie der Öffentlichkeit, die von den Journalistinnen immer wieder durch ihre Berichterstattung sensibilisiert wurde, wäre es nicht dazu gekommen.

Bis heute gilt allerdings: Ohne eine zahlenmäßige Verstärkung der Frauen sind weitere Fortschritte nur schwer denkbar. Hier liegt immer noch einiges im Argen. Seit mehreren Legislaturperioden hat sich der Frauenanteil auf ein Drittel eingependelt. Deshalb ist die Quotenfrage nach wie vor aktuell. Auch ich glaubte anfangs, durch gute Arbeit, durch Argumente werde sich die Einsicht, mehr Frauen in Ämter zu bringen, durchsetzen. Heute bin ich nicht mehr davon überzeugt. Freiwillig werden die einflussreichen Positionen nicht freigegeben. Formelle und informelle Männerbündnisse verhindern dies.

Sabine Leutheusser-Schnarrenberger, FDP, damals und heute Justizministerin, ließ uns oft Mut machend und lächelnd an ihren Erfahrungen als weibliche(r) Minister(in) in beiden Hauptstädten teilhaben.

Sabine Leutheusser-Schnarrenberger: »Wie bewässern Sie Ihre Gartenpflanzen?«

Der 18. Mai 1992 war für mich ein großer Tag. An diesem Tag wurde ich als Bundesministerin für Justiz im Kabinett Kohl vereidigt. Dies war ein riesiger Schritt für mich, schließlich war ich damals erst seit knapp anderthalb Jahren Mitglied des Deutschen Bundestages.

Damals hatte dieser noch seinen Sitz in Bonn, der beschaulichen, betulichen und überschaubaren Stadt am Rhein. Gerade aber diese Attribute, so stelle ich rückblickend fest, haben es mir, damals noch Neuland betretend, möglich gemacht, politische Strukturen und Entscheidungswege rasch zu überblicken und zu verstehen.

Die Atmosphäre in der Bonner Republik war geprägt von einer gewissen Vertrautheit der politischen Akteure miteinander. Es gab nur einige wenige Orte, an denen man sich traf oder sich einfach zufällig begegnete. Quer durch die Bank, nicht nur die der Regierung, sondern über alle Fraktionen hinweg, pflegte man dabei lebendige Kontakte.

Diese angenehme Stimmung, dieser freundliche Umgang spiegelte sich auch in der Beziehung zwischen Politik und Presse wider.

Der Umgang zwischen den Politikern und den Journalisten war persönlich und ausgesprochen ausgewogen. Im politischen Berlin hingegen hat man manchmal das Gefühl, als würde die Geschwindigkeit über den Inhalt einer Nachricht gehen. In Bonn war das anders. Man kannte sich, man traf sich, und man nahm sich Zeit für Gespräche. Das ist etwas, was es im großen Berlin, aber wohl auch im Zeitalter der neuen Medien, nicht mehr geben kann.

Damals war aber auch gesellschaftlich vieles anders. So interessierten sich die Medien weniger für mich und meine Arbeit als Bundesjustizministerin, sondern wollten Heim- und Gartengeschichten über mich schreiben oder verbrachten viel Zeit damit, meinen Hund und seinen durchaus ehrenwerten Namen »Dr. Martin Luther« in ihre Reportagen einzuflechten und hieraus Rückschlüsse über meinen Charakter zu ziehen. Jedenfalls war ich die erste Ministerin, die ein klassisches Ressort übernahm und damit die, mit einer Ausnahme, durchgängige Reihe der Frauen im Justizressort begründete.

Jetzt haben wir eine Bundeskanzlerin, es hat sich also vieles getan. Heute fragt mich niemand mehr, wie ich meine Gartenpflanzen bewässere oder wie ich Gerichte zubereite. Die Akzeptanz weiblicher Kabinettsmitglieder ist heute wiederum ganz selbstverständlich für jedes Ressort. Ich weiß jedoch, zu Zeiten der Bonner Republik war die Gleichberechtigung noch nicht so weit fortgeschritten.

Cornelie Sonntag-Wolgast, SPD, heute Vorsitzende der Aktion »Gemeinsinn« und freie Journalistin, weiß da ähnliche Geschichten zu erzählen:

Cornelie Sonntag-Wolgast: »Sonntags- und Weihnachtsfrauen«

Mit meinem Eintritt in den Bundestag 1988 als Quereinsteigerin (ohne »Ochsentour« durch irgendein Kommunalparlament oder einen Landtag, direkt aus dem Journalismus kommend) erlebte ich die Frauen im politischen Bonn – vor allem natürlich die Kolleginnen in meiner eigenen, der SPD-Fraktion – in einer Phase des Aufbruchs und der Vitalität. Die Abgeordneten, die sich zum »Weibertreff« am Dienstagabend jeder Sitzungswoche im »Langen Eugen« zusammenfanden, verströmten wohlgelaunten Kampfgeist und das Gefühl, voranzukommen. Allen voran die späteren Ministerinnen Renate Schmidt, Herta Däubler-Gmelin und Edelgard Bulmahn. Es ging ihnen darum, Anträge zur Gleichstellung innerhalb der Fraktion durchzusetzen und die Debatten darüber zu günstigen Zeiten im Plenum zu platzieren. Dafür waren sie bereit, die Nacht zum Tage zu machen (»Wann ich meine Rede dazu schreibe, weiß ich noch nicht – wahrscheinlich zwischen zwei und vier Uhr morgens«). Der Quoten-Beschluss der SPD mit der Festlegung auf einen Mindestanteil für jedes Geschlecht in Vorständen und Wahllisten der Partei auf allen Ebenen war noch frisch. So frisch und besonders für Männer doch so bedrohlich, dass ein fiktiver Brief des Bundestagsabgeordneten Jacob Mierscheid (eines erfundenen Hinterbänklers aus dem Hunsrück, mit dessen Kommentaren Spaßvögel in der SPD aktuelle Vorgänge bis heute auf die Schippe nehmen) irgendwie die Stimmung traf. Mierscheid beklagte sich, dass seine eigene Schwägerin ihm unter Berufung auf die Quotenregelung die Kandidatur in seinem Wahlkreis abjagen wolle.

Es war die Zeit, in der weibliche Abgeordnete zuweilen den Schulterschluss über Parteigrenzen hinweg übten. Sie einigten sich beispielsweise auf eine von allen Kolleginnen getragene Große Anfrage zum internationalen Menschenhandel und erzwangen damit eine Parlamentsdebatte zum Thema. Sie rückten mit Anträgen das seinerzeit nur Insidern geläufige Thema »Genitalverstümmelung bei Mädchen« ins Blickfeld der Öffentlichkeit. Ich erinnere mich gut, wie verschreckt die wenigen Männer dasaßen, die überhaupt im Plenum die Debatte verfolgten. Einige trollten sich aus dem Sitzungssaal, um sich bei einem Kaffee im benachbarten Bundestags-Restaurant von den erschütternden Details zu erholen.

Als erste Sprecherin der SPD auf Bundesebene von 1991 bis 1993 erfuhr ich viel Aufmerksamkeit seitens der Medien-Vertreter – aber auch deren ausgeprägten Argwohn, weil sie bei mir, die ich gleichzeitig mein Abgeordneten-Mandat beibehielt, Überforderung vermuteten. Die parteipolitisch zugeordneten Journalisten für kleinere Gesprächsrunden »unter drei« wachten eifersüchtig darüber, nicht übergangen zu werden. Auch im politischen Bonn war es bereits praktisch unmöglich, Treffen von Spitzenpolitikern mit wenigen handverlesenen Medien-Vertretern geheim zu halten. So etwas wie Frauen-Solidarität von Korrespondentinnen oder Reporterinnen mit der

SPD-Sprecherin habe ich nicht wahrgenommen – am ehesten noch von Mitgliedern der »Lila Karte«, eines kleinen Kreises als SPD-freundlich oder linksliberal eingestufter Berichterstatterinnen. Sie waren mit den Ränkespielen innerhalb der Bonner Parteizentrale (»Baracke«) wohl vertraut und wussten, dass die Position einer Sprecherin Anfeindungen ausgesetzt war und zur Not unterstützt werden sollte.

»Tue Gutes und rede drüber«, dieser Slogan gilt sowohl für das Sprachrohr einer Partei als auch für Abgeordnete und Minister. Man muss die eigenen Leistungen wie auch diejenigen der Partei mit gebührender Deutlichkeit und bildkräftigen Worten herausstellen. Von mir als Journalistin erwartete man auf diesem Gebiet profunde Kenntnisse. Da ich aber vor allem in den ersten Jahren meiner Parlaments-Ära noch stark in den Kategorien meines ehemaligen Berufs dachte, redete und handelte, empfand ich eher Skrupel angesichts der Notwendigkeit, vor allem zu meiner Wahlkreis-Arbeit die eigene publizistische Begleitmusik zu liefern. Es ist ja nicht so, dass die Lokalreporter sich gierig nach Plänen, Veranstaltungen und Verdiensten der Mandatsträger ihrer Region erkundigen. Man muss sich immer wieder selbst an ihre Fersen heften, Statements liefern – oder gleich über den eigenen Vortragsabend im Wahlkreis nachträglich einen Bericht schreiben. Als Frau hat man ohnehin einen Widerwillen gegen ungezügelte Selbstdarstellung in der Öffentlichkeit. Bei mir kam noch hinzu, dass ich wusste, wie sehr der Branche das Geprahle von Politikern mit ihren Leistungen und Vorhaben zuwider ist.

Dennoch – auch weibliche Abgeordnete, die noch nicht in Führungsämter aufgerückt waren, fühlten sich geschmeichelt, wenn ein Boulevard-Reporter sie mit ungewöhnlichen Fragen oder Thesen konfrontierte und um eine Stellungnahme bat.

Meinen ersten Fernsehauftritt in meiner Parlamentslaufbahn verschaffte mir – mein Name! Oskar Lafontaine hatte sich im Mai

1989 für eine Ausweitung der Sonntagsarbeit ausgesprochen, und *WDR*-Reporter fanden es pfiffig, von der Abgeordneten Sonntag ein Statement einzufangen. Einen bösen Reinfall erlebte eine auf Gleichstellungsfragen spezialisierte norddeutsche Kollegin, die von einem Boulevard-Redakteur gefragt wurde, ob es sie nicht störe, dass immer nur von Weihnachtsm ä n n e r n geredet würde. Gestört fühle sie sich nicht, antwortete sie – aber natürlich sei es nicht zwingend, sich den vorweihnachtlichen Wohltäter als Mann vorzustellen. Prompt titelte das Blatt: »Abgeordnete fordert Weihnachtsfrauen«. Der Kollegin brachte die Veröffentlichung erheblichen Ärger im Wahlkreis. Ob sie nicht wichtigere Probleme zu lösen hätte, wurde sie gefragt … Ich frage mich bis heute, ob derlei Erlebnisse eher Frauen zuteil werden als Männern.

Eher Frauen, davon ist ein Mann überzeugt.

Reimar Oltmanns: Von Mätressen und rackernden Frauen

Meine Bonner Korrespondentin vom ersten Stock in der *Stern*-Redaktion in der Dahlmannstraße war Helegine Bolesch-Ihlefeld, genannt »Heli«. Wir aßen oft gemeinsam zu Mittag, tranken nach Redaktionsschluss in unseren Büros den sogenannten »Absacker« – das obligatorische »Kölsch«. Ihr Frauen-Los war alles andere als amüsant, eher entwürdigend, Kärrnerarbeit. Sie konnte tun und schreiben, was sie wollte: Frau Bolesch-Ihlefeld wurde im *stern* – von wenigen Ausnahmen abgesehen – nicht gedruckt. Ihre Artikel landeten zielsicher im Papierkorb. Woche für Woche, Jahr für Jahr.

Diese Dame mit ihrer sympathisch einnehmenden Art hatte in Wirklichkeit einen anderen Leistungsnachweis zu erbringen. Jeder wusste es, jeder flüsterte, kicherte und wisperte es. Staatsgeheimnis. Meistens, wenn in der Redaktion der Satz fiel »bin schon auf dem Weg«, bekam das offene Geheimnis einen Namen. Dann wurde aus der *Stern*-Kollegin Heli Ihlefeld die heimliche Mätresse des Bundeskanzlers, dann verschwand die Frau aus dem *Stern*-Büro in einem Dienst-Mercedes zum Schäferstündchen mit Willy Brandt, meist auf dem Bonner Venusberg, wo er in seiner Regierungszeit über separate Räumlichkeiten verfügte. Am nächsten Tag hatte Frau Ihlefeld ihrem Bonner Büroleiter Horst Knape Bericht zu erstatten. Kanzler-Rapport. Da blieb die Tür für Stunden geschlossen, kein Anruf wurde durchgestellt. Vor der Tür lauerten so manche Kollegen, auch ich, spitzten die Ohren bis zur Halsstarre. Alles war mucksmäuschenstill.

Als Willy Brandt im Mai 1974 über die Guillaume-Spionage-Affäre stürzte [Günter Guillaume (1927–1995), DDR-Agent im Kanzleramt], waren auch die Tage der Kollegin Heli Bolesch-Ihlefeld in der Bonner *Stern-Redaktion gezählt. Ihr Hamburger Ressortchef, der spätere Stern*-Chefredakteur Peter Koch (1938–1988) sagte zum Abschied. »So ist das nun mal in unserem Beruf. Informant weg, Gehalt alle alle.« Und seiner nutzlos gewordenen Informantin riet er: »Fahr doch jetzt mit Willy nach Alaska.«

Seinerzeit wollte Frau Bolesch-Ihlefeld schon ein Buch über ihre Amouren und das Leben im Bonner Politiker-Milieu im Allgemeinen schreiben. Material dafür hatte sie hinreichend gesammelt. Ihre Liste war länger und länger geworden. Erwähnt seien nur ihre nächtlichen Party-Eskapaden mit dem damaligen, alkoholabhängigen Bundesminister für das Post- und Fernmeldewesen Kurt Gscheidle (1924–2003) auf dem Plüschsofa im Ministerbüro in der Bonner Adenauerallee und eine berühmt gewordene nächtliche Verfolgungsjagd. Als der betrunkene Minister Gscheidle ihr barfuß und schreiend auf dem regennassen Boulevard nachlief, sie möge wieder in sein Büro kommen. Diese Szenen sollten das Schlusskapitel schmücken. Arbeitstitel: »Bonn – von der Bettkante aus gesehen«.

Zumindest erhitzte dieses ominöse Geschichtchen um eine Chaiselongue im Chefzimmer die Gemüter der Ministerialbürokratie für lange Zeit. Ich war Zeuge eines Gesprächs zwischen dem Gscheidle-Nachfolger Hans Matthöfer (1926–2009) und seinem Staatssekretär Dietrich Elias im Hilton Hotel in Washington Ende September 1982. Matthöfer erkundigte sich genervt danach, wann endlich dieses mit kitschigen Kissen bestückte Kanapee aus seinem Zimmer verschwinden werde. »Ein Graus«, fauchte er. Dieses berühmt-berüchtigte Sofa hätte es verdient gehabt, im 1981 eröffneten Bonner Frauen-Museum ausgestellt zu werden. Beschreibung: Requisite der Mätressen-Geschichten dieser Stadt.

Es sollten mehr als drei Jahrzehnte vergehen, ehe Frau Bolesch-Ihlefeld doch noch zur Feder griff. Aus dem Arbeitstitel »Bettkante« wurde nunmehr »Auf Augenhöhe – Wie Frauen begannen, die Welt zu verändern«. Immerhin wurde Frau Helegine Bolesch-Ihlefeld im Jahre 2000 für ihre Verdienste um das Vaterland das Bundesverdienstkreuz verliehen. Im Jahre 2004 lüftete sie selbst ungefragt ihr Geheimnis, über mehrere Jahre die Geliebte Willy Brandts gewesen zu sein.

Was nicht allen Männern gefiel: Es gab auch die anderen Frauen. Ada Brandes, seit 1969 gestandene, eher stille Korrespondentin mehrerer Zeitungen in Bonn, gehörte dazu. Sie kritisierte vornehmlich den Tabubruch, nicht über Intimes zu plaudern. Das hieß, eben nicht das Sexleben verantwortlicher Mandatsträger als spöttischen Voyeurismus schlagzeilenträchtig durch die Boulevard-Presse zu prügeln. Anders als in den USA galt es in Bonn aus gutem Grund, die Privatsphäre in der täglichen Berichterstattung zu schützen.

Ada Brandes über Ihlefeld und ihre Brandt-Ausflüge im *Berliner Tagesspiegel*: »Keiner der mitreisenden Journalisten wollte etwa jene Szene aus dem SPD-Sonderzug im Bundestagswahlkampf 1972 schildern, als Kanzler-Referent Günter Guillaume aus Willys Salonwagen zurückkam und Heli nach vorn ging, als ob sie ein Interview zu führen hätte. Und dass sie an diesem Abend nicht mehr im Speisewagen erschien, dass sie alle Wahlkampftermine schwänzte. Viele wussten, dass da seit Längerem ›etwas war‹ zwischen dem oft melancholischen Mann und der sanften Frau – geschrieben hat niemand darüber.«

Aufstand des Spießertums: Willy Brandt scheitert mit einer jungen Frau

Gerda überbrachte die Neuigkeit. »Wisst ihr schon, wer Pressesprecher der SPD werden soll?«, fragte sie auf einem der Routinetreffen der »Rosa Federn«. Eine Antwort wartete Gerda gar nicht erst ab. »Der Willy will eine Griechin als Pressereferentin einstellen. Sie ist nicht einmal SPD-Mitglied und hat dazu noch einen Lover aus der CDU. Was sagt Ihr nun?«

Mutig fanden wir es schon, als der damalige SPD-Vorsitzende Willy Brandt 1987 Margarita Mathiopoulos als neue Pressesprecherin der Partei präsentierte. Aber aus seiner Sicht gab es gute Gründe für diese ungewöhnliche Wahl. Die junge Frau war in Bonn aufgewachsen, Griechin, hervorragend ausgebildet, redegewandt, gut anzusehen und mit einem CDU-Mann verlobt. Mit diesen Eigenschaften konnte seine Kandidatin, so hoffte Willy Brandt wohl, die ehrwürdige, aber inzwischen arg angestaubte SPD ein wenig beleben. Ein bisschen Weltläufigkeit und Charme konnten der ältesten deutschen Volkspartei, deren Image von alten Knittergesichtern wie dem des Fraktionschefs Herbert Wehner geprägt wurde, nur guttun.

Doch dieses Mal irrte Willy Brandt. Statt seine Partei zu beleben, erlebte er einen Aufstand Bonner Spießer. Eine junge, unerfahrene, mehrsprachige und auch noch hübsche Frau als Sprecherin der großen deutschen Volkspartei? Für die Männermeute der Bonner Journalisten war das unfassbar. Und schnell mutmaßten alle, auf welche Art und Weise dieses griechische Mädel an den Job gekommen war. Eine solche Personalie konnte der alte Willy nur deshalb durchsetzen wollen, weil er »mal wieder seine Hände nicht bei sich halten konnte«, wurde in den männlichen Hintergrundkreisen »unter drei« absichtsvoll kolportiert.

Als wir am nächsten Morgen die *Bild*-Zeitung aufschlugen, sahen wir, wie die Boulevardkollegen aus übler Nachrede ihre reißerische Geschichte gebastelt hatten. Unter der fetten Überschrift »Immer diese Frauen« waren Bilder zu sehen, auf denen Willy Brandt mit verschiedenen Frauen abgebildet war. Diese Frauen seien, behauptete *Bild*, »sein Schicksal«.

Natürlich war, als jüngstes und hübschestes seiner »Schicksale«, auch Margarita Mathiopoulos abgebildet. Nach der Lektüre der *Bild*-Zeitung musste auch dem letzten Parteigenossen am letzten SPD-Stammtisch klar sein: Willy Brandt suchte keine Pressesprecherin, sondern – wieder einmal – eine junge Frau. Es gab keinen einzigen Beleg für diese Unterstellung. Der Beweis des Gegenteils war unmöglich. Die Demontage Brandts und vor allem seiner Kandidatin konnte beginnen.

Die Häme, die sich über »Brandts schöne Griechin«, wie Margarita Mathiopoulos von nun an genannt wurde, ergoss, war selbst für Bonner Verhältnisse außergewöhnlich. Über die Versuchung einer gewissen »Marlene Gyros« wurde hergezogen, die ihre Karriere ohne Parteibuch mit »Ouzo statt Juso« förderte. (Quelle: Margarita Mathiopoulos: Das Ende der Bonner Republik, Stuttgart 1993, S. 344)

Wir Frauen in Bonn versuchten zu korrigieren. Margarita Mathiopoulos erinnerte sich später: »Ganz im Gegensatz zur linken, herrendominierten Presse und der teilweisen Empörungsfront der Partei reagierten die Bonner Journalistinnen fair. Sie zeigten auf, dass bereits zwei Jahre zuvor eine Kandidatin ins Auge gefasst worden ist, die dann jedoch wegen ihrer beiden Kinder nicht in Betracht kam.« – »Damals wurde dann Wolfgang Clement zum Sprecher berufen«, merkte die profilierteste der ersten Frauengeneration im Bonner Hauptstadtjournalismus, Ada Brandes, in der *Stuttgarter Zeitung* an. »Der hatte fünf unmündige Töchter.«

Die letzte Frau an seiner Seite

Brigitte Seebacher war nicht besonders beliebt bei den Bonner Journalistinnen, obwohl sie einige Voraussetzungen erfüllte, eine von ihnen zu sein. Sie hatte in Bonn Geschichte und Germanistik studiert, als Journalistin für eine linksgerichtete Zeitung gearbeitet und in der Presseabteilung der Bonner SPD-Baracke Kontakt zu den Bonner Journalisten gehalten. Und auch als sie im Dezember 1983 mit 37 Jahren den 33 Jahre älteren SPD-Granden und Ex-Kanzler Willy Brandt, mit dem sie schon drei Jahre zusammengelebt hatte, heiratete, war bei uns noch ein gewisses

Almanach zum Bonner Presseball, 1989, »Bonnopoly«
Willy Brandt, Brigitte Seebacher-Brandt

Verständnis vorhanden. Einerseits war Willy Brandt auch im Alter noch ein beeindruckender Mann, der auf Frauen wirkte. Und dass andererseits ältere Männer häufig ein besonderes Faible für deutlich jüngere Frauen entwickeln – nun ja, das war nicht zu ändern.

So weit wäre die Beziehung Seebacher/Brandt, die von 1980 bis zu Willy Brandts Tod am 8. Oktober 1992 hielt, zwar aufsehenerregend, aber ansonsten nicht besonderer Aufregung wert gewesen. Aber Brigitte Seebacher war alles andere als der Typ Frau, der sich aus durchsichtigen Versorgungs- und Prestigegründen an berühmte alte Männer heranmacht. Deshalb war im Laufe der Jahre nicht nur einmal auf den Treffen der »Rosa Federn« die Frage gestellt worden: Warum macht die das? Was hat sie vor?

Eine Antwort bekamen wir nach Brandts Tod, als seine Witwe mit übergroßem Eifer begann, die Regelung seines Nachlasses an sich zu ziehen. Die Kolleginnen der »Rosa Federn« waren entsetzt darüber, wie schnell sich Brigitte Seebacher-Brandt von allem trennte, was an die gemeinsamen Jahre mit dem großen alten Mann der deutschen Sozialdemokratie erinnerte. Möbel, Bilder, Bücher, intime Korrespondenzen – alles wurde ins Archiv gebracht.

Aber das war ja noch unter der Rubrik »eifrige Historikerin sichert Nachlass eines berühmten Mannes« abzulegen. Für mehr Unmut hatte die Art und Weise gesorgt, wie die junge Frau das Lebensbild des alten Heroen noch zu seinen Lebzeiten zu bestimmen versuchte. In seinen letzten Jahren bevormundete sie Willy Brandt öffentlich. Sie kanzelte ihn coram publico ab und machte mit wenig Feingefühl deutlich, dass jetzt sie es sei, die zu erklären habe, was ihr Mann meint.

Brigitte Seebacher-Brandt hatte offensichtlich das Kommando über das Leben und über die Erinnerung an ihn nach seinem Tode übernommen. Und wer darin wie vorkommt, das bestimmte sie. Zur Beerdigung Willy Brandts lud sie dessen äußerst beliebte geschiedene Frau Rut und deren gemeinsame Kinder ausdrücklich und öffentlich aus. Sarkastisch kommentierte der Kabarettist Dieter Hildebrandt in seiner Fernsehsendung »Scheibenwischer« damals: »Meine Witwe würde mich niemals gegen mich verwenden.«

Das alles haben wir uns 25 Jahre danach während unseres Treffens in der Eifel in Erinnerung gerufen. Aber so ganz klar ist es uns auch jetzt noch nicht, warum es immer wieder zu dieser seltsamen Paarung von alten Männern mit erfolgreicher Vergangenheit und jungen Frauen mit einer möglichen erfolgreichen Zukunft kommt. »Vielleicht finden wir eine Antwort, wenn wir uns den aktuellsten Fall einer solchen Liaison, die von Altbundeskanzler Helmut Kohl und seiner Frau Maike Richter, etwas genauer ansehen«, schlägt Lisa vor. »Dazu kann ich was sagen«, biete ich an. »Ich habe das gerade recherchiert.«

Die Parallelen der Fälle Brandt / Seebacher und Kohl / Richter, berichte ich, sind wirklich auffallend. Am 3. Mai 2008 heiratete die 43-jährige Maike Richter in der Kapelle der Reha-Klinik Heidelberg den 35 Jahre älteren Helmut Kohl, 16 Jahre lang Bundeskanzler der Bundesrepublik Deutschland und langjähriger Vorsitzender der CDU. Kohl hatte Maike Richter schon 2004 als seine neue Lebensgefährtin vorgestellt. Da war sie 39, er 74.

Als sie die Partnerin des alten Mannes wurde, da hatte Frau Richter wie auch Brigitte Seebacher bereits bewiesen, dass sie imstande war, für sich selbst zu sorgen. Nach dem Studium der Volkswirtschaft und Promotion machte sie schnell als Beamtin Karriere. Als sie dem Alten näherkam und sich beurlauben ließ, damit sie den kranken Kohl pflegen konnte, war die promovierte Volkswirtin im Berliner Bundeswirtschaftsministerium im Range einer Oberregierungsrätin für die EU-Regionalförderung zuständig.

»Warum geht eine junge, gut ausgebildete und zielstrebig ihr berufliches Fortkommen organisierende Frau einen Bund fürs Leben mit einem Mann ein, der seines fast schon hinter sich hat?«, fragt mich Maya. Natürlich rechneten verwunderte Zeitgenossen wie einst bei Brigitte Seebacher auch bei ihr zunächst einmal aus, wie viel von Kohls reichlicher Altersversorgung der Witwe zusteht. Aber das konnte es ja nicht sein. Maike Richter war gerade dabei gewesen, an ihrer eigenen ordentlichen Beamtenpension zu arbeiten.

Einleuchtender ist da wohl eine Erklärung, die Psychologen mir anzubieten hatten. Wie etwa der Münchner Paartherapeut Stefan Woinoff, der sich auf solche Verbindungen spezialisiert hat. An Männern wie Brandt und Kohl reizen demnach die patriarchale Macht und die historische Bedeutung, die über den Tod hinaus erhalten bleibt. In dieser Welt nistet sich die letzte Frau an seiner Seite ein und besetzt eine wichtige Funktion. Sie wird, wie Psychologe Woinoff es ausdrückt, »sein Filter zur Außenwelt und die Erbverwalterin und Interpretin der historischen Gestalt«. *(Spiegel)*

Dazu gehört auch das familiäre Vorleben des Patriarchen. Brigitte Seebacher-Brandt sperrte die Familie bei der Beerdigung aus.

Auch zu der Trauungszeremonie des Ehepaares Richter/Kohl in der Kapelle der Heidelberger Reha-Klinik wurden Kohls Söhne Walter und Peter, deren Ehefrauen und Kinder nicht eingeladen. »Durch ein Dreizeilentelegramm« sei er über den »Vollzug« der Eheschließung informiert worden, berichtete Kohls ältester Sohn später. »Befremdet« sei er über die Entscheidung gewesen, ihn und seinen jüngeren Bruder an einem solchen Tag auszugrenzen.

In der Dreifaltigkeitskirche zu Speyer blieb drei Jahre später ein Ehrenplatz frei. Da fand am 5. Juli 2011 der Gedenkgottesdienst für Hannelore Kohl statt, die genau zehn Jahre zuvor ihrem Leben ein Ende gesetzt hatte. Altbundeskanzler Dr. Helmut Kohl wollte nicht zusammen mit seinen Söhnen seiner ersten Frau gedenken.

Frau Minister beliebt zu lieben, und das öffentlich

Viele Frauen gab es nicht in der Bundesrepublik Deutschland der 70er und 80er Jahre, die sich trauten, mit einem Thema wie die »Derivate des 4-Azaphenanthrenringsystems durch intramolekulare Cyclisierungsreaktion« zum Dr. rer. nat. zu promovieren. Und allzu viele gab es auch nicht, die nach einem naturwissenschaftlichen Studium erst Spitzenpositionen in der Industrie und dann in der Politik erreichten. Irmgard Schwaetzer, die durch Heirat eines Chemikers mit Namen Adam zur Bonner Spitzenpolitikerin Irmgard Adam-Schwaetzer wurde, war so eine.

Generalsekretärin und Bundesschatzmeisterin der FDP, stellvertretende Parteivorsitzende, Vorsitzende bedeutender Ausschüsse des Bundestages, Staatsministerin im Auswärtigen Amt und Bundesministerin für Raumordnung, Bauwesen und Städtebau – die Liste der Ehren und Ämter war lang und versprach noch länger zu werden. Bis die Liebe in der Mitte des Lebens sie veränderte. Bis aus der seriös in grauem Kostüm mit Glencheck-Muster auftretenden Karrierefrau ein Darling der Regenbogenpresse wurde, die über ihren neuen Midlife-Schwarm ausplauderte, sie bekomme schon einen Orgasmus, wenn sie nur seine Stimme höre.

Almanach zum Bonner Presseball, 1992, »Bonnergrollen«
Irmgard Schwaetzer, Udo Philipp

Den boulevardesken Höhepunkt erreichte die Liebesaffäre, als die vormals graue Bundesbauministerin Irmgard Schwaetzer den immer schon bunten »Ex-*Playboy*-Redakteur, Ex-*Bild*-Reporter, Ex-Lobbyisten« *(Spiegel)* und Bonner Büroleiter von *Sat.1* Udo Philipp heiratete. Ihr erster Mann, Wolfgang Adam, hatte sich mit der Begründung »ich halte dich mit der Politik nicht mehr aus« von ihr getrennt. Da hatten wir Frauen der »Rosa Federn« noch empört reagiert. Was dann folgte, überforderte unser Mitgefühl für eine Frau, die selbst stets jede Frauensolidarität in Partei und Medien abgelehnt hatte.

Unter der Überschrift »Wie Irmgard Schwaetzer und Udo Philipp ein Paar wurden und die Welt in Atem hielten« nahm sich der *Spiegel* dieser zum gesellschaftlichen Großereignis aufgeplusterten zweiten Eheschließung an. Denn die beiden, die promovierte Apothekerin und der Luftikus, heirateten nicht etwa, wie es ihrem Alter und dem seriösen Image der Braut wohl angemessen gewesen wäre, im Beisein von Familie und Freunden in einem verträumten Standesamt am Waldesrand. Nein, Fernsehboy Udo Philipp inszenierte sich und seine Braut TV-tauglich und multimedial, mit Sponsoren und allem, was bei Promihochzeiten dazugehört.

Nach dem Ja-Wort im Standesamt Berlin-Charlottenburg traten die beiden frisch geschminkt im *Sat.1*-Fernsehstudio in Berlin auf. Per Direktübertragung aus dem Wohnungsbauministerium in Bad Godesberg empfing die Bundesministerin für Raumordnung, Bauwesen und Städtebau die herzlichen Glückwünsche ihrer Champagnergläser schwenkenden Beamten. Dann ging es ans festliche Buffet, mit Kamera versteht sich. Die Welt sollte doch erfahren, wem das Brautpaar all die Köstlichkeiten verdankte, die auf der langen Tafel auf den Verzehr warteten. In gelernter Kamerapositur bedankte sich der Bräutigam beim Partyservice des Berliner KaDeWe und ließ auch nicht unerwähnt, dass in seinem Glas ein Beaujolais aus dem Weinhaus Nöthling funkelte. Und als krönenden Abschluss der pompös arrangierten Eheschließung durften sich die Fernsehzuschauer von *Sat.1* über das Hochzeitsgeschenk aus des Bräutigams Redaktion amüsieren – eine Auswahl der unzähligen Versprecher, die Philipp, für sein gebrochenes Verhältnis zur deutschen Sprache bekannt, in seinen Sendungen aneinandergereiht hatte.

In all dem spießigen Glamour entdeckten die Redakteure des Bonner *Spiegel*-Büros Parallelen zu ähnlich zelebrierten Eheschließungen von international anerkannten Hollywoodstars. Als zum Beispiel Elisabeth Taylor ihren achten Mann, den »Ex-Trinker, Ex-Junkie und Ex-Häftling Larry Fortensky« *(Spiegel)* heiratete, ging es ähnlich glamourös zu. Ein paar Unterschiede allerdings fielen den Berichterstattern doch auf. Etwa dass die Hochzeit der Taylor eine gekonnt inszenierte Las-Vegas-Show war, die Hochzeit der Schwaetzer aber eine Co-Produktion von Bundesbauministerium und *Sat.1*. Und dass der achte Auftritt des Weltstars Liz Taylor als Braut ihr bester seit dem Kinohit »Cleopatra« war, der zweite Auftritt der Ministerin Irmgard, genannt Irme, Schwaetzer dagegen ihr schlechtester seit dem Wiesbadener FDP-Parteitag im Herbst 1988. Da hatte sie, und das hatten wir Bonner Frauen ihr besonders übel genommen, ausgerechnet das Weibliche an sich hervorgekehrt, um ihren Aufstieg in der Partei voranzutreiben. Dort kandidierte sie gegen ihren Lehrmeister und Förderer Otto Graf Lambsdorff für das Amt des Parteivorsitzenden. Sie verlor. Der wohl kalkulierte Satz aber, der die Delegierten doch noch auf ihre Seite bringen sollte, blieb an ihr hängen. Irmgard Schwaetzer empfahl sich für den Parteivorsitz mit den Worten: »Ich bin schon immer eine Frau gewesen.«

Die Vorbehalte der Bonner Frauenwelt gegenüber der Karrierefrau Adam-Schwaetzer reichen in jene turbulenten Wochen des Jahres 1982 zurück, als der damalige Außenminister und Parteivorsitzende Hans-Dietrich Genscher zusammen mit FDP-Wirtschaftsminister Otto Graf Lambsdorff den Ausstieg aus der sozialliberalen Koalition provozierte. Nach 13 Jahren Regierung mit den Sozialdemokraten zwangen Genscher und Lambsdorff ihre Partei innerhalb weniger Wochen zur Kehrtwende Richtung CDU/CSU. Das hieß: Schluss mit sozialem Gesülze, zurück in die gute alte Adenauer-Zeit, als die FDP sich als CDU-Anhängsel und wirtschaftsnahe Klientelpartei über der 5-Prozent-Klausel hielt.

Die meist links-liberal orientierten Frauen in der FDP-Bundestagsfraktion waren empört. Sie könne doch nicht einen Bundeskanzler Helmut Schmidt abwählen, dem sie erst wenige Monate zuvor ihr Vertrauen ausgesprochen hatte, zürnte die Grande Dame der Freidemokraten Hildegard Hamm-Brücher. Konsequent verließen sie und andere liberale Frauen noch vor dem Koalitionswechsel die Regierung.

Nur eine FDP-Frau, die sich bisher mehr auf den hinteren Bänken des Bundestages aufgehalten hatte, machte den Schwenk hin zu den Christdemokraten klaglos mit. Auf dem Wendeparteitag der Freidemokraten 1982 in Berlin präsentierte sich Irmgard Schwaetzer als Protagonistin des Großen Vorsitzenden Genscher und Anhängerin des strammen Marktwirtschaftskurses Otto Graf Lambsdorffs. Der Lohn kam prompt. Noch in Berlin wurde sie zur Generalsekretärin gekürt.

Mit ihrem Blitzstart in Berlin hatte Irmgard Schwaetzer die lose Solidarität, die es zwischen den Bonner Frauen gab, aufgegeben. »Ich habe früh gelernt, in männlichen Kategorien zu denken und mich entsprechend zu verhalten«, zitierte sie später der Bonner Journalist Reimar Oltmanns in einem Porträt über sie. Und das sei auch nicht zu vermeiden gewesen. Denn »schon der Ton in Bonn ist an Ruppigkeit nicht mehr zu überbieten«.

Also ging sie ihren Weg ohne frauenpolitische Ambitionen, »unterkühlt bis schnodderig, herb-sachlich bis zurückweisend«. Und nur in besonders brenzligen Situationen ließ sie erkennen, dass sie eine Frau war. Dann setzte sie eine »Mädchenpose mit schelmischem Lächeln« ein, so beobachtete der *Spiegel*-Reporter Jürgen Leinemann, die als Teil der öffentlichen Maske zu ihrem politischen Handwerkszeug gehört habe. Die Sympathien der Bonner Frauenriege für die Aufsteigerin mit den männlichen Meriten hielten sich jedenfalls in Grenzen. Auf sie wirke Irmgard Schwaetzer in ihren Herrenschnitt-Kostümen wie »Madame Mittelmanagement aus der Waschmittelbranche«, bemerkte süffisant die Bonner Autorin Sibylle Krause Burger (zitiert nach: Reimar Oltmanns, »Frauen an die Macht«, 1990).

Auf dem Parteitag der FDP in Suhl erlebte 1991 die staunende Welt, die dort allerdings ausschließlich aus einer Horde von Journalisten und Delegierten bestand, zum ersten Mal die neue Irme. Ein Jahr vor ihrer *Sat.1*-Hochzeitssause turtelte sie Händchen haltend mit Udo durch die langen, grauen Gänge des DDR-Erholungsheims für Bonzenfamilien im thüringischen Suhl. Beim abendlichen Treffen an der Bar des ehemaligen Erholungsheims, aus deren Plaste-Verkleidungen noch der unverwechselbare Mief sozialistischer Einheitsreinigungsmittel kroch, gab es kein anderes Thema. »Ich finde, sie benimmt sich absolut albern«, urteilte ein FDP-Delegierter und fand, dass dieses Geturtele nun gar nicht zu der strengen Parteifreundin passe und dass ihr das wohl den Rest geben werde. Was er damit meinte, ließ er offen. »Ist doch mal etwas anderes in unserem verdrucksten Bonn, einen Beischlaf öffentlich anzukündigen, als immer diese verlogene Moral hochzuhalten«, hielt Maya, die neben mir saß, ihm entgegen. »Aber das muss ja nicht derart kitschig ablaufen«, sagte ich, »die nimmt doch nie mehr jemand ernst.« – »Nein«, stimmte ein FDP-Mann zu, »die Irme, die nimmt nie mehr jemand ernst.«

Einige Monate später verkündete die verliebte Bauministerin der Welt, dass sie mit Udo, standesamtlich verbürgt, den Rest ihres Lebens verbringen wolle. Ihre Flitterwochen hätten sie schon »vorzeitig ausgelebt«, erfuhren die Leser der bunten Blätter.

Dabei entdeckte Irme ein zweites Mal, dass ein wenig Frauensolidarität oder auch nur Interesse an Frauenpolitik ihr gut stände. Wie gut auch ihr Einsatz für die Sache der Frauen gemeint war – er ging daneben. Im September 1991, Irme war 49 Jahre alt, musste die frisch geschiedene Ministerin zum Schwangerschaftstest. Das Bonner Ehegesetz schrieb damals noch vor, dass bei einer erneuten Heirat der Frau innerhalb von zehn Monaten zu prüfen sei, ob nicht noch Folgen der alten Ehe zu erwarten seien – und das unabhängig vom Alter der Braut. Ein Unding von Gesetz. Irme nutzte es für eine publicityträchtige Aktion. Die knapp 50-jährige Bauministerin stiefelte, gefolgt von einer Horde Boulevard-Journalisten, zum Gynäkologen, ließ sich untersuchen und forderte forsch vor allen erreichbaren Mikrofonen: »Diese Vorschrift gehört abgeschafft.« Schnitt, Kamera aus. Weiter um dieses Problem gekümmert hat sie sich dann allerdings nicht mehr.

Noch einmal nahm Irmgard Schwaetzer, jetzt als die Frau vom Udo, einen Anlauf, ihre Karriere als Politikerin fortzusetzen. Als zu Beginn des Jahres 1992 der kränkelnde Langzeit-Außenminister und Schwaetzer-Förderer Hans-Dietrich Genscher bereit war, sein Amt zu räumen, brachte sich seine politische Ziehtochter nicht ohne Chancen ins Gespräch. Für Udo Philipp rückte ein Traum in erreichbare Nähe. Als Außenminister- und Vizekanzlergatte durch die Welt jetten, mit den Großen an festlich gedeckten

Tafeln Champagner schlürfen, bei Staatsbesuchen Prinzessinnen und Königinnen tief in die Augen schauen – das wär's gewesen. Gut gelaunt sagte Frau Schwaetzers Gatte in den Tagen vor der Entscheidung in Bonner Kneipen voraus: »Wir werden Außenminister.«

Natürlich hörten auch wir von Udos Prophezeiung. »Ich weiß wirklich nicht, wie ich darüber berichten soll«, fragte sich Maya auf dem Treffen des Hintergrundkreises im Frühjahr 1992. »Wir können uns nicht einfach nur lustig machen«, meinte Anke, »auch wenn die beiden völlig überdrehen. Immerhin wäre das schon was, eine Frau als Außenministerin und Vizekanzlerin.« – »Und was sollen wir daraus machen, dass wir dann auch einen Vizekanzler namens Udo Philipp bekommen?«, fragte Karla. »Wenn die in ihrer Midlife-Krise nur nicht an einen solchen Hallodri geraten wäre«, wünschte sich Gerda etwas, das nicht mehr zu ändern war. »Und was machen wir? Hauen wir sie in die Pfanne oder nicht?«, wollte Maya schließlich wissen. »Mein Chef nervt mich damit die ganze Zeit. Und ehrlich gesagt, mir fehlen die Argumente, es nicht zu tun.«

Schließlich hatten wir uns zu einem Kompromiss durchgerungen. Wir wollten ein bisschen Frauensolidarität üben und uns zurückhalten. Genützt hat es nicht. Mit Tricks gelang es Schwaetzers Intimfeind Jürgen Möllemann, die Kandidatin des Parteivorstandes zu verhindern. »Du intrigantes Schwein«, beschimpfte ihn Irme nach verloren gegangener Abstimmung und rannte mit feuchten Augen aus dem Fraktionssaal. Außenminister wurde wieder ein Mann: Klaus Kinkel.

Irmgard Schwaetzer erinnerte sich am 3. August 2008 im *Stern* in der Rubrik »Was macht eigentlich …«:

Einen Tag lang konnten Sie sich als Nachfolgerin von Hans-Dietrich Genscher als erste deutsche Außenministerin fühlen.
Irmgard Schwaetzer: Ja, es war ein Wochenende …

… bis im »Männerladen« FDP dann doch die Herren alles unter sich ausmachten.
Der Widerstand wurde auch unfair gefördert, wie das manchmal in der Politik so ist. Es wurde sogar gesagt, wie denn eine Frau als Außenministerin in Saudi-Arabien agieren würde. Zum Glück denkt man das heute bei Angela Merkel nicht mehr. Ich hätte mir das Amt auch zugetraut. Nach der Niederlage war ich sehr wütend.

»Du intrigantes Schwein«, haben Sie Jürgen Möllemann entgegengeschleudert.
Das habe ich eher geflüstert, ich bin nicht stolz darauf. Möllemann und ich haben uns übrigens ein Jahr später ausgesöhnt.

Nervt es, dass dieser Ausspruch noch immer mit Ihnen in Verbindung gebracht wird?
In solch einer Situation denkt man nicht nach. Aber ich wäre froh, wäre ich ihn los.

Viele kennen Sie unter dem Doppelnamen Adam-Schwaetzer.
Den trage ich seit 1991 nicht mehr. Aber ich bekenne mich zu meiner Lebensgeschichte, auch zu meinen Fehlern.

Ihr größter?
Das muss ich nicht erklären.

Interview: André Groenewoud

Eine gibt auf

»Einmal mehr aufstehen als hinfallen« – diesen Sinnspruch gab Bonns konservative Feministin Rita Süssmuth uns jungen Bonner Frauen oft tröstend mit auf den Weg. Margarita Mathiopoulos und Heli Ihlefeld gelang dies, anderen nicht.

Die Ereignisse des 19. Oktober 1992 bedrückten uns Frauen in den Medien und in der Politik gleichermaßen. An diesem Tag fand die Verwalterin von Reihenhäusern in der Swinemündestraße im Bonner Wohnviertel Tannenbusch im ersten Stock eines ihrer Häuser die Leichen von Petra Kelly und Gert Bastian. Das Ergebnis der polizeilichen Ermittlungen: Gert Bastian hatte mit aufgesetzter Waffe seine im Bett liegende Lebensgefährtin Petra Kelly erschossen und anschließend sich selbst getötet. Kein Abschiedsbrief, nichts.

Die Bonner Gerichtsmediziner datierten die Tat auf den 1. Oktober. Was wirklich an diesem Tag in dem schlichten Bonner Reihenhaus geschah, wurde nie aufgeklärt. Fast drei Wochen lang blieben die Leichen der beiden Ikonen der grünen Bewegung in dem Reihenhaus im vornehmlich von Ministerialbeamten bewohnten Neubaugebiet Tannenbusch unentdeckt. Die 44-jährige Galionsfigur der Friedensbewegung Petra Kelly und der 69-jährige General a. D. Gert Bastian waren von niemandem vermisst worden. Die grüne Bewegung verdankte in ihren Anfängen dem Paar ihre Prominenz und ihren schnellen Erfolg. Doch dann widersetzte sich die auch international bekannteste Grüne Petra Kelly dem von ihrer Partei praktizierten Rotationsprinzip in der Fraktion. Sie wollte nicht einfach so ins Glied zurücktreten. Und auch ihr Lebensgefährte zerstritt sich mit der Partei. Als er diese schließlich verließ, hatten die politischen Freunde von einst beide fallen gelassen.

Die Liebesbeziehung zwischen der agilen, missionarisch getriebenen und oft bis zur totalen Erschöpfung arbeitenden jungen Frau und dem wesentlich älteren, immer militärisch straff neben ihr stehenden Mann war von Anfang an Stoff für süffisante Bemerkungen über eine Frau, die sich was traute. Ihr Tod machte eine Hetzjagd möglich. So stellte die *Bild*-Zeitung die Frage nach dem »Eifersuchtsmord« und wusste etwas über Petra Kellys »letztes Geheimnis«: Ein tibetischer Arzt sollte der Grund sein. Von Zerwürfnissen und Szenen mit Bastian war die Rede. Aber auch von Einsamkeit. An ihrem Grab bezichtigte eine Ex-Grüne die Partei der Mitschuld: »Viele von uns haben sich an Petra und Gert versündigt. Sie erfuhren nur noch Heuchelei.«

Claudia Roth, damals Pressesprecherin der Grünen, heute Bundesvorsitzende der Partei, weiß von der Angst, die Petra Kelly vor der Bonner Männerwirtschaft hatte.

Claudia Roth: »Die große Welt passte nicht nach Bonn«

Petra Kelly? Die hatte unglaubliche Angst vor diesem Bonn und dem ganzen Apparat, der sie nicht mehr ernst genommen hat. Das war sehr merkwürdig. Die bekannteste Grüne weltweit, über die seitenweise Artikel geschrieben wurden, interessierte in Bonn niemanden. Wenn sie zu Pressekonferenzen einlud, dann kamen immer weniger Journalisten. Der tägliche Betrieb in Bonn konnte sehr gehässig und sehr bös sein. Sie ist auch daran kaputtgegangen. In der Weltpolitik konnte sie Frieden nach draußen vermitteln, in der Fraktion der Grünen im Tulpenfeld gab es kaum Anknüpfungspunkte zu dieser Welt. Die große Welt passte nicht nach Bonn. Das war eine Tragik, die man nicht aufhalten konnte.

Diese Tragik beflügelte die Fantasie der Journalisten. »Habt ihr das gelesen?«, platzte Maya in das Treffen der »Rosa Federn« hinein. »Alice Schwarzer gibt Gert Bastian die alleinige Schuld an Petra Kellys Ende. Sie sagt, die Tragödie sei schlicht und einfach auf das tradierte Rollenverständnis Bastians zurückzuführen.« – »Klar ist er alleine schuld. Er hat sie ja schließlich erschossen«, bemerkte Anke nüchtern und stellte für sich klar:« Ich glaube, das war Mord.« – »Das glaube ich nicht«, widersprach Meike. »Petra hat doch mehrmals gesagt, wenn der Gert nicht mehr wolle, dann könne auch sie nicht mehr.« – »Und umgekehrt«, gab ich zu bedenken. »Die war so dünnhäutig«, fuhr Meike fort. »Und wie«, bestätigte Gisela. »Wenn die mich sah, bekam sie immer Schreikrämpfe, weil sie mit so einem Abschaum wie mir nicht reden wollte. Die hat sich auch schon sehr produziert mit ihrer Exzentrik.« Maya, die als Reporterin einer linksstehenden Zeitung Petra gut kannte, schloss unseren Meinungsaustausch ab: »Ich glaube auch nicht, dass sie sterben wollte. Kann schon sein, dass Bastian gegen ihren Willen gehandelt hat.«

Von meinem Magazin bekam ich den Auftrag, eine Reportage über die Einsamkeit von Frauen in Bonn zu schreiben und damit das dramatische Ende von Petra Kelly ein wenig zu erklären. Ich kannte einen Freund Petra Kellys, der bis zuletzt zu ihr gehalten hatte. Es war ihr Parteikollege Lukas Beckmann, der Geschäftsführer der Bundestagsfraktion. Gemeinsam mit ihm besuchte ich den Todesort des einstigen Vorzeigepaars der Grünen.

Wir betraten ein Haus, das mich mit seiner Unpersönlichkeit tief erschütterte. Selbst ein IKEA-Musterhaus hatte mehr Atmosphäre als dieses Reihenhaus in dem langweiligen Bonner Vorort Tannenbusch. Nichts, aber auch wirklich nichts ließ darauf schließen, dass hier zwei Menschen die letzte Zeit ihres Lebens verbracht hatten, die mit ihrem Geist die Welt revolutionieren wollten. Welch ein unfassbarer Gegensatz zwischen dem Charisma einer vor kämpferischen Ideen sprühenden Petra Kelly und der verstaubten Leere ihres Schreibtisches, der ohne persönliche Merkmale seiner Besitzerin trist in der hintersten Ecke des Wohnzimmers stand. Ich hatte immer geglaubt, dass die Wohnung eines Menschen viel über ihn aussagt. Dieses Reihenhaus aber erzählte nichts. Hilflos begann ich meine Reportage mit dem Satz: »Am Ende bleiben die Fragen.« *(Spiegel)*

Den Satz hatte Lukas Beckmann gemurmelt, als wir beide beklommen durch das Haus gingen. Er hatte noch am Todestag mit Gert Bastian telefoniert und nicht den leisesten Hinweis auf ein Motiv herausgehört. Beckmann blätterte in Petra Kellys Terminkalender. »Sie dir das an. Auf Monate alles voll.« Wir gingen durch die Terrassentür, an der Lukas Beckmann vergeblich nach Spuren eines gewaltsamen Eindringens suchte. Wir standen auf dem ungepflegten Rasen, schauten uns an und wussten um das schlechte Gewissen des anderen.

Jeder hatte Petra Kelly für sich und seine Interessen benutzt. Ihr Charisma, die Ausstrahlung eines schutzbedürftigen Schmetterlings, der gegen NATO-Raketen kämpft, nutzten wir Journalisten alle gerne. Als sie alleine war, als sie Schutz brauchte, hat ihr niemand beigestanden.

MODE MACHT

Insbesondere Geld, gesellschaftliche Akzeptanz, Ungebundenheit und Macht sind auch heute noch so ungleich verteilt, dass wir schlechterdings nicht behaupten können, Frauen rivalisierten unter gleichen Bedingungen.

Christine Bergmann, SPD-Frauenministerin

Zu Frauen hatte Helmut Kohl kein besonders inniges Verhältnis. Es sei denn, er brauchte sie für seine Machtspiele. Ende der 80er Jahre zeigten die Wahlanalysen, dass Kohls Christdemokraten bei der weiblichen Hälfte des Wahlvolks nicht mehr gut ankamen. Offenbar waren die Frauen auf dem besten Wege, sich auch in ihrem Wahlverhalten von ihren Männern zu lösen. Und in den Auseinandersetzungen um Gleichberechtigung und Selbstbestimmung der Frau rund um den Abtreibungsparagrafen 218 hatten die Konservativen sich nicht gerade als Interessenvertreter ihrer Wählerinnen gezeigt.

Als Helmut Kohl nach der ersten gesamtdeutschen Bundestagswahl Anfang 1991 daranging, seine erste gesamtdeutsche Regierung zusammenzustellen, war deshalb eines klar: Frauen mussten her, möglichst junge und auch noch möglichst aus den neuen Bundesländern im Osten. Eine nahm er gleich in sein Kabinett. Für Angela Merkel bastelte der Kanzler ein kleines Resteressort für Frauen und Jugend. Eine Zweite aus dem Osten, die ebenfalls auf Anhieb ein Bundestagsmandat errungen hatte, war noch zu jung für die Regierung. Claudia Nolte, 24, bekam eine fachlich entsprechende Position im Parlament. Sie wurde frauen-

und familienpolitische Sprecherin der CDU-Fraktion – und nach vier Jahren Nachfolgerin Merkels. Mit 28 Jahren wurde Kohls Mädel jüngstes Kabinettsmitglied aller Zeiten.

Kohls Blusenwunder

Gemeinsam saßen Anke, Gerda und ich im November 1994 im Presseraum des Bundeskanzleramtes, als der Kanzler seine Kleine als neues Regierungsmitglied vorstellte. Wir erlebten, wie der 100-Kilo-plus-Mann mit schweren Schritten, die den Boden erzittern ließen, ein schüchternes Mädchen vor sich her trieb, diesem einen Platz neben sich zuwies und dröhnte, das sei die neue Frauenministerin. Fassungslos betrachteten wir die zierliche Gestalt, die da neben dem Koloss am Rednerpult saß. Es war nicht das Mädchen mit den großen Augen, das dort unsicher hinter ihren starken Brillengläsern hervorlugte, das unsere Münder offen stehen ließ. Es war das Ungetüm, das die junge Frau um den Hals geschlungen hatte.

Claudia Nolte trug eine weiße Bluse mit riesigen Rüschen, wie sie zuletzt zu Zeiten Königin Victorias gesichtet wurde und die ein wenig an die Filmkleidung der drei Musketiere erinnerte. »Eine späte Rache der standrechtlich entsorgten DDR«, höhnte der *Playboy*. Von nun an wurde die Frauenministerin Claudia Nolte, egal was sie tat oder nicht tat, auf ihre Rüschen reduziert. Endlich wussten unsere männlichen Kollegen, worüber sie aus dem Frauenministerium berichten konnten: über Kohls Blusenwunder.

Wir Frauen merkten leider schnell, dass Claudia Noltes modische Entgleisung politische Folgen hatte. Der Rüschenbesatz, mit dem sie die Bonner Frauenpolitik verziert hatte, belebte Vorurteile und Klischees, gegen die wir kämpften. Rosig, strebsam, altklug, mal Schulmädchen, mal altmodische Tante, niedlich und adrett, ohne Ausstrahlung und Sex-Appeal – es gab von nun an viele Möglichkeiten, die oberste Verfechterin für Frauenrechte zu verrüschen. Die Bonner Männer konnten sich beruhigt zurücklehnen. Von dieser Frauenrechtsverfechterin in Kohls Kabinett drohte der Männerdominanz keine Gefahr. Wie auch, wie sie so neben ihrem bulligen Kanzler stand, den Blick nach oben gerichtet, »gegen den Himmel oder in die Weite oder dankbar zum Kanzler« (Mechthild Jansen: Das Claudia-Nolte-Phänomen, Bonn 1997, S. 206).

»Es war furchtbar«, findet Gisela auch 25 Jahre danach. »Es war ja nicht nur ihr Hang zu Rüschenblusen«, stimmt Lisa ihr zu. »Es war ihre grenzenlose Naivität.«

Claudia Nolte, die sehr jung geheiratet und ein Kind bekommen hatte, tat sich zunehmend schwer mit dem Spagat zwischen ihrem Bonner Promi-Leben und dem Zuhause in der Provinz im Osten. Fasziniert von ihrer Prominenz und den Privilegien, die das Bonner Ministerleben mit sich brachte, fand sie sich bald im Zwei-Personen-Zelt, in dem ihr Mann mit ihr an einem See in Thüringen urlauben wollte, nicht mehr zurecht. Immer seltener zog es sie zu ihrem Kind und ihrem Mann aufs Land. Und wenn sie reiste, dann nur mit Journalisten, die ihr Heim und ihren Mann am Herd besichtigen durften. Unaufhörlich plapperte die Frauen- und Familienministerin, die von den Kolleginnen der *taz* bald zur »Bundesministerin für Familie, Frauen, Jugend und Zimmerpflanzen« befördert wurde, von der Unauflöslichkeit der

Ehe, erfreute konservative Christdemokraten und katholische Kirche mit den Familienbildern vergangener Zeiten und verkündete strahlend, man müsse eine Ehe durchstehen, auch wenn sie wisse, dass die Ehe nicht nur »Sonnenseiten« habe. Mit 50 wolle sie, vertraute sie der *Bild am Sonntag* klischeegerecht an, »glückliche Großmutter sein«.

Später bestätigte Claudia Nolte eindrucksvoll unsere Vorbehalte gegen Kohls Quotenmädchen. Nur wenige Monate nach Kohls Wahlniederlage und dem Verlust ihres Ministeramtes 1998 ließ sich Claudia Nolte heimlich von ihrem Mann scheiden. Das Sorgerecht für ihren damals 11-jährigen Sohn wurde dem Vater zugesprochen.

Im *Almanach* des Bonner Presseballs diktierten die Journalisten-Kollegen der Familienministerin Claudia Nolte einen Brief an die »Liebe Mutti« in die züchtige Feder. »Betroffen gemacht hat mich, dass du mir unsittlichen Lebenswandel vorhältst«, heißt es da. Es sei gar nicht so leicht gewesen, die männlichen Kollegen dazu zu bringen, dass »in den Kabinettssitzungen die Hände auf dem Tisch bleiben«. Sicher, es gäbe auch Rückschläge. »Aber es ist ungerecht, wenn du mich dafür verantwortlich machst, wenn Onkel Theo (Waigel) und dieser Herr Lafontaine mit jungen Frauen erst in Sünde leben, viel zu spät heiraten und dann auch noch Kinder kriegen. Glaub mir, ich weiß nicht, wie die das gemacht haben. Und wenn es eine Möglichkeit gegeben hätte, ich versichere dir, ich hätte mich dazwischengeworfen. Ich kämpfe ganz alleine in diesem Sündenbabel. Doch ich werde tapfer und eisern bleiben, wie diese kämpferische Französin damals. Deine Familienministerin.«

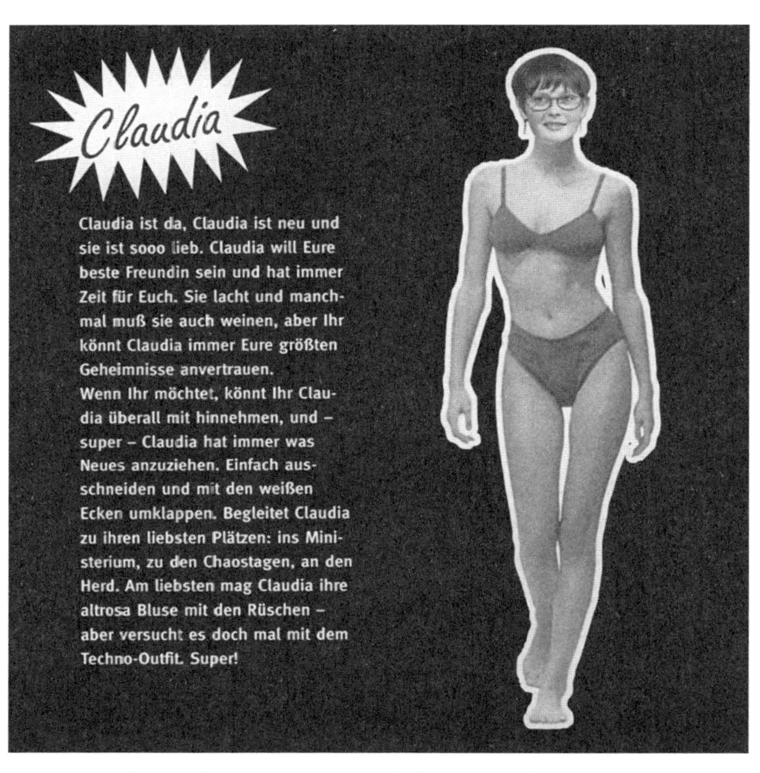

Almanach zum Bonner Presseball, 1995, »Hofburg Bonn«
Claudia Nolte

Uns Frauen fiel es schwer, die Ministerin, die eigentlich die Unsere sein sollte, gegen solche Boshaftigkeiten zu verteidigen. »Wenn wir ganz ehrlich sind, gehen doch auch wir mit ihr so kritisch um, weil sie sich so unmöglich präsentiert. Natürlich ist das politische Parkett kein Laufsteg, aber man muss ja nicht gleich darauf rumrutschen wie Klein-Claudia«, beschrieb Anke bei einem gemeinsamen Mittagessen treffend unsere Schwierigkeiten, uns mit dieser jungen Frau, die aus durchsichtigen Gründen auf konservativ machte, zu solidarisieren.

Anziehpüppchen

Es waren die edlen Kleider, die Gottfried Kellers Schneidergesellen Wenzel Strapinski zu Ansehen und Wohlstand verhalfen. Dass auch in Bonn nicht selten Kleider Leute machten, das erfuhren vor allem die Frauen in der Bonner Republik. Wie Claudias Rüschenbluse ihr Dasein als Politikerin bestimmte, prägte das, was Frauen in Bonn am Leib trugen, an den Füßen oder auf dem Kopf, auch das Image anderer Politikerinnen ganz entscheidend. Die Männer hatten – und haben – es da einfacher mit ihrer Berufskleidung. Wer eine Krawatte binden kann, der hat schon das Ärgste überstanden. Alles andere ist uniformiert. Dunkler Anzug und passt.

»Manchmal habe ich das Gefühl, dass unsere Politikfrauen bis heute um den Ehrenpreis des hässlichsten Entleins wetteifern«, spekuliert Anke beim Eifler Mittagessen. »Wenn eine Frau ein öffentliches Amt bekleidet«, sprachwitzelt Gerda, »dann hat sie auch immer sofort ein Modeproblem mit ihrer eigenen Bekleidung.« – »Aber warum nur die Frauen?«, will ich wissen, »warum sind gerade Politikerinnen immer noch Ganzkörpernachrichten?«

Susann von Lojewski, damals *Sat.1*, heute Planung/Chefin vom Dienst bei »Mona Lisa« *(ZDF)*, findet es einfach unmöglich, dass Frauen nach ihrem Outfit, nicht nach ihrem Können beurteilt werden.

Susann von Lojewski: »Wer einen kurzen Rock trägt, versteht nix von Politik«

Als Frau musste man schon zu den Langgedienten gehören, um in die Männerdomänen vorzustoßen. Gut erinnere ich mich noch an eines der Hintergrundgespräche beim damaligen Innenminister Manfred Kanther: nur Männer – eine Frau, und die im kurzen Rock, denn es war Hochsommer. Heiß wurde ihr dann trotzdem bei jeder Frage, die sie stellte. Denn mit anzüglichen Blicken auf ihren kurzen Rock signalisierten ihr die Kollegen, dass es für sie eigentlich nicht opportun sei, überhaupt an der Debatte teilzunehmen. Geradezu so, als habe man als kurze Röcke tragende Frau nun wirklich keine Ahnung von Themen wie Innere Sicherheit, Rechtsradikalismus und Terrorismus.

Benedicte Maegaard erzählt heute eher amüsiert über einen »pinken« Fehltritt.

Benedicte Maegaard: »Bitte nicht in Pink«

Ich hatte bis zu diesem Erlebnis in Bonn nie darüber nachgedacht, was Kleidung bewirken kann.

Als ich zu einer großen offiziellen Sitzung sollte und mir ein nettes, elegantes, pinkfarbenes »Ensemble« (Jacke und Rock) angezogen hatte, wurde ich betrachtet, als sei ich dem Zoo entsprungen. Zu meinem Entsetzen musste ich feststellen, dass ich – am Ende des Tisches sitzend – sehr auffiel, weil all die anderen (Männer) in Grau und Nadelstreifen gekleidet waren. Ich wurde die ganze Zeit angeschaut und taxiert – so als sei ich total underdressed. Ich habe aber dennoch weiter bunt getragen. Ich wollte mich nicht im schwarzen Kostüm so sehr anpassen, dass ich im Einheitsbrei unterging.

Von Frauen kriege ich oft Komplimente für meine Farben in Kleidern – aber die meisten in gleichen Berufen ziehen sich selbst schwarz, grau, mit Nadelstreifen oder beige an. Irgendwie war es in Bonn und heute in Kopenhagen schwer, als Frau den Mut zu haben aufzufallen.

Hüte, Fliegen und Turnschuhe

Es war ein offenes Geheimnis in Bonn, dass die Frauen von den männlichen Pressefotografen häufig weniger vorteilhaft abgelichtet wurden als die Männer. Wann immer sie eine Frau in einer schlechten Pose erwischten, wurde dieses Foto publik gemacht.

Darunter litt in diesen Jahren besonders eine, die es politisch so weit gebracht hatte wie kaum eine andere zuvor. Heide Simonis war die Vorzeige-Frau der SPD, jüngste Abgeordnete im Bundestag, einziges weibliches Mitglied des Haushaltsausschusses, Finanzministerin und erste Ministerpräsidentin in der Bundesrepublik. Erfrischend frech, mit einer Prise Optimismus stellte sich Simonis ihrer Aufgabe und wurde nicht müde zu betonen, dass Weiblichkeit noch immer wie ein »Defekt« wirke, »der durch besondere Leistungsfähigkeit überkompensiert werden müsse«. Und dazu war sie so sehr bereit, dass ein Journalistenkollege öffentlich die Frage stellte: »Ist Heide Simonis eine Frau?«

Sie war es und sie unterstrich diese biologische Tatsache mit typisch weiblichen Accessoires: mit Hüten. Ihr oft gewagter Kopfschmuck wurde schnell zur Legende. Ihren mutigen Einsatz für Mode in der Politik hat sie nie ganz aufgegeben, auch nicht in den modernen Zeiten der Internetkommunikation. Heide Simonis postete bei »Tiefe Einblicke« am 30. März 2010:

Heide Simonis: Mut zum Hut

Mein Kleidungsstil hat sich im Laufe des Erwachsenenalters natürlich geändert. Mit zunehmendem Alter wurden meine Klamotten immer zurückhaltender, also weniger blumig, verziert, bestickt, keine Folklore mehr. Eher Hosen, T-Shirts, Pullover, Blusen und Blazer. In meiner Zeit als Finanzministerin und als Ministerpräsidentin musste ich immer etwas anhaben, das man notfalls von 8 Uhr morgens im Büro bis 10 Uhr abends bei einer Veranstaltung tragen konnte. Über solche sogenannten Dresscodes habe ich mich aber auch gern mal hinweggesetzt, indem ich in Jeans ins Büro und in den Landtag ging. Allerdings habe ich gelegentlich den etwas lässigen Eindruck mit Blazern abzumildern versucht.

Einige solcher Dresscodes habe ich für mich selbst jedoch öfter auch verschärft. Keine zu kurzen Röcke, keine zu engen Röcke, keine zu hohen Absätze, keine tief ausgeschnittenen und durchsichtigen Sachen, keine Rüschen und Spitzen. Das ist etwas, das jede Frau, die Karriere machen will, sei es in der Wirtschaft oder in der Politik, durchaus bedenken muss. Nicht ohne Grund sind dort die schwarzen Hosenanzüge für Frauen der Renner. Sie haben immerhin den Vorteil, dass keiner unter dem Vorwand Kritik üben kann: »Ich habe ja gar nichts gegen sie, aber die Klamotten, die sie trägt, sind unmöglich.« Darüber konnte man sich bei mir also, außer über meine Hüte, kaum unterhalten.

Ich habe bei meiner Kleidung auch ganz bewusst durch Accessoires weibliche Akzente gesetzt, durch Hüte, Schmuck, Schals, Handtaschen und Schuhe. Wenn man schon mit den Klamotten eher schlicht ist, dann darf man gern Hut und Ketten darüber tragen. Seit meiner Zeit in Japan trag ich sehr gern Perlenketten. Meine erste Perlenkette kostete irre viel Geld. Von heute aus betrachtet war sie aber geradezu preiswert.

Es gibt ein Kleidungsstück, das ich gern getragen hätte, mir aber aufgrund meiner Ämter selbst verboten habe: das kleine schwarze Kostüm. Die Kostüme, die ich trug, waren zwar nicht altmodisch oder tuntig, aber sie waren immer so, dass der Rock nicht zu kurz und nicht zu eng war. Ich hätte viel lieber ein Kostüm mit taillierter Jacke, kleinem Dekolleté und Schößchen getragen.

Der ideale Hut für mich hat zuerst mal was mit dem gelegentlich deftigen Wetter in Schleswig-Holstein zu tun. Er hat eine hübsche Krempe und geht bis an die Ohren, damit er nicht von dannen weht und die Haare halbwegs zusammenhält. Ausgefallene Abendhüte

Almanach zum Bonner Presseball, 1997, »Bonnzessionen«, Heide Simonis

kann ich dagegen nicht gut tragen, da ich, gemessen an meinen Schultern, einen relativ schmalen Kopf habe. Wenn ich da so etwas draufsetze, sieht das eher komisch aus. Breite Schultern, langer Hals, schmales Gesicht, und dann kommt da oben drüber ein breiter Hut – das geht nicht. Mir stehen aber die 20er-Jahre-Glocken gut. Ich trage oft Hüte, im Winter und bei schlechtem Wetter allemal. Und natürlich bei offiziellen Veranstaltungen. Ich besitze etwa 20 Hüte. Einige davon muss ich neu aufputzen lassen, weil sie so schön sind oder auch so teuer waren, dass man sie nicht gleich weitergeben kann. Und dafür gibt es ja begabte Hut- und Putzmacherinnen. In Kiel gibt es ein kleines Hutgeschäft mit einer pfiffigen Modistin, die sehr schöne eigene Sachen macht, einen gebrauchten Hut aber auch gern umarbeitet. Dort finde ich also alles, was ich brauche.

Früher, als ich so gut wie keine Zeit zum Stöbern hatte, habe ich aus Geschäften oft die Sachen mitnehmen und in Ruhe zu Hause anprobieren dürfen. Es gibt Geschäfte, in denen einzelne Verkäuferinnen auch heute noch, nach vielen Jahren, genau wissen, was ich gern trage. Und ich weiß von denen, was sie so haben. Ich gehe auch gelegentlich in Secondhand-Läden, weil man für ganz modische Sachen, die man nur eine Saison trägt, nicht den vollen Preis zahlen braucht. Die Mode ist, wie ich finde, über die Zeit demokratischer geworden.

Wir empfanden das damals mitnichten so. Anke schlug uns einmal vor: »Wir sollten einmal über die Kleidung der Männer schreiben. Über die mit den Hochwasserhosen, den schrecklichen Krawatten, den verkrumpelten Kragen und den über dem Bierbauch spannenden Jacketts. Und dann sollten wir uns auch gleich unter ästhetischen Gesichtspunkten ansehen, was unter den Jacketts steckt und was oben rausguckt.« Wir fingen gleich damit an und spekulierten darüber, welcher der Politikerherren sich wohl die Haare färbte, wer dringend ein Toupet benötigte und was das ständige Tragen von Fliegen über den Fliegenträger aussagte. Was verband SPD-Wohnungsbauexperte Peter Conradi mit Postminister Heinz Riesenhuber – außer der Brummer am Hals?

Besonders interessant war es, die Grünen zu beobachten, die ihre Aufmachung ganz bewusst in den Dienst ihrer politischen Sache stellten. Allen voran ihr Leitbild, Vordenker und erster Karrierist der Partei Joschka Fischer. 1985 legte er seinen Eid als Hessens Umweltminister ab. Die Tatsache an sich war schon aufregend genug. Aber dann legte diese freche Öko-Plaudertasche ihren Amtseid auch noch in unziemlicher Kleidung ab. »Ich schwöre, dem Volk zu dienen« in Jeans und Turnschuhen. So etwas hatte die Republik noch nicht gesehen.

Wer allerdings genauer hinsah, der konnte erkennen, dass der später als Außenminister in feinstes Tuch gehüllte Joschka als Turnschuhträger schon in Bonn als selbstverliebt und eitel galt. Denn als Fischer im hessischen Landtag seine Finger zum Schwur hob, da hatte er die Lebensphase in abgelatschten Turnschuhen schon längst hinter sich gelassen. Bei dem Mediengag im hessischen Landtag handelte es sich dann auch keineswegs um schräge Jugendtreter. Minister Joseph genannt Joschka Fischer trug zum qualitativ und preislich exzellenten Tweed-Sakko besonders teure Markenturnschuhe.

Wer als Politiker mit Mode Politik machen wollte, musste drei Grundregeln beachten (nach *Die Welt*: Wie man als Politiker modische Akzente setzt – und wie nicht): Erstens Kontinuität. Hans-Dietrich Genscher (FDP) trug jahrein, jahraus einen quietschgelben Pullunder. Er wurde sein Markenzeichen. Zweitens Symbolik. Genschers Pullunder war nicht nur grell, sondern hatte auch die Farbe seiner Partei. Wie der rote Schal, der den damaligen Präsidenten des Berliner Abgeordnetenhauses Walter Momper (SPD) bis heute von Weitem erkennbar macht, und zwar als Sozi. Drittens war auf das Timing zu achten. Wenn sich eine modische Auffälligkeit mit einem Amtsantritt oder mit einem historischen Ereignis verbindet (siehe Turnschuhe), dann kann das Accessoire selbst zu einem politischen Symbol aufsteigen. So weit die Männer.

Für Frauen galten diese Regeln natürlich nicht. Wenn eine von ihnen es wagte, schrill daherzukommen, dann galt das als pure Provokation. Die grüne Spitzenfrau Claudia Roth liebt es, unbekümmert Hosen und Kleider mit Schals und Accessoires aufzupeppen und dann und wann mit einer Haarfarbe zu überraschen, die zu ihrer Kleidung passt. In ihrer Aufmachung kommt sie trotzig und kampfeslustig daher, nach dem Motto: »Seht her, ich bin anders als ihr Spießer.«

Ihre mitunter mehrfarbigen Frisuren und der meist knatschbunte Kleidermix sorgen regelmäßig für Hohn und Spott. Der Satiriker Wiglaf Droste, zu dessen Lieblingsopfern Roth seit Jahren zählt, schrieb im April 2002 in der *taz*: »An Claudia Roth stimmt wahrhaft nichts. (...) Die Bayreuther Wagner-Festspiele besuchte sie in so heillos aufgemaschelter Garderobe, dass im Umkreis von 30 Kilometern die Blindenhunde knurrten.«

Das ging unter die Gürtellinie und tut immer noch ein wenig weh, gibt Claudia Roth, damals Pressesprecherin der Grünen, heute Bundesvorsitzende, zu:

Claudia Roth: »Der rote Kampfklamotten-Mantel«

Erinnern Sie sich an ein besonders eindrucksvolles Erlebnis, als Sie nach Bonn kamen?
Claudia Roth: Ja, an meine roten Schuhe mit dem Schleifchen. Ich bin nach Bonn ja als Arbeitssuchende gekommen. Ich war Managerin der Rock'n'Roll-Band um Rio Reiser, »Ton, Steine, Scherben«, gewesen. Als deren »Aus« in der *taz* verkündet wurde, stand direkt neben diesem Artikel eine Anzeige, dass die Grünen eine Pressesprecherin suchen. Der Bandleader sagte, das kann kein Zufall sein, da musst du hin. Aber so einfach war das gar nicht. Wie bewirbst du dich als Managerin einer Anarcho-Band bei einer Partei? Ich meine, sollte ich Zeugnisse vorlegen, von den »Toten Hosen« oder von Marianne Rosenberg? Ich schrieb also einen zehn Seiten langen Brief und schickte ein paar Platten meiner Band mit. Die nahm dann der damalige Geschäftsführer Michael Vesper mit in seine Männer-WG. Denen gefiel wohl einiges von der Musik.

Und wie haben Sie sich für das Vorstellungsgespräch gekleidet?
Zum Bewerbungsgespräch habe ich mich absichtlich nicht so »öko« angezogen, sondern ein schwarzes Lederkostüm mit Nieten und ziemlich hohen Stiefeln. Ich wollte mich da nicht irgendwie blöd anbiedern. Hat ja auch geklappt. Und dann kam meine erste Pressekonferenz. Wir Grünen waren damals die absoluten Exoten. Ernst genommen hat uns so richtig niemand. Und so wurde auch keine Sekunde über das Thema meiner Pressekonferenz – ich kann mich auch nicht mehr daran erinnern – geredet oder berichtet. Die Zeitungen waren voll mit Kommentaren eben über meine roten Schuhe mit den Schleifchen.

Aber Sie hatten Bonn dann doch noch mehr zu bieten als ein Paar rote Schuhe?
Der Büroleiter einer großen Tageszeitung hat mich dann so väterlich beiseitegenommen und gesagt: Claudia, ich erzähl Ihnen mal, wie das hier so läuft. Zusammengefasst hat der mir eigentlich nur geraten: Bloß nicht frech werden. Wir Frauen und wir Grünen-Frauen allemal waren komplett fremde Wesen im Bonner Tulpenfeld. Frausein, das bedeutete in diesem Umfeld ein Einbruch in die totale Männerwelt. Und wer als Frau dann auch noch gegen die Norm verstieß, der oder besser die brauchte eine Menge Mut und manchmal auch Wut.

Sie sind immer durch Ihr Outfit aufgefallen. War und ist das Absicht?
Ich komme vom Theater, ich habe ja Theaterwissenschaften studiert. Rollenspiel mit Kostüm und Maske gehörte bei mir schon immer dazu. Und jede Rolle ist nur gut, wenn du dich nicht dahinter versteckst, sondern sie lebst. Ich wollte immer ich sein und nicht in irgendeiner grauen Vereinskutte verschwinden.

Das passte natürlich damals auch zum Status der Grünen. Auch unsere Männer machten den Bonner Dresscode nicht mit. Als einer von uns mal im Sommer mit einer kurzen Hose in den Bundestag kam, gab es irrsinnige Debatten. Mich haben häufig Bonner Männer angesprochen und mir den gut gemeinten Ratschlag gegeben, ich sollte mich doch ein bisserl weniger bunt kleiden.

Aber das kam nicht in Frage?
Da habe ich gedacht: jetzt erst recht, ihr könnt mich mal. Seither habe ich meine Kampfklamotten. Zum Beispiel meinen Kampfmantel in Rot. Wenn ich den trage, das gibt mir Kraft, und wenn dann Häme oder sonst was auf mich einstürzt, dann ist das wie ein Panzer. Kostüm und Rolle können dann auch mal schützen.

Wie waren die grünen Männer denn so?
Da gab's einen »Machoismus-Leninismus«. Und natürlich hatten wir auch Männer, die sich in ihrer Macht suhlten und ihre Macht zu allem möglichen nutzten – oder besser gesagt ausnutzten. Als Pressesprecherin war das manchmal ganz schwierig. Wenn ich die dann zu aktuellen Ereignissen zu spontanen Pressestatements bewegen wollte, dann waren die nicht auffindbar. Jedenfalls in ihren eigenen Wohnungen nicht. Handys waren ja noch nicht verbreitet, da musste ich dann überall hinterhertelefonieren. Dort, wo ich vermutete, dass die Herren sich aufhielten. Das gab manchmal ziemlich böses Blut. Aber das war damals in jeder Partei so.

Haben Sie sich einen Panzer zugelegt?
Ich will keinen Panzer, ich will nicht, dass man mich nicht mehr berühren kann, dann bin ich nicht mehr ich. Dann trifft mich ja auch nichts mehr. Dann wäre es auch nur eine Masche mit der Kampfmantelshow, das will ich nicht. Aber über uns Frauen sind die übelsten Fantasien ausgeschüttet worden, und das geschieht bis in die heutige Zeit. Anstatt sich politisch mit uns auseinanderzusetzen, wurden wir immer wieder und sehr laut wegen unserer Weiblichkeit angegriffen. Und das auch von der linken Presse. Ein Beispiel. In der Rubrik »die Wahrheit« in der *taz* hat Wiglaf Droste vor noch nicht allzu langer Zeit geschrieben, dass die feisten Oberschenkel der Claudia Roth ihn an die Twin Towers in New York erinnern würden. Kurz gesprochen: Da sollte man reinbomben. Wenn Sie so etwas über sich lesen, das kann man kaum aushalten. Das geht über normale sexistische Träume und Fantasien hinaus, das ist mentale Körperverletzung.

Ein anderes Beispiel. Die Frauen, die sich damals für ein Gesetz gegen die Vergewaltigung in der Ehe eingesetzt haben, mussten wahnsinnig viel ertragen. Waltraud Schoppe gehörte dazu. Ich habe immer bewundert, wie die das ausgehalten hat. Wenn die da vorne im Bundestag am Pult stand, haben die Männer regelrecht mit Dreck geschmissen. Die haben Witze gerissen darüber, wie sie ihr Haar trägt, über ihre Figur, über ihr Gesicht, darüber, dass sie es unbedingt mal besorgt bräuchte und was ihr wohl im Bett fehlen würde.

Als wir nach Tschernobyl den Antrag stellten, die Muttermilch auf Kontaminierung hin zu untersuchen, da gab es eine Schenkelklopfnummer nach der nächsten. Unser Busen wurde kommentiert, was man mit diesen oder der Muttermilch darin alles machen könnte, das waren echte Drecksfantasien. Dabei ging es wirklich um eine ernste Sache.

Gab es auch geschmackvollere Kritik an Ihnen?
Na ja, vielleicht witzige. Über Harald Schmidt konnte ich lachen. Er gab mir mal folgenden Titel: Eichhörnchen auf Ecstasy.

ICH MELDE MICH, MEIN SCHATZ – SEX UND SAUFEN

Die Männer sind natürlich alle dafür, dass mehr Frauen in der Politik tätig sein sollen. Vorausgesetzt natürlich, es handelt sich nicht um die eigene Frau.

Konrad Adenauer

Im Vergleich zu den echten Hauptstädten dieser Welt wie London oder Paris war unsere provisorische Bundeshauptstadt Bonn angeblich eine verschlafene Beamtenstadt. Ein Bundesdorf eben, dem durch Zufall eine Regierung übergestülpt worden war. Aber wie an allen Regierungssitzen repräsentativer Demokratien dieser Welt, in denen sich entwurzelte Abgeordnete, Diplomaten und Lobbyisten durch die Nächte quälen, erlebte auch Bonn seine Geschichten: von einsamen Männern und Thekendramen, von betrogenen Frauen und Rotlichtfreuden.

Weil Bonn aber eben doch ein Dorf und überschaubar war, wurde von all dem mehr bekannt als in den unübersichtlichen Metropolen. Wir alle kannten viele dieser kleinen und großen Dramen, die sich hinter der blank geputzten Bonner Fassade abspielten.

Da hatte doch ein Bonner Kollege seine Geliebte bei der Ehefrau untergebracht und dieser erklärt, sie sei eine Praktikantin, die keine Bleibe in Bonn gefunden habe. Ein Minister pflegte ein Verhältnis mit einer Pressefotografin, indem er ihr die feinsten, aus den Bundesetats bezahlten Aufträge zuschanzte. Ein Abgeordneter mit Frau und Kindern im fernen Eigenheim wurde von der Polizei überrascht, als er in seinem kleinen BMW im Regierungsviertel seine Sekretärin vernaschte. Angeblich hatte der erwischte Familienvater, wie Lisa uns höchst amüsiert in der Eifel in Erinnerung ruft, die peinlich berührten Polizisten auch noch angefahren: »Nehmen Sie erst einmal Haltung an, wenn Sie mit mir reden!« Ob ihm das selbst gelungen ist, in dem kleinen Auto und mit heruntergelassener Hose, das ist nicht überliefert.

Auch 25 Jahre später rätseln wir in der Eifel an dem Wahrheitsgehalt der gerne erzählten Geschichte über einen der höchsten Würdenträger Bonns herum. Dieser soll in der Bonner Südstadt regelmäßig mit schwerem Schritt die Treppe zur Dachgeschosswohnung seiner ebenso bekannten wie engsten Mitarbeiterin hochgestapft sein. Angebliche Zeugen dafür wohnten in demselben Haus. In seiner 2011 erschienenen Biografie über Hannelore Kohl, 41 Jahre als Gattin an der Seite von Helmut, streift Herbert Schwan diesen Klatsch. Der *Spiegel* fasst zusammen: »Es war in Bonn eine Quelle ständigen Geredes und Gemurmels, als der Kanzler mit seiner Büroleiterin Juliane Weber gemeinsam ein Haus bezog. Dass auch Hannelore Kohl dort offiziell wohnte, machte die Sache nach Meinung derjenigen, die sich dafür interessierten, nicht weniger verfänglich. Am Ende sah sich Kohl gezwungen, die Wohngemeinschaft aufzulösen, auch weil ihm Freunde energisch ins Gewissen redeten. Überliefert ist die Ermahnung des damaligen BDI-Vorsitzenden Hanns Martin Schleyer an den Kanzler: »Das Zigeunerlager muss weg, einschließlich der Marketenderin.« Die *Bunte* sprach von Kohls Ehe als einer »Zweckgemeinschaft, bei der man sich nur fragt, welchem Zweck sie eigentlich dient.« Der *Spiegel* hielt es 1982 für einen Liebesdienst der schon seit Mainzer Tagen waltenden Kohl-Referentin Juliane Weber, dem Kanzler »auch die (Frühstücks)eier aufzuschlagen«.

Und dann gab es natürlich diese geheimnisvollen Dienstfahrten zu nächtlicher Stunde, die in den Fahrtenbüchern der Fahrbereitschaft häufig mit etwas ominösen Zielangaben verzeichnet wurden. Diese Dienstfahrten endeten immer vor Häusern mit Apartments, die jeweils von einer leicht bekleideten Frau bewohnt wurden. Viele Fahrer der Bonner Dienstwagenflotte kannten nicht nur die Adressen sämtlicher Bonner Puffs, sie wussten auch über die sexuellen Vorlieben ihrer nächtlichen Fahrgäste Bescheid. Wolfram Bickerich, Ex-*Spiegel*-Redakteur aus Bonn und heute freier Autor:

Wolfram Bickerich: Bonner Amouren

Enthüllungsjournalisten stürzen sich gern – das ist die Natur der Dinge – auf die nächste Affäre der Politiker. Politiker und Journalistinnen – auch dies eine Reaktion der Natur – stürzen sich liebend gerne in die nächste Affäre, von der nur die Beteiligten wissen, ob und was enthüllt wird. Die seltene Ausnahme – Politikerin krallt sich einen Journalisten – bestätigt die Regel: Der Eros der Macht ist verlockend, und meist geht ihm a bisserl Sex voraus, warum auch nicht.

Angefangen hat alles, klar, mit Adam, Eva und dem Apfelbiss. Dazwischen lagen Marketenderinnen, Mätressen und Musen zu Füßen oder in den Betten der Mächtigen. Die bis dahin eher einseitigen Beziehungen emanzipierten sich erst am Ende der bigotten Adenauer-Ära und deren scheinheiliger Prüderie; denn nun gab es nicht nur die

Almanach zum Bonner Presseball, 1988, »Bonnsai 2000«
Helmut Kohl, Juliane Weber

sexuelle Revolution, die Befreiung der Frau (und des Mannes) durch die Pille – nun gab es auch selbstbewusste, selbstständigere Frauen, die beispielsweise in Bonn als Politjournalistinnen firmierten.

Manche fühlten sich auch persönlich etwa von einem Kanzler wie Willy Brandt an- und hingezogen, der die graue Vorzeit reformierte und dessen Charme so legendär war wie sein Schlafwagen-Sonderzug, mit dem er zu deutsch-deutschen Begegnungen aufbrach oder zu Wahlkampfreisen, in deren Verlauf er auch Nicht-Passagiere für sich und seine SPD einzunehmen trachtete.

Am Ende seiner Kanzlerschaft zur Zeit der Affäre Guillaume waren wieder die Enthüllungsjournalisten dran: Sie schrieben auf, was Brandts Sicherheitsbeamter Ulrich Bauhaus den Ermittlern des Bundeskriminalamtes über die angeblichen Zustände im Zug berichtet hatte. Im Bürokratendeutsch waren das keine Amouren, sondern vermeintlich höchst kompromittierende Begegnungen, mit Reporterinnen der Tagespresse, von Wochenmagazinen *(Stern)* oder, sehr verdächtig, »einer Schwedin«, gar »einer Jugoslawin«. Wenigstens die *Stern*-Reporterin Heli Ihlefeld hat Jahrzehnte später eine enge Freund- und Liebschaft eingestanden.

Was folgte, war – je nach Standort – der Niedergang der Moral oder ein Waffenstillstand im Geschlechterkampf. Denn nun fühlten sich Staatssekretäre, Minister und deren Spitzenbeamte quasi verpflichtet, dem Beispiel der Regierungsspitze zu folgen und selber Hand anzulegen – jedenfalls dann, wenn es der Hand erlaubt wurde. Selbst eine Generation später hat Diskretion Vorrang vor der Chronistenpflicht, aber Ausnahmen sind möglich, wenn die Beteiligten nicht mehr im Amt oder gar am Leben sind: So entstanden viele wichtige Geschichten über die Währungsturbulenzen der Jahre 1971/2 aus dem engen Kontakt zwischen Brandts Superminister Karl Schiller und der höchst attraktiven *Spiegel*-Redakteurin.

Gesellschaftsgeschichte ist bereits die Grundversorgung hoher Sozialdemokraten bei Journalistinnen der SPD-Parteizeitung *Vorwärts*. Brandts Helfer und Mitvisionär Egon Bahr war bei jenen Frauen ebenso tätig wie der Ex-Kanzler selbst, der dort Brigitte Seebacher kennen- und lieben lernte.

Von legendärem Ruf, was seinen Charme betraf, war auch jener Mann, der später zum Ministerpräsidenten eines Bundeslandes aufstieg. Ihm folgten manche Kolleginnen gerne nicht nur in sein Amtszimmer, sondern auch in die kleine Chefwohnung im Hause seiner Bonner Landesvertretung, in der er alle drei Wochen immer zwischen Donnerstag (Ministerpräsidentenkonferenz) und Freitag (Bundesrat) Quartier bezog. Dorthin nahm er – neidvoll sei es eingeräumt – gerne Kolleginnen mit, die wie zufällig am Donnerstagabend im Presseclub auf einen zufällig ebenfalls einsamen Nachtschwärmer gewartet hatten. Manch andere Regierungschefs der Länder nutzten ebenfalls ihre Bonner Dépendancen, um irgendwie Zerstreuung zu finden – etwa beim Spitzenkoch (Vertretung des Saarlands), im Bierkeller (Bayern) oder in der Weinstube (Baden-Württemberg).

Zum Frauenhelden aber fühlte sich ein Minister berufen, dessen Äußeres mit diesem Anspruch kaum zu verbinden war. Wenn ihm danach war, beauftragte er einen Referenten, die Dame seiner Wahl zum Frühstück oder zum abendlichen Absacker zu bitten, meist möglichst in umgekehrter Reihenfolge. Er ließ von seinen Avancen auch nicht ab, wenn er, was gelegentlich vorkam, seine Gattin zur Dienstreise mitgenommen hatte. Ihr mussten die Referenten dann wichtige Termine des Herrn vorgaukeln, während er doch nur ein wenig Abwechslung suchte. So erweisen sich Referenten und/oder Sicherheitsbeamte als Helfer in vielen Lebenslagen, freilich auch, wie im Fall Bauhaus, als Hemmnis für die besonders fixe Nummer.

Arbeitstage von 16 Stunden, daheim Wahlkreisbesuche, Sprechstunden, Parteiabende, Kungelrunden, in Bonn Koalitionsgespräche,

Fraktions-, Ausschuss-, Kabinetts-, Plenar- und Präsidiumssitzungen – wer so viel sitzt, der lässt sich nicht mehr liebend nieder, es sei denn völlig erschöpft.

»Wer ein Amt hat, muss alles einbringen« – so ordnete der auch darin erfahrene Hans-Dietrich Genscher die Prioritäten. Es klingt brutal. Hat er deshalb seine Barbara oft so schnöde behandelt? Galt seine Leidenschaft immer nur dem nächsten Arbeitsbesuch? Andererseits – entstammt nicht Barbara dem Fraktionssekretariat? Zahllose Politiker-Ehen starben am Polit-Stress des oder (selten noch) der Beteiligten – meist de facto bei der CDU/CSU, in deren Wertordnung Scheidungen vor den Erlebnissen von Kurt Biedenkopf oder Theo Waigel kaum vorkamen; bei den Sozialdemokraten gehäuft auch de jure (Brandt, Egon Bahr, Hans-Jochen Vogel, Klaus von Dohnanyi, Hans-Ulrich Klose). Bei den Liberalen wirkte Rainer Ortleb als entsprechend gescheiterter Gatte.

Dabei ist zu bedenken, dass nicht jeder Flirt in den Verrat von Staatsgeheimnissen mündete oder gar in eine womöglich unmoralische Affäre. Die Grenze dorthin war, nach meiner Kenntnis, nur einmal erreicht. Da hatte ein äußerst umtriebiger Staatsminister mit einer Korrespondentin des *Stern* angebandelt, deren Vorgesetzter die Liaison mit Wohlgefallen betrachtete und nach Kräften förderte. Als aber ihre erste Leidenschaft erkaltete, verlangte der Chef weiterhin mehr, an Informationen nämlich, und als sie sich weigerte, kündigte er ihr.

Das war fast drei Jahrzehnte vor der »News of the World«-Affäre und ist dennoch von womöglich zeitloser Aktualität: Der Eros der Macht ist etwas ganz Besonderes.

Wer dieses »Besondere« nicht so handfest wollte, ging nicht zu speziellen Bonner Besäufnisterminen, wie etwa die Einladungen der Vertretungen der Länder beim Bund, oder wir verließen diese – möglichst gemeinsam – spätestens um elf Uhr, um nachhaltiger Verfolgung zu entgehen. Der Nachteil war, dass uns so das oft aufschlussreiche, von Bierdunst eingehüllte nächtliche Gelalle an der Bar entging.

Der jungen Tina Hildebrandt, damals Bonner *Spiegel*-Büro, heute *Die Zeit*, wurde schon mal deutlich nahegelegt, sie hätte da an der Bar nichts zu suchen.

Tina Hildebrandt: »Manchmal galt es einfach nur, wahnsinnig viel zu trinken.«

Es gab Formen der Kumpanei, die für Frauen nur schwer zugänglich sind. Etwa abends an der Bar rumhängen und wahnsinnig viel trinken. Das haben die sicher nicht gemacht, um Frauen draußen zu halten. Das war so ein Platzhirschverhalten. Wer am lautesten röhrt, also trinkt, der hat das größte Geweih. So stell ich mir das immer vor. Wir wurden da ohne Worte deutlich ausgeladen oder eben gar nicht erst vorgesehen. Wenn mehr Frauen da sind, damals da gewesen wären, dann wäre wahrscheinlich der Ton ein anderer gewesen. Heute sind Männer da übrigens zunehmend entspannter, deren Rollenbilder haben sich auch geändert: Viele haben selbst keine Lust mehr, erst mal stundenlang ritualhaft Schnaps zu trinken und sich etwas zu beweisen, bevor man zum eigentlichen Grund des Treffens kommt, nämlich einem Gespräch zu professionellen Zwecken.

Bonn war ein Dorf mit sehr eigenen Regeln. Hartmut Palmer, damals Redakteur im Bonner *Spiegel*-Büro:

Hartmut Palmer: »Bonn war die ›Provinz‹«

Bonn war ein ziemlich überschaubares Biotop mit vielen geschlossenen Gesellschaften. Es gab ein paar Kneipen, in denen Journalisten und Politiker miteinander verkehrten. Sie standen zwar jedem offen, aber trotzdem blieb man hier unter sich. Die »Provinz« war das hässliche Entlein unter den Bonner Wirtschaften, aber sie wurde die berühmteste Polit-Kneipe der 80er Jahre. Es war eine Zeit lang der lustigste und turbulenteste Treffpunkt für Journalisten und Politiker. Eine Nachrichtenbörse, die besser funktionierte als viele Hintergrundkreise der Stadt. Aber genau wie diese war sie keineswegs für jeden offen.

Einige der Gäste, die hier einst am Tresen zusammenhockten, fanden sich viele Jahre später am Kabinettstisch des Berliner Kanzleramtes wieder und haben fast acht Jahre lang Deutschland regiert. Das kleine Haus, in dem sie damals zechten, ist längst abgerissen. Aber die »Provinz« lebt weiter – in den Sagen und Mythen der alten Bonner Republik. Sie ist selbst ein Mythos geworden, der sich in unzähligen Geschichten und Zeitungsartikeln immer wieder aufs Neue gebiert und fortpflanzt. Manche behaupten, ohne die Bonner »Provinz« hätte es das spätere rot-grüne Regierungsbündnis nicht gegeben. Aber das ist wahrscheinlich auch ein Mythos, der nie bewiesen und nie widerlegt werden kann.

Die »Provinz« lag abseits der Bonner Südstadt – hinter Schrebergärten und Bahnschienen direkt an einer der verkehrsreichsten, lautesten Durchgangsstraßen der Stadt. Vorher gab es in dem Haus, das aussah wie eine zu hoch geratene Tiefgarage, das »Café Kleimann«.

Jetzt hing eine Laterne vor der Tür, auf der »Bitburger« stand – der einzige Hinweis, dass aus dem verstaubten Café eine Kneipe geworden war. Um sie herum war nichts Nennenswertes: ein Jägerzaun, ein paar übrig gebliebene Gründerzeithäuser, ein großer Parkplatz und ein scheußliches Hochhaus, das »Steigenberger Hotel«, auf dessen Dach sich ein Mercedes-Stern drehte. Und natürlich: das Bonner Kanzleramt, schräg gegenüber auf der anderen Seite einer unendlich breiten Verkehrsschneise, in dem anfangs noch Helmut Schmidt und dann seit 1982 ununterbrochen Helmut Kohl saß, den sie in der »Provinz« natürlich »Birne« nannten.

Es gehörte schon Mut dazu, in dieser gottverlassenen Gegend eine Kneipe aufzumachen, wo an Wochenenden nie und auch an Wochentagen kaum jemand freiwillig vorbeiging. Es war ungefähr so, als würde jemand auf freiem Feld direkt neben den Leitplanken der Autobahn einen Kiosk aufmachen und darauf spekulieren, dass einer der vorbeirasenden Autofahrer anhält und über die Leitplanke springt, um etwas zu kaufen. In diesem öden Bermuda-Dreieck eine Kneipe aufzumachen war schon eine tollkühne Idee. Aber sie funktionierte.

»Provinz«-Wirtin Heike Stollenwerk erinnert sich noch gut an einen Tag im September 1983: »Irgendwann am Abend ging die Tür auf und Gerhard Schröder brachte neue Gäste mit. Es waren junge Abgeordnete von den Grünen. Sie gingen hinter ihm her. Joschka Fischer, Hubert Kleinert, Otto Schily.« Von nun an kamen sie regelmäßig. Und brachten weitere Grüne mit: Waltraud Schoppe, Antje Vollmer, Margarethe Wolf.

Joschka Fischer pflegte seine Auftritte in der »Provinz« als Crescendo zu inszenieren. Irgendwann sprang die Tür der Kneipe auf – und herein kam der Hund »Dagobert«. Nach einer ganzen Weile, in der gar nichts passierte, wurde die Tür wieder von außen geöffnet und Claudia trat auf – Fischers damalige Freundin. Dann dauerte es wieder eine ganze Weile, bis die Tür erneut aufgerissen wurde und – meist im Gespräch, das ohne Pause und Begrüßung am Stehtisch fortgesetzt wurde – Joschka erschien.

Gerhard Schröder war vor allem Kumpel. Er war dadurch bekannt geworden, dass er als erster Redner im Bundestag ohne Krawatte ans Pult getreten war. Später legte er bekanntlich Wert auf teure Anzüge und dicke Zigarren. Mit Fischer verstand er sich sofort. Die beiden schienen ein Herz und eine Seele. Manchmal, wenn der Abend fortgeschritten war, hockten sie sich an einen der hohen Tische, an denen man stehen oder auf höheren Hockern sitzen konnte, und schrieben Namen auf Bierdeckel, so wie andere beim Bier ihre idealen Fußballmannschaften bilden – es waren ihre Kabinettslisten. So würde es aussehen, wenn sie mal an die Regierung kämen. Schröder: Kanzler, Fischer: Außenminister, Schily: Justiz. »Die drei ließen damals schon keinen Zweifel daran, dass sie gottgesandt waren«, sagte später Heide Simonis, die auch Stammgast in der Kneipe war, aber mit den Jungs nicht viel am Hut hatte. »Keiner pisste dem andern ins Revier.«

Dieser Ehrencode »Ich piss dir nicht ins Revier« galt. Und wurde allgemein eingehalten. Davon ist auch heute noch der damalige Parlamentarische Geschäftsführer der Grünen Hubert Kleinert überzeugt:

Hubert Kleinert: »Klatsch blieb unter uns«

Miteinander bekannt zu werden war nicht schwer im Bundesdorf jener Jahre. Auch jenseits der »offiziellen« Gelegenheiten wie Interviews und Presseterminen gab es vielfältige Gelegenheiten. Ob im

Bundeshausrestaurant, an der Theke im »Wasserwerk«, am Abend in der »Provinz« oder im »Gambrinus«, später im »Mierscheid«, auf den diversen Festivitäten oder einfach auf der Straße – in Bonn, wo alles eng beieinanderlag, war es ja fast unmöglich, sich aus dem Wege zu gehen. Kontakte ergaben sich oft wie von selbst, ließen sich mühelos fortsetzen oder auch wieder neu anknüpfen. Zumal viele der Jüngeren ihre familiären Bindungen nicht in Bonn, sondern – wenn überhaupt – anderswo hatten.

Natürlich verklärt die Erinnerung. Aber es war schon eine schöne Zeit damals in Bonn. Nicht nur, weil alles so übersichtlich und nicht so pompös überladen war wie das Repräsentationsgehabe heute in Berlin. Alles lief ein wenig bescheidener als heute – so wie es sich für das kleine Bonn auch geziemte. Dabei war es offener und diskreter zugleich. Natürlich gab es immer Geschichten darüber, wer gerade mit wem und warum. Manchmal stimmte das, manchmal auch nicht. Darüber geredet wurde schon, aber geschrieben eigentlich nicht. Das wäre heute so kaum noch möglich. Obwohl jeder jeden kannte, konnte man doch darauf vertrauen, dass man sich privat relativ ungezwungen bewegen konnte. Man konnte zu nächtlicher Stunde einfach mal mit einem leibhaftigen Bundesverteidigungsminister in einer Kneipe wie »Grunerts Nachtcafé« auftauchen, ohne dass das weiter großes Aufsehen erregte. Das ist in Berlin undenkbar.

Sex und Saufen – diese wichtigen Themen des täglichen Bonner Lebens jener Jahre kamen in der Berichterstattung aus der rheinischen Hauptstadt höchst selten vor. Dabei bedurfte es keineswegs besonderer investigativer Anstrengungen, Geschichten zu erfahren, die wenige Jahre später in Berlin Titelseiten gefüllt hätten. Für gehörige Aufregung innerhalb der Kollegenschaft sorgte deshalb auch der *ARD*-Journalist Joachim Wagner, als er Ende

1988 in der Sendereihe »Panorama« diese Tabu-Themen vorsichtig aufgriff.

In dem sechsminütigen Beitrag ließ er den Buchautor Oltmanns von dessen Erlebnissen mit Politikern im Bundeshaus berichten. Von Abgeordneten, die morgens mit »vollgepisster Hose« in den Fahrstühlen des Abgeordnetenhochhauses »Langer Eugen« anzutreffen waren, von Pförtnern, die sich um die Schnapsleichen gar nicht mehr kümmerten und sich mit den Worten »der kommt schon wieder zu sich« abwandten. Reimar Oltmanns erzählt heute noch so lebendig darüber, als sei es gestern gewesen:

Reimar Oltmanns: »Die eine Hand am Telefon, die andere am Kitzler«

Zur Erinnerung: Das kleine, reichlich pittoresk dreinschauende Bonn am Rhein glich in jenen Jahren nach meinen Beobachtungen und Empfindungen einer dunstigen Käseglocke, unter der gewachsene Bindungen verkümmerten und ungezwungene Mitmenschlichkeit austrocknete. Die Politszene war geprägt vom Überlebenskampf jedes Einzelnen: ein Überleben mit Aktenzeichen im Fraktionszwang voller Wichtigkeit, mit heimlich abrufbaren Nutten durch die Fahrbereitschaft des Deutschen Bundestages, mit fortwährenden Besäufnissen in Bars des Parlaments, Nightclubs in der Umgebung (Entziehungskuren inbegriffen). Eben ein isoliertes, bockiges Männer-Dasein in erkalteten Parteizentralen und Lobbyburgen, behütet von Sicherheitsbeamten und Schützenpanzerwagen, zwischen Stacheldrahtverhauen mit Videokameras. Wo der seelische Ausnahmezustand zum Normalfall wurde, schallten Trinksprüche unaufhörlich über die Barhocker. Ein längst verblichenes Verslein schmückte das seltsame Lebensgefühl bei den Saufritualen in jenen Jahren: »Die eine Hand am Telefon, die andere am Kitzler, das ist der deutsche Arbeiter- und Bauernsohn Karl-Eduard von Schnitzler« (1918–2001).

»Panorama« berichtete über den Bestellcode, den jeder Kellner in der Kantine des Düsseldorfer Landtages kennen musste. Wer nach einem Kakao verlangte, bekam wunschgemäß ein Kirschwasser; ein Kinderteller stand für Altbier und Kirsch; die gesunde Milch am Morgen wurde in Pilsgläsern serviert, war hellgelb und hatte eine weiße Schaumkrone. Am Rednerpult des Bundestages in Bonn wurde der FDP-Abgeordnete Detlef Kleinert gezeigt, der für kurze Zeit seinen Stammplatz an der Bundestagsbar verlassen hatte, um dem Hohen Haus die Welt der Betrunkenen zu erklären. »Wir haben es nicht nötig«, stellte der Zwei-Meter-Mann aus Hannover mit schwerer Stimme, aber unmissverständlich fest, »uns von einigen hier zur persönlichen Berak … zur persönlichen Hochsteigerung missbraucht, haben es nicht nötig, dieses Parlament missbrauchen zu lassen.«

Wie es in Bonn so üblich war, wurden derartige Ausfälle geflissentlich übergangen. Jeder dürfe hier seine Meinung sagen, stellte der damalige FDP-Fraktionschef Wolfgang Mischnik nach Kleinerts Auftritt als Nachredner ruhig fest, und der Kollege Kleinert habe gerade »seine persönliche Meinung zum Ausdruck gebracht«. Trunkenheit am Rednerpult des Deutschen Bundestages? Nie gehört.

Seine Hochform allerdings hatte Detlef Kleinert an diesem Tag noch nicht erreicht. Das gelang ihm im November 1994. An diesem Abend erging es mir wie so vielen, die rund um die Uhr nichts anderes im Kopf haben als ihre Arbeit: Ich hatte frei und wusste nicht, was ich mit der leeren Zeit anfangen sollte. Im Bundestag lief noch eine späte Debatte. Kurz nach 21 Uhr schlenderte ich unschlüssig durch das Foyer. Vielleicht lief mir ja jemand über den Weg, mit dem ich ein Bier trinken und von dem ich etwas Neues erfahren konnte. Ich erinnere mich noch sehr genau daran, was ich dachte, als ich müde durch die große gläserne Halle des neuen Bundestagsgebäudes von Günter Behnisch trottete. Eine dumme Kuh habe ich mich genannt und mich gefragt, was das soll, hier auch noch abends freiwillig herumzuhängen. Und ob mich derselbe Lagerkoller erwischt hat wie die gerne von mir kritisierten Politiker, die kaum noch wissen, dass es jenseits der Bannmeile rund um den Parlamentssitz auch noch Leben gibt. Bei der Qualität so mancher endlosen Debatte im Parlament drängte sich schon der Verdacht auf, dass sie sich nur deshalb ewig hinzog, weil die Abgeordneten eh nichts Besseres mit sich anzufangen wussten.

Ich stieg auf die Presseempore, auf der lediglich ein paar Kameraleute und Fotografen mit dem Schlaf kämpften. Sie hatten nichts weiter zu tun als die Aufzeichnung der Debatte zu überwachen, und das stundenlang. Doch plötzlich richteten sich die schlaffen Gestalten auf und machten sich an ihren monströsen Geräten zu schaffen. Als ich mich über das Geländer beugte, sah ich, warum die Kollegen von Film, Funk und Fernsehen jetzt aufmerksam durch ihre Sucher blickten. Hoch aufgerichtet, mit durchgedrücktem Rücken betrat der FDP-Rechtsexperte Detlef Kleinert den Plenarsaal. Er kam durch jene Tür, durch die man auf dem schnellsten Weg den Abgeordnetentröster Ossi erreichte. Ossi hieß eigentlich Osvaldo, stammte aus Italien und mixte in der Bar des Deutschen Bundestages.

Mit staksigen Schritten, die den geübten Trinker verrieten, steuerte der Zwei-Meter-Mann auf das Rednerpult zu. »Die drogenpolitische Debatte ist doch zu Ende«, empfing ihn der Frankfurter Abgeordnete der Grünen Joseph Fischer, wohl ahnend, was kommen würde. Doch der große Mann aus dem Norden, der als Jurist einen hervorragenden Ruf genoss, ließ sich an diesem Abend von einem Joschka Fischer nicht abhalten, die Kollegen mit schwerer Zunge zu unterhalten. Als Kleinert schließlich mit einem »gruuundsätzlich, gaaaanz gruundsätzlich« zum bedeutenderen Teil seiner Rede überleiten wollte, wurde es dem Bundestags-Vizepräsidenten Burkhard Hirsch, der die Sitzung leitete, zu bunt. Seine Redezeit sei abgelaufen, ermahnte er den sich ans Rednerpult klammernden Freidemokraten. Der Kollege müsse nun zum Schluss kommen.

Doch Detlef Kleinert fand die passende Antwort auf diesen unfreundlichen Rausschmiss. Das bedaure er »zutiefssss«, ließ er den »Herrrrn Präsidenten Hirsch« höflich wissen. Aber im Hinblick darauf, »dass die Aufnahmefeekeit eines Teils der Mitglieder des Hauses offenbar naaachhallig« eingeschränkt sei, sei er durchaus der Meinung, »dass wir eine Unnerhallung über die rechs- und innenpolllitischen Fragen ... bei näster Gelegenheit in einer etwas verständigeren Amosphäre fortsetzen sollten«.

Beherrscht löste der Abgeordnete seinen Klammergriff vom Rednerpult und verließ erhobenen Hauptes den Plenarsaal durch jene Tür, durch die er hereingekommen war. Der Nachruf des Grünen-Abgeordneten Rainer Steenblock, »Eine nüchterne Rede!«, ging im Beifallsgelächter des Hohen Hauses unter.

Konsequenzen hatten solche Auftritte nicht. Es waren keine Einzelfälle, es war nicht Kleinert allein. Und bei den Herren Bonner Berichterstattern, selbst bei den investigativsten, konnten die Alkoholhelden des Parlaments mit großer Nachsicht rechnen. Da war dann die Rede von jenem Abgeordneten »mit Neigung zu guten Tropfen« *(Der Spiegel)* und es wurde schmunzelnd über den »beschwingten Auftritt« Kleinerts berichtet. Detlef Kleinert ist übrigens im Internet-Zeitalter mit seiner Schnapsrede richtig populär geworden. Bei *YouTube* gehört das Video seines Lall-Auftritts von 1994 zu den Klassikern.

Einer der wenigen, die der Meinung waren, dass besoffene Volksvertreter allenfalls an Ossis Bar, nicht aber an das Rednerpult des Deutschen Bundestages gehören, war Kleinerts Rechtskollege aus der FDP-Fraktion Burkhard Hirsch. »Am Pult des Deutschen Bundestages hat man so nüchtern zu sein«, fand der korrekte Jurist, der Kleinerts wirren Redefluss gestoppt hatte, »wie am Steuer eines Autos.« Doch weit kam er mit dieser Meinung nicht. Eine Promillegrenze im Bundestag, widersprach seine Vize-Präsidentenkollegin Antje Vollmer von den Grünen, sei nicht durchsetzbar. Wohl schon deshalb nicht, weil dann die Rednerlisten für die Debatten im Plenum zu kurz geworden wären.

Alkohol gehörte bei den Männern in Bonn zu den beliebtesten Kommunikationselixieren und die Sicherheitsbeamten der hochrangigen Politiker und die Fahrer des Fahrdienstes des Bundestages zu den wichtigsten Geheimnisträgern der Bundeshauptstadt. Ein führender Oppositionspolitiker zum Beispiel wurde täglich um dieselbe späte Stunde von seinen Sicherheitsleuten aus derselben Bar geholt, und zwar immer dann, wenn er anfing, in tiefer Whiskyseligkeit den anwesenden Frauen an die Wäsche zu gehen.

Einiges Aufsehen im beschaulichen Bonn verursachte es, als dieser Politiker am helllichten Tag auf einer Dienstreise den offensichtlich unbezwingbaren Drang verspürte, das Dekolleté einer Journalistin zu ergründen. Einen Moment wusste die nicht, was sie tun sollte. Schließlich gehörte der Kopf, der sich da zwischen ihre Brüste zwängte, einem einflussreichen Informanten, den sie nicht vor denselben stoßen wollte. Ein Parteifreund zerrte den vom Volk gewählten Zudringling schließlich weg von seinem Opfer. Der Grabscher aber war damit gar nicht einverstanden und drohte dem Kollegen Prügel an. Wieder einmal mussten seine stämmigen Aufpasser den ausrastenden Mann vor sich selbst in Sicherheit bringen.

Ein Abgeordnetenleben in der Hauptstadt sei eben »ein permanenter Ausnahmezustand«, sagte 2011 der CSU-Politiker Michael Glos, der 35 Jahre dem Bundestag angehörte, dem *Spiegel.* Die Versuchungen seien vielfältig. »Ich habe Kolleginnen und Kollegen durch den Alkohol sterben sehen. Das hat auch etwas mit der Einsamkeit des Politikers zu tun«, erzählte Glos. Und er habe »tragische Schicksale erlebt, bis hin zum Freitod«. Der FDP-Landespolitiker Wolfgang Kubicki antwortete auf die Frage, warum es ihn nicht nach Bonn ziehe, er wolle nicht, weil er sich davor schützen wolle, Alkoholiker zu werden und seine Frau zu betrügen.

Manchmal war die Kombination von Politik und Alkohol allerdings auch erfolgreich. Wie zum Beispiel bei Ex-Bundeskanzler Gerhard Schröder. Der schaffte es mit seinem von Stefan Raab vertonten Spruch »Hol mir ma ne Flasche Bier, sonst streik ich hier« sogar in die Musik-Charts. Weniger Glück hatte dagegen der CSU-Politiker Otto Wiesheu; er wurde zu einem Jahr Gefängnis auf Bewährung verurteilt, weil er im Suff einen Menschen totgefahren hatte.

Ein einziges Mal versuchten die Grünen-Frauen mit einem halbernsten Antrag gegen Lall-Attacken im Bundestag vorzugehen. Claudia Roth, damals Pressesprecherin der Grünen, heute Bundesvorsitzende:

Claudia Roth: »Bitte Haltegriffe«

Wie fanden Sie es, wenn die Reden der Herren im Bundestag gegen Abend immer undeutlicher wurden?

Claudia Roth: Das war meistens nicht einmal mehr komisch. Eher hatten wir Mitleid. Einmal haben wir Frauen einen Antrag im Bundestag eingebracht, man möge Haltegriffe am Rednerpult anbringen. Damit die Herren zu einem besseren Stand kommen konnten. Das meinten wir definitiv nicht politisch! Denn je später die Stunde, desto höher stieg der Alkoholpegel der Männer, die da vorne ihre Reden hielten, und desto labiler wurde deren Gleichgewicht. Und wir wollten ja nicht, dass die Besoffenen vom Rednerpult fielen und sich womöglich die Nase aufschlugen.

»Frau Merkel, wann waren Sie das letzte Mal besoffen?«

Ohne anzuklopfen stürmte der kunterbunt gekleidete Mann mit den überdimensionierten silbernen Ohrringen das Allerheiligste des Bonner Frauenministeriums. Im Vorbeigehen rief er den vier verschreckten Damen im Vorzimmer des Ministerbüros zu: »Fräulein Schmidt, einen Kaffee bitte. Nur Sahne, kein Zucker.« Starr vor Entsetzen beobachteten die vier, wie der gut aussehende Paradiesvogel um die Sekretärin der Ministerin herumkurvte und auch die letzte, schallgedämmte Tür aufriss. Dabei warf er einen kritischen Blick auf die leicht verknöcherte Frau und empfahl ihr, bevor er im Ministerbüro verschwand: »Überdenken Sie doch mal Ihr Outfit.« Im Zentrum der ministerialen Frauenmacht am Rhein angekommen ließ sich Campino, Leadsänger der Rockgruppe »Tote Hosen«, in die Kissen der Besuchercouch plumpsen und streckte behaglich seine Beine auf dem bundeseigenen Orientteppich aus.

»Hollywoodreif«, dachte ich und war ein wenig unschlüssig, ob ich mich meines mitgebrachten Gastes schämen oder dessen gespielten Macho-Auftritt bewundern sollte. Wie wohl die Frauen- und Jugendministerin Angela Merkel reagieren würde? Immerhin hatte ich mit ihr dieses Zusammentreffen zwischen Pop und Politik vorbereitet. Für ein *Spiegel*-Spezial-Heft sollte Campino 1984 die Ministerin interviewen. Als Angela Merkel das Zimmer betrat, merkte ich, dass mein Zögling offenbar nicht daran dachte, sich an den gemeinsam vorbereiteten Fragenkatalog zu halten. Lässig schraubte sich mein Begleiter im Angesicht der nahenden Ministerin in die Höhe und empfing sie statt mit einer höflichen Begrüßung gleich mit einer Frage nach ihrem persönlichen Lebensstil. »Wann waren Sie das letzte Mal besoffen?«, wollte mein Interview-Partner wissen. Und dann noch, ob Angela Merkel das Gefühl kenne, »hier so zu stehen und immer noch nicht ganz nüchtern zu sein«.

In diesem Moment zeigte Angela Merkel, dass sie das Zeug zu Höherem hatte. Sie durchschaute die Absicht meines provozierenden Paradiesvogels, der stocknüchtern vor ihr den Schocker spielte. Ihr war klar: Hier versuchte ein intelligenter junger Mann in der Rolle eines unangepassten Machos ein aus seiner Sicht miefiges Ministerium für die Belange der Frau samt der Ministerin durcheinanderzubringen. »Wie ist Ihr Verhältnis zu Feministinnen?«, fragte Campino weiter, nachdem er seine von einer knalleng anliegenden schwarzen Jeans eingezwängten Beine wieder von sich gestreckt hatte. »Finden Sie die alle blöde?« Frau-

»Und? Dürfen die Frauen in Ihrer Band mitspielen?«
Angela Merkel, damals Bundesministerin für Frauen und Jugend, diskutiert 1994 mit Punksänger Campino

enministerin Merkel passte sich schnell ihrem Gegenüber an – zumindest sprachlich. »Die Frage ist zu blöde«, konterte sie. »Es ist doch Ihre Rockgruppe, die – was Macho-Sprüche angeht – weit vorneweg ist.« Etwas schwächlich antwortete der forsche Jungstar: »Ich kenne viele Frauen, die verdammt gut Sex-Witze erzählen können.« – »Und?«, fragte die Frauenministerin zurück, »dürfen die in Ihrer Band mitspielen?« – »Nee«, wehrte nun der Rockstar ab und setzte mit Nachdruck hinzu: »Wir sind eine Jungen-Band!«

Punkt für Merkel, dachte ich. Der Geschlechterkampf ging fast zwei Stunden weiter und endete fast in einer Pattsituation. Zum Schluss gelang es Campino dann aber doch noch, seiner Interview-Partnerin mit einer vorbereiteten Frage männliche Überlegenheit zu demonstrieren. »Ich komme gerade aus Australien«, strunzte der Rockstar vor der gerade aus der DDR angereisten Merkel. »Sagen Sie mal, wie heißt eigentlich deren Hauptstadt?« Das ist gemein, dachte ich. Bei unserer Vorbereitung hatte Campino mir dieselbe Frage gestellt, weil er die Antwort nicht kannte. Ich belehrte ihn, dass das nicht etwa eine der großen Metropolen wie Melbourne oder Sidney sei, sondern eine kleine Kunststadt mitten im Busch namens Canberra. Campino hatte mich dann gefragt, ob die aus dem lange abgeriegelten Ostteil Deutschlands stammende Ministerin das wisse. »Natürlich«, hatte ich ihm geantwortet und ihm angeboten, darauf zu wetten. Wetteinsatz: ein üppiges Frühstück nach Ende des Interviews.

Angela Merkel zögerte lange, bevor sie unsicher antwortete: »Sidney, glaube ich.« Campino blinzelte zu mir hinüber, streckte seine Beine noch etwas länger aus und bemerkte cool: »Jetzt habe ich Appetit auf ein gutes Frühstück.«

Finger weg von meinem Mann – Der Bonner Presseball

Ein buntes Erlebnis, bei dem Politik, Prunk und Pop aufeinandertrafen, war der Bonner Presseball – das seit 1951 jährlich wiederkehrende gesellschaftliche Großereignis der Bonner Republik. Veranstaltet wurde er von der Bundespressekonferenz, dem Dachverein aller für die Parlamentsberichterstattung akkreditierten Journalisten. Der Andrang war mächtig. Bis zu 3000 Gäste zwängten sich in den Spitzenzeiten durch die mit 20 000 Blüten geschmückten Säle der wenig schmucken Bonner Beethovenhalle. Jeder wollte dabei sein, wenn sich Politiker, Lobbyisten und Journalisten – ausnahmsweise mit den eigenen Frauen – tanzend, trinkend und schwitzend näherkamen.

Pünktlich um Mitternacht wurde die Festzeitung »Ballnacht-Ausgabe« verteilt, mit Fotos vom Eröffnungstanz des Bundespräsidenten und von beschwipster Prominenz. Aber wichtiger als die aktuelle Berichterstattung aus dem festlich gekleideten Menschengewühl waren die beiden letzten, eng bedruckten Seiten der »unabhängigen Zeitung für den Ball der Bundespressekonferenz e. V.«. Darauf waren die Namen der »Gäste von A bis Z« verzeichnet. Wer war mit wem da? Der etwa wieder mit seiner eigenen Frau? Wer hatte keine Einladung bekommen? Und ob der Skandalminister des Jahres sich wohl auf den Ball getraut hatte? Die eigentliche Bedeutung dieses Balls war in der Gästeliste verborgen, die noch Tage nach dem Ereignis eifrig studiert wurde.

Claudia Roth, damals Pressesprecherin der Grünen, erinnert sich an ihren ersten Auftritt:

Claudia Roth: »Falscher Partner«

Zu meinem ersten Bundespresseball in der Beethovenhalle bin ich mit einer Freundin gegangen. Das war damals in den 80er Jahren ein völliges Unding. Was mir überhaupt nicht klar war. Auf diese Institution der Bonner Gesellschaft ging man nur mit Partner. Wir saßen dann zusammen mit anderen wichtigen Bonner Größen an einem Tisch, und die Stimmung war auf dem Nullpunkt. Das kann man sich heute nicht mehr vorstellen. Irgendwie hatte das sofort etwas extrem Schlüpfriges, dass ich da einfach mit einer anderen Frau auftauchte. So wie: Hat die etwa keinen Mann? Klar, ist ja 'ne Grüne!

Ob die was mit der hat? Hatte ich natürlich nicht. Aber ohne Mann, nur mit 'ner Freundin auftauchen – so was war damals im preußisch verstaubten Bonn einfach undenkbar. Die waren echt fassungslos, aber ich war durch diese subtile Anfeindung auch ein bisschen eingeschüchtert. Na ja, und wenn ich mir die Fotos von damals ansehe: Mein Abendkleid war auch echt doof. Ich war da total blöde reingepresst.

Jeder Ball hatte ein Motto, das eine Beziehung zwischen Bonn und den herausragenden politischen Ereignissen des Jahres herzustellen versuchte. Wenn Regierung und Parlament, wie 1987, besonders großzügig mit den Steuergeldern der Bürger umgegangen waren, dann trafen sich die »Bonnkrotteure« zum Ball. Und auf der Titelseite der zu jedem Presseball von den Bonner Journalisten herausgegebenen satirischen Broschüre *Almanach* klammerte sich Kanzler Helmut Kohl verzweifelt an den Pleitegeier der Republik, der vergeblich versuchte, das sinkende Regierungsschiff über Wasser zu halten.

Das ganze Jahr sammelten die Bonner Fotojournalisten Material für den *Almanach*, Bilder, auf denen zu viel oder auch das Falsche zu sehen war und die sich deshalb für die öffentliche Berichterstattung nicht eigneten. Am Abend des Balls sah man dann die aus Film, Funk und Fernsehen bekannten Herrschaften im Smoking noch vor dem ersten Champagner emsig im *Almanach* blättern. Kam man selber darin vor? Oder gab es vielleicht anzügliche Bilder vom politischen Gegner zu beschmunzeln? Gab es etwa einen Grund, das schmuddelige Werk mit den Fotos, die nicht für die öffentliche Betrachtung in der *FAZ* oder der *Süddeutschen* freigegeben worden waren, vor der eigenen Frau zu verbergen? Lugte da nicht hinter dem Kanzler auf seiner jüngsten Dienstreise nach Timbuktu diese, na wie heißt sie noch, hervor, von der so einiges getuschelt wird?

Nicht nur wegen des *Almanachs* barg der Brauch, zumindest einmal im Jahr auf dem Bundespresseball die eigene Frau in Bonn vorzuzeigen, für viele Mitglieder der Bonner Männerwelt ein gewisses Risiko. Denn auf den Tanzflächen tummelten sich manchmal auch jene Kontakte, die an den vielen einsamen Abenden und Nächten am Rhein gepflegt worden waren. Und so mancher Politiker konnte die schlechte Stimmung, mit der seine Frau am nächsten Morgen neben ihm aufwachte, nicht nur mit übermäßigem Alkoholgenuss erklären. Auf die harte Tour lernten die Männer dann, über welch feine Sensorik Frauen verfügen, wenn es darum geht, Nebenbuhlerinnen zu erkennen.

Es war ja nicht gerade so, als würde die einstige kurfürstliche Residenzstadt Bonn an einem Mangel an Festen leiden. An den Presseball aber reichte keine andere Veranstaltung heran. »Im Tempel des Bonner Gesellschaftsprestiges«, so schrieb der *Zeit*-Redakteur Carl-Christian Kaiser, »ist der Presseball der Hauptaltar.« Und wer sich auf diesem Altar präsentieren durfte, der konnte sich einbilden, den Eingang in eine exklusive Welt gefunden zu haben. Exklusiv deshalb, weil jeder, der nicht Ehrengast oder Mitglied der Bundespressekonferenz war, als Gast von einem Journalisten eingeladen werden musste. Der langjährige Vorsitzende der Bundespressekonferenz Sten Martenson erinnert sich gut an den alljährlichen Kampf um die Plätze. »Da berief man sich auf obskure Empfehlungen und die Bonner Journalisten wurden umschmeichelt, weil sie berechtigt waren, persönliche Gäste mitzubringen« (Peter Pragal, *Berliner Zeitung,* 13.11.1998). Das galt selbst für uns junge Journalistinnen der »Rosa Federn«. Wenn der Tag nahte, an dem die Anmeldungen für den nächsten Presseball abgegeben werden mussten, dann waren auch wir plötzlich besonders wichtig.

Der Promi-Auftrieb fand stets an einem Freitag im November statt, am Ende einer parlamentarischen Sitzungswoche, damit auch die viel beschäftigte politische Prominenz ohne Anreise teilnehmen konnte. Dann waren die Abgeordneten sowieso in Bonn und konnten ihre Ehefrauen mit der feinen Garderobe nachkommen lassen.

Anke und Gerda hatten es ein paar Jahre nach Claudia Roths Premiere gewagt und waren zusammen ohne männliches Beiwerk auf den Ball gegangen. Nur ganz entspannt gucken und über die aufgetakelten Festgäste lästern wollten sie. Und natürlich die beiden gesponserten Autos gewinnen, die stets um Mitternacht als Hauptpreise der gut bestückten Tombola verlost wurden. Eine großzügige Spende für die Verlosung war übrigens auch noch eine Möglichkeit, an die begehrten Eintrittskarten zu kommen. Ein Glas Champagner in der Hand, zogen sie gut gelaunt durch die Säle und genossen ihre Rolle als Lästermäuler. Und worüber ziehen Frauen am liebsten her? *Natürlich über andere Frauen.* Zum Beispiel über die hoch gewachsene Ministergattin mit den großen Füßen, die als Zitronenfalter daherkam, dekoriert mit rosa Schleifen. Oder die Frau eines Abgeordneten aus dem Bayerischen Wald, die ihre füllige Figur in ein Sammelsurium von gerüschten Girlanden gewickelt hatte.

Am Ende der fünften Runde durch die Säle der Beethovenhalle hatten Anke und Gerda alle auffälligen Damen besichtigt und besprochen und es war an der Zeit, sich mit den Männern zu beschäftigen. Denn einer von hundert herausgeputzten Kerlen, so schätzten die beiden, die mit engen Fliegen am Hals und drückenden Hochglanzschuhen an den Füßen herumstolzierten, war eventuell doch brauchbar.

Zum Beispiel der Kollege, der gerade auf sie zusteuerte. Gerda war ihm schon ein paar Mal auf Terminen begegnet. Sie fand ihn ganz nett. Aber über freundliche Begrüßungsfloskeln waren sie bisher nicht hinausgekommen. Vielleicht hatte sie ihn, vom Champagner beschwingt, ein bisschen zu sehr angestrahlt. Vielleicht war ihr anzusehen, dass sie heute Nacht ganz gern ein Glas mit ihm getrunken hätte. Warum auch nicht? Von weiblicher Begleitung war weit und breit nichts zu sehen.

Dachte Gerda. Gerade als der Angestrahlte sie mit einem freundlichen »Na?« begrüßt hatte, geschah das Unerwartete. Eine in schwarze Spitze gekleidete Frau stürmte über die Tanzfläche auf sie zu und verpasste ihr eine kräftige Ohrfeige. Gerda war zu perplex, um sich zu wehren. Schon holte die zornige Frau zu einem zweiten Schlag aus, als Anke ihre Freundin mit einem kräftigen Schubs aus der Gefahrenzone beförderte. Als Gerda sich von ihrer Überraschung erholt hatte, sah sie, dass die schlagkräftige Ehefrau ihren Kollegen energisch vom Tatort entfernte. »Spinnen Sie total?«, rief sie der Dame in Schwarz noch hinterher. Aber das ging im lauten »Rock around the clock« der Band unter.

Einige vorbeiflanierende Paare hatten die Szene mitbekommen. Die Frauen waren stehen geblieben und sahen Gerda vorwurfsvoll an. »Geschieht dir recht«, sagten ihre Blicke. Jedenfalls kam es Gerda in diesem Moment so vor. Hilflos schüttelte sie den Kopf und sagte laut in Richtung Zuschauer: »Die hat da ja wohl gründlich etwas missverstanden.« Sie hatte nicht den Eindruck, dass ihr diese Erklärung abgenommen wurde – bis heute.

DEUTSCHLAND VEREINT – AUSGENOMMEN FRAUENFRAGEN

Die Zehn Gebote sind deswegen so kurz und logisch, weil sie ohne Mitwirkung von Juristen zustande gekommen sind.

Charles de Gaulle

Am zweiten Abend unseres Journalistinnen-Wochenendes in der Eifel werden wir richtig rührselig. »Ehrlich, mir kommen heute noch die Tränen, wenn ich die Bilder sehe, wie die Leute auf die Mauer klettern, vor Freude lachen und weinen und schwarz-rot-goldene Fahnen schwenken«, gestehe ich. Wer von uns damals in Berlin dabei gewesen sei, will Maya wissen. Es zeigt sich, dass wir alle 1989 in den ersten zwei Tagen nach dem Fall der Mauer mit Bonner Politikern nach Berlin gereist waren und ergriffen am Brandenburger Tor gestanden hatten.

Für uns grenzte das, was da in diesen Tagen in Berlin geschah, an ein Wunder. Es war unglaublich, dass buchstäblich von einem Tag auf den anderen Schluss sein sollte mit all den innerdeutschen Krämpfen und Kämpfen, mit denen wir aufgewachsen waren. Wir alle waren noch nicht auf der Welt, als Anfang der 50er Jahre der antifaschistische Schutzwall, wie die Kommunisten ihre 1378 Kilometer langen Grenzbefestigungen nannten, quer durch Deutschland aufgeschüttet wurde. Und viele von uns waren noch nicht geboren, als Walter Ulbricht am 13. August 1961 stolz verkündete, dass mit der Betonwand quer durch Berlin nun auch das letzte Schlupfloch für Republikflüchtlinge geschlossen worden sei.

Die Politik der völligen Sprachlosigkeit gegenüber der sogenannten DDR in Anführungsstrichen während der Adenauer-Ära, die vorsichtige Annäherung mit Willy Brandts neuer Ostpolitik, die wiederkehrenden Meldungen über die gelungene oder tragisch gescheiterte Flucht von DDR-Bürgern in den Westen, die Toten an der Berliner Mauer, der politisch motivierte Wettstreit zwischen BRD und DDR um die höchste Medaillenzahl bei Olympischen Spielen, Care-Pakete mit Zucker und später mit echten Jeans und Udo Lindenbergs »Sonderzug nach Pankow« – all dies gehörte über viele Jahre zu den Selbstverständlichkeiten unseres politischen Denkens. Und jetzt sollte plötzlich Schluss damit sein? In diesen Tagen erlebten wir den Höhepunkt unseres Journalistinnen-Daseins in Bonn – und gleichzeitig den Beginn seines Endes.

Die 174. Sitzung des Bundestages am 9. November 1989 war eine zum Gähnen langweilige Veranstaltung – und ich durfte dabei sein. Stundenlang durchlitt ich prickelnde Reden zur Rentenreform und Beamtenversorgung, beides Problemfelder, die mir in meinem Alter und in meinem Beruf recht fernlagen. Als gegen Abend auch noch mein Lieblingsthema »Vereinsbesteuerung« aufgerufen wurde, gab ich auf und radelte nach Hause.

Als ich es mir auf meiner Sitzlandschaft bequem gemacht hatte, rief Anke an. Sie sei gerade am Bundestag vorbeigekommen, erzählte sie. Irgendetwas gehe da vor. Da sei große Aufregung, es würde sich lohnen, das Sofa noch mal zu verlassen. Als ich mit meinem Kameramann ankam, war die Erregung schon in der Vorhalle zu spüren. Abgeordnete hasteten an uns vorbei. Aus dem

Plenarsaal hörte ich die schneidende Stimme der Bundestags-Vizepräsidentin Annemarie Renger: »Die Sitzung ist unterbrochen.«

Mitten in die Diskussion der »Verbesserung und Vereinfachung der Vereinsbesteuerung« hatten Meldungen aus Berlin das Hohe Haus erreicht. Der Sprecher des Zentralkomitees der DDR, Günter Schabowski, hatte in einem Fernsehinterview Reisefreiheit für alle DDR-Bürger angekündigt. Auf die Frage, wann die neuen Bestimmungen in Kraft treten, hatte er geantwortet: »Meines Wissens sofort, unverzüglich.«

Während ich noch mit einem Saaldiener darüber diskutierte, ob wir ausnahmsweise ohne Dreherlaubnis filmen dürften, hatte mein Kameramann die Kamera bereits geschultert und damit begonnen, die turbulenten Ereignisse im Plenarsaal aufzuzeichnen. Nach etwa 20 Minuten wurde die Sitzung fortgesetzt. Kanzleramtsminister Rudolf Seiters gab jetzt offiziell »die vorläufige Freigabe von Besuchsreisen und Ausreisen aus der DDR« bekannt. Und dann geschah das in der deutschen Nachkriegsdemokratie Einmalige. Zunächst einige, dann zögernd immer mehr und schließlich alle Abgeordneten von links bis rechts erhoben sich von ihren Sitzen und sangen die dritte Strophe des Deutschlandliedes »Einigkeit und Recht und Freiheit ...«

Danach schloss Annemarie Renger die Sitzung und die Abgeordneten strömten in das Foyer direkt auf uns zu. Ich stellte mich neben meinen Kameramann und rief ihm zu, wozu ich ihn wirklich nicht hätte auffordern müssen: »Dreh, dreh, dreh.« Die Parlamentarier, selbst die Grünen, hatten gerötete Augen. Einige umarmten sich fraktionsübergreifend. Mit schleppenden Schritten ging Willy Brandt vorbei, gestützt von seiner SPD-Kollegin Liesel Hartenstein. Er weinte. Noch waren nur wenige Fernsehleute im Foyer. Um den Absatz unserer Bilder brauchten wir uns nicht zu sorgen.

Mit der Öffnung der Mauer änderte sich die Bonner Politik. Aber welche Folgen würde die Vereinigung zweier so unterschiedlicher Gesellschaftssysteme für uns Frauen haben, für die in Ost und die in West?

In der Eifel erinnerten wir uns an unsere Unwissenheit. Alles, was wir meinten zu wissen, war, dass den Frauen im real existierenden Sozialismus der DDR von der Partei derselbe Stellenwert in der Gesellschaft eingeräumt worden war wie den Männern – zumindest theoretisch. War das die Gleichberechtigung, nach der wir strebten? Konnten wir von den Frauen, die jetzt aus dem Osten zu uns kommen würden, etwas lernen? »Macht euch nichts vor«, warnte damals schon Maya, »da kommen nicht viele. Und lernen können wir von denen auch nichts. Die hatten dieselbe Männerherrschaft wie wir, wenn's um die Macht ging. Es sei denn, wir wollen Margot Honecker einladen, bei uns mitzumachen.« – »Aber wenn es um die Bedürfnisse der Frauen geht«, widersprach Anke, »sind die Ostfrauen viel besser dran. Die haben doch alles: Job, Versorgung, Kindergärten, Horte. Sogar Scheidung ist leichter gewesen. Und über die Frage, Baby bekommen ja oder nein, konnten sie auch entscheiden. Ich bin gespannt, was unsere westdeutschen Männer dazu sagen.«

Nicht nur wir, auch die Bonner Männermehrheit befasste sich jetzt notgedrungen mit Frauenfragen. Denn irgendwie sollte ja auch in diesem sensiblen Politikbereich zusammenwachsen, was jetzt zusammengehören musste.

Wenn Männer Kinder kriegen könnten, wäre Abtreibung ein Grundrecht

Im Einigungsvertrag wurden die Verschmelzung der beiden Volkswirtschaften, die Zusammenführung der Rechtssysteme und die Bildung einer gemeinsamen Regierung geregelt. Offen blieb, wo diese künftige Regierung arbeiten sollte, in Bonn oder in Berlin. Offen blieb auch, nach welchem Recht die Mütter im vereinigten Deutschland mit dem ungeborenen Leben, mit der ungewollten Schwangerschaft umgehen sollten. In der DDR galt eine sogenannte Fristenlösung. In den ersten drei Monaten der Schwangerschaft durfte sie ohne Begründung unterbrochen werden. Die Bundesrepublik dagegen hatte eine Indikationslösung eingeführt. Abtreibung war nur unter bestimmten und sehr eng geregelten Voraussetzungen erlaubt.

Der Kampf um den Paragrafen 218 des Strafgesetzbuches, der ewige Streit zwischen den Männern und den Frauen im politischen Bonn – mit der Wiedervereinigung brach er erneut aus. Und bei diesem Thema zogen alle Bonner Frauen ausnahmsweise einmal an einem Strang. Die Politikerinnen fanden von links bis rechts interfraktionell zusammen; über alle redaktionellen Differenzen hinaus vereinigten sich die Journalistinnen. Sie alle hatten dasselbe Ziel: eine möglichst weitgehende Selbstbestimmung der Frau im Umgang mit einer ungewollten Schwangerschaft.

Susann von Lojewski, damals *Sat.1*, heute Planung/Chefin vom Dienst bei »Mona Lisa« *(ZDF)*:

Susann von Lojewski: »Weiberkram – der Paragraf 218 und Gedöns«

Wie alle Bonner Frauen geriet ich als junge Journalistin mitten hinein in eine der größten Debatten der 90er Jahre: die Reform des Abtreibungsparagrafen 218, eine der umfassendsten Gesetzesänderungen nach dem Mauerfall. Es wurde lange und intensiv gestritten. Aber politische oder journalistische Meriten konnte man sich in Bonn damit nicht verdienen. Abtreibung – das war Frauensache. Und so sahen dies auch die Männer in den Chefetagen der Medien.

Als bei mir nach dem 30. Beitrag zum Thema eine gewisse Berichtsmüdigkeit aufkam und ich darum bat, doch einmal einen Mann zu einem 218-Termin zu schicken, war die unmissverständliche Antwort: »Das ist Frauensache« – ganz so, als ginge Männer das Kinderkriegen gar nichts an.

Ob 218, der Gesetzentwurf zur »Vergewaltigung in der Ehe« oder die Quotendiskussion – alles das war »Weiberkram« und nichts für die arrivierte Männerriege des Bonner Journalismus. Die kümmerte sich um die »wichtigen« Themen wie Verteidigungs-, Innen- und Außenpolitik und ging bei Kanzler Kohls Vertrauten Ackermann und Fritzenkötter ein und aus.

Ein Beispiel, das aus dem Super-Wahljahr 1998 stammt. Damals arbeitete ich schon nicht mehr für *Sat.1*, sondern für das *ZDF*-Frauenjournal »ML Mona Lisa«. »Frauen vor der Wahl« war das Thema meines geplanten Beitrages. Und, nein, es sollten nicht noch einmal die immer wieder befragten frauenpolitischen Sprecherinnen zu Wort kommen, sondern die Spitzenkandidaten für die Wahlen, also meist Männer. Wir baten also in allen Wahlkampfbüros um ein Interview. Ergebnis: Mit einer Ausnahme wurden wir ohne Kommentar an die frauenpolitischen Sprecherinnen zurückverwiesen. Bei der CDU gar mit dem Hinweis: »Was hat das Thema mit Helmut Kohl zu tun?« Auf meinen zaghaften Hinweis, dass bekanntlich mehr als die Hälfte aller Wähler weiblich sind, bekam ich die eher höhnische Replik zu hören: »Genau die haben doch auch unser oberstes Interesse.«

Das hat auch der Kanzlerkandidat der SPD Gerhard Schröder im Wahlkampf 1998 behauptet. Einen »neuen Aufbruch für die Frauenpolitik« versprach er und stellte dann Christine Bergmann, die »Ministerin für Familie, Senioren, Frauen und Jugend« werden sollte, als seine Kandidatin für das Ressort »für Frauen und das ganze andere Gedöns« vor.

Bereiche, in denen Frauen seit Jahrhunderten nicht mitreden durften, blieben auch in den 90ern tabu. Für den Journalismus bedeutete das: Nur wer als Frau besonders zäh, ausdauernd und bisweilen auch bissig war, hatte eine Chance, die medialen Sahnestücke zu bester Sendezeit zu besetzen. Denn was dort hineingehörte, was wichtig war und was nicht, das bestimmten Männer. Und dabei wäre so manches Mal ein Bericht über die Reform des Abtreibungsparagrafen von größerer Bedeutung für unsere Gesellschaft gewesen als der 765. Beitrag zur 47. Haushaltsdebatte.

Der Streit um und über den Abtreibungsparagrafen 218 hatte Jahrzehnte gedauert. Immer dann, wenn Entscheidungen zu treffen waren, setzte die Männermehrheit noch einen Sonderausschuss ein, wurde in einer weiteren Anhörung von Experten über pränatale Diagnostik und humangenetische Beratung räsoniert. Dabei ging es die ganze Zeit nur um eine Frage: Soll Abtreibung strafbar bleiben oder innerhalb einer bestimmten Frist nach der Empfängnis gestattet werden?

Im ersten Verfahren vor dem Bundesverfassungsgericht im Jahre 1974 entschied die Mehrheit der Richter gegen die Fristen-

und für die Indikationslösung. Zwei Richter, Helmut Simon und die einzige Frau im roten Talar Wiltraut Rupp-von-Brünneck, erklärten in einem Minderheitsvotum, dass die Indikationslösung ihrer Rechtsauffassung nach unvereinbar sei mit der Würde der Frau.

Fast zwei Jahrzehnte vergingen, bis sich die höchsten Richter im Jahre 1993 erneut mit dem Paragrafen 218 befassten. Und es zeigte sich, dass die Herren in den roten Roben ihre Meinung über Frauen nicht geändert hatten. Während des Verfahrens wollte einer der Richter von den Rechtsvertreterinnen der Länder wissen, ob »die Promiskuität von Frauen nicht nur über ein restriktives Abtreibungsgesetz verhindert werden« könne. Mit anderen Worten: Es liegt in der weiblichen Natur, sich in kurzen Abständen von verschiedenen Männern begatten zu lassen. Es ging also nur darum, wie dieser gottgegebene Drang per Gesetz gezügelt werden konnte.

Die damalige Sozialministerin von Brandenburg, Regine Hildebrandt, die unten im Parkett saß, war eine temperamentvolle Frau. Wütend sprang sie auf, stürmte vor zur Richterempore, stemmte die Hände in die Hüften und beschimpfte die Robenträger in ihrem schönsten Berlinerisch: »Ick gloobe, ick kieke nich richtich. Wo bin ick hier eigentlich jelandet? Vor einem Jericht oder vor einem Sammelsurium alter Männer oder wat?«

Geldstrafe, Gefängnis, Arbeitsverbot – das war das Verhandlungsangebot der Unionsparteien für die Reform des Abtreibungsparagrafen 218 in dieser Zeit. Auf 85 Seiten hatten die Konservativen dargelegt, wie sie jene behandeln wollten, die ihrer Meinung nach nicht genug unternahmen, Schwangere von einer Abtreibung abzuhalten. Ärzte wurden mit einer einjährigen Freiheitsstrafe bedroht. Schwangerschaftsberater sollten aus demselben Grund mit bis zu 10 000 Mark Buße und dem Verlust ihres Arbeitsplatzes bestraft werden. Eltern, Geschwister, Oma und Opa, Vermieter, Arbeitgeber und Väter konnten bis zu drei Jahre hinter Gittern landen, wenn sie eine Schwangere zum Abbruch aufforderten. Es brauchte noch einmal sechs Jahre, bis das Parlament das heute geltende »Schwangeren- und Familienhilfeänderungsgesetz« beschloss. Seither ist eine Abtreibung bis zur zwölften Woche der Schwangerschaft zwar rechtswidrig, aber dennoch straffrei.

Rausgetreten

Die Diskussion um die Abtreibung erregte nach der Maueröffnung die Gemüter. Anke hatte in dieser Zeit sogar als Frau eine Einladung bekommen, das brisante Thema in einer Fernsehshow zu diskutieren. Obwohl sie beruflich in die laufende Debatte involviert war, bereitete sie sich besonders intensiv auf diesen Fernsehauftritt vor. Sie wusste, mit welchen Kollegen sie es zu tun bekommen würde. Da war vor allem dieser katholische Hardliner, dem sie tüchtig einheizen wollte. Um schon äußerlich zu dokumentieren, dass hier Frau Tough im Anmarsch war, zog Anke ihre »Uniform für seriöse Anlässe« an. So nannte sie ihr Ensemble aus schwarzem Rollkragenpulli, schwarzer Hose und klassischem Damenjackett in Beige mit gepolsterten Schulterpartien. Dazu zwei schwarze Stiefel, die zueinander passen. Nach ihrem Auftritt mit je einem Stiefel aus unterschiedlichen Paaren ausgerechnet bei einem Vorstellungsgespräch achtete sie darauf besonders.

Sie war also von Kopf bis Fuß gut vorbereitet. Ihr gegenüber an dem runden Tisch saß dieser konservative Überzeugungstäter, der so ungefähr jedes Vorurteil emanzipierter Frauen gegen verbohrte Macho-Männer bediente. Seine Meinung zu Paragraf 218 und weiblicher Sexualität war leicht auf einen Punkt zu bringen: Guten Mädchen passiert so etwas erst gar nicht und schlechte Mädchen werden dafür bestraft. Diesmal geriet Ankes Gegenüber richtig in Rage. Ihn ärgerten ihre Argumente. »Es soll tatsächlich Frauen geben«, blaffte er sie an, »die mal eben abtreiben, weil ein Kind grad nicht in ihr Leben passt.« Anke fragte spitz zurück: »Wollen Sie behaupten, dass Frauen Kinder abtreiben, weil sie gerade Reitstunden nehmen wollen?«

In diesem Moment spürte sie den stechenden Schmerz. Der Kerl hatte ihr unter dem Tisch kräftig gegen das Schienbein getreten. Verblüfft hielt sie inne und schon setzte ihr Kontrahent nach. »Das ist nun wirklich eine unmögliche Vereinfachung. Die katholische Kirche hat wirklich klar dargelegt, und die Forschung hat es bestätigt, dass jede Abtreibung die Tötung eines menschlichen Wesens bedeutet.« – »Und deshalb kümmert sich die katholische Kirche ja auch so rührend um die gefallenen Frauen mit ihren unehelichen Kindern«, giftete Anke zurück. »Oder soll ich sagen: mit ihren Bankerts?«

Anke hatte eindrucksvolle Zahlen darüber parat, wie viele Kinder die katholische Kirche im Stich ließ, nur weil sie unehelich zur Welt gekommen waren. Aber ihr blieb die Luft weg. Ein neuer, noch heftigerer Tritt hatte ihr Schienbein getroffen. Voller Anspannung wartete sie auf den nächsten Angriff unter der Gürtellinie – und verlor hoffnungslos den Faden. Und die Fernseh-Schlacht. Alles, was sie tun konnte, war, ihre Beine so weit wie möglich aus der Reichweite des gemeinen Treters zu bringen. Oder hätte sie, überlegte sie später, in einer Live-Sendung im Fernsehen ihr Gegenüber laut auffordern sollen, endlich damit aufzuhören, ihr gegen das Schienbein zu treten? Vielleicht. Aber das hatte sie sich nicht getraut.

»Ob ich mich das heute trauen würde?«, fragt uns Anke in der Eifel. »Ob unsere jungen Kolleginnen da heute was sagen würden?« Ich denke eine Weile nach: »Ich glaube, ich würde auch heute nichts sagen, aber vielleicht würde ich zurücktreten.« Dann merke ich noch an: »Ich hab die Geschichte mal meiner Tochter Katarina erzählt. Die fand das unheimlich witzig und ist zutiefst überzeugt, dass sie aufstehen und allen Leuten die rote Stelle an ihrem Schienbein zeigen würde.«

Damals jedenfalls begrüßten wir Anke mit: »Super, du warst super.« – »So richtig seriös«, lobte Lisa und verharrte mit gestrecktem Bein und stolz erhobenem Kopf in einer vollendeten Arabesque. Als Anke uns von ihrem tretenden Kollegen erzählte, gelang es uns allerdings auch damals nicht ganz, die Ungeheuerlichkeit des Vorgangs mit dem gebührenden Ernst zu würdigen. »Das ist nicht komisch«, muffte Anke. »Ist es doch ein bisschen«, versuchte ich sie zu trösten. »Der hat versucht, dich rauszutreten. Hat er aber nicht geschafft.«

Die gehört nicht in den Bundestag, die gehört hinter Gitter

Es gab sie, jene wenigen Frauen, die sich trotz aller Widerstände mit Fleiß und Können in die Spitzenränge der kleinen, aber nicht immer ganz feinen rheinischen Hauptstadt vorgearbeitet haben. Einmal oben angekommen mussten sie allerdings oft besonders darunter leiden, dass sie den einen oder anderen Herrn abgehängt hatten. Wenn es partout nicht mehr gelang, Geisteskraft und Können solcher Ausnahmefrauen anzuzweifeln, dann mussten die in Jahrhunderten internalisierten Klischees herhalten.

Nach der Eingemeindung der Deutschen Demokratischen Republik, als heftig darüber gestritten wurde, ob ein Provinznest wie Bonn auch Hauptstadt des vereinigten Deutschlands sein könne, traf es eine besonders erfolgreiche Politikerin. Ausgerechnet im Reich der Zahlen, in dem sich angeblich nur Männer zurechtfinden, hatte sich Ingrid Matthäus-Maier häuslich eingerichtet. Als erste und bisher einzige Frau hatte sie dem mächtigen Finanzausschuss des Deutschen Bundestages vorgesessen. In flammenden Reden, für die sie mehrfach ausgezeichnet wurde, kämpfte sie zunächst für die FDP und nach dem Bruch der sozial-liberalen Koalition als Sozialdemokratin für einen sparsamen Umgang mit Steuergeldern und gegen die zunehmende Staatsverschuldung.

Diese Finanzexpertin nun, eine Frau, wagte es, im emotional geführten Streit um den Sitz von Regierung und Parlament der vereinten Republik die Kostenfrage zu stellen. Mitten hinein in das laute Gekeife von Bonnverteidigern und Berlinenthusiasten gab Ingrid Matthäus-Maier zu bedenken, ob sich die Bundesrepublik Deutschland angesichts eines bereits angehäuften Schuldenberges von 1,7 Billionen Mark einen Milliarden verschlingenden Umzug überhaupt leisten könne.

Doch statt sich mit dieser nicht ganz unsinnigen Frage auseinanderzusetzen, befassten sich die Männer damit, auf die weithin bekannte Tatsache hinzuweisen, dass es sich bei dieser Finanzexpertin um eine Frau handelt. Im *ZDF*-Länderspiegel fiel der Autor Wolfgang Menge über die kostenbewusste Politikerin her.

»Das ist eine, die für mich gar nicht mehr in den Bundestag gehört, die gehört hinter Gitter«, giftete er. Der neben ihm sitzende Parteifreund und ehemalige Regierende Bürgermeister von Berlin, Walter Momper, schloss da gleich »nahtlos an das an, was der Menge gesagt hat«, und gab zu Protokoll, dass man andere Politiker brauche als solche, die »in den Kategorien der rheinischen Republik das Denken gelernt haben«.

Noch eindeutiger beschrieb dann ein Redakteur des *Spiegel* die Probleme, die man als Mann mit der erfolgreichen Politikerin Ingrid Matthäus-Maier hat. »Diese Frau nervt«, enthüllte er. »Warum hat sie ihr lila-weißes Häkelkissen mit ins Auto geschleppt, wenn sie doch nicht schläft?« Und dann fragt der Autor rein rhetorisch, da die Schwatzhaftigkeit von Frauen ja bekannt ist, auch noch nach: »Warum quatscht sie selbst nach stundenlanger Autofahrt unermüdlich weiter?«

Diese »Volldampf-Frau« *(Spiegel)* mit dem munteren Mundwerk irritierte die Bonner Männer allerdings nicht nur mit ihrem Fachwissen und ihrer Durchsetzungskraft. Sie und ihr Mann führten auch noch privat vor, was sich für die Mehrheit der Deutschen in jenen Jahren einfach nicht schickte und was die gewohnte Aufteilung der Welt zwischen Mann und Frau gefährdete. Frau Matthäus-Maier sorgte für das Einkommen der Familie. Ihr Mann, ein gut ausgebildeter Mathematiker, versorgte den Haushalt und die beiden gemeinsamen Kinder.

Das war im Deutschland der Bonner Republik noch nicht mehrheitsfähig. In einer europaweiten Studie wurden Anfang der 90er Jahre Männer und Frauen über 18 gefragt, welche Rolle die Frau in der Gesellschaft zu spielen habe. 57 Prozent der Befragten in Deutschland fanden, dass die Frau an den häuslichen Herd gehöre und nicht auf den Arbeitsmarkt.

JETZT WERDEN WIR AUCH NOCH MÜTTER

Wenn Sie in der Politik etwas gesagt haben wollen,
wenden Sie sich an einen Mann.
Wenn Sie etwas getan haben wollen,
wenden Sie sich an eine Frau.

Margaret Thatcher

Der Bonner *Almanach*, die Festbroschüre des Bundespresseballs, fasste Anfang der 90er die Frage satirisch zusammen, wie es Gleichberechtigung zwischen Mann und Frau geben könne, wenn die Frauen weiterhin die Kinder bekämen: »Frauen gehen zur Arbeit, Frauen gehen in die Ehe, Frauen gehen in Rente. Mittendrin kriegen Frauen Kinder. Sind die Kinder aus dem Häuschen, denken Frauen, war das etwa alles? Und drängen in die Politik. Aber dann sind sie zu alt. Ist der Lack ab. Männer machen in der Zwischenzeit Karriere. Wenn bei ihnen der Lack ab ist, werden sie Spitzenkandidat.«

Ein Lebensplan, der eigentlich nicht der Unsere war. Aber irgendwann ließ es sich nicht mehr verheimlichen. Immer häufiger sprachen wir in unserem Hintergrundkreis »Rosa Federn« auch über neue, andere Themen: über Babynahrung und Kindergärten, Windpocken und Masern, Babysitter und schlaflose Nächte. Seit der Gründung unserer journalistischen Bonner Frauenkampfgruppe waren über zehn Jahre vergangen. Jahre, in denen auch bei uns Babys zur Welt gekommen waren. Keine von uns hatte deshalb aufgehört zu arbeiten. Und so lernten wir alle – auch die kinderlosen – immer wieder, dass jedes auch noch so ausgeklügelte private Betreuungssystem regelmäßig zusammenbricht. Wenn das Kind krank ist, das Kindergartenpersonal streikt oder die Oma auf der Treppe stürzt, wird von der Frau erwartet, dass sie Beruf Beruf sein lässt. Die jeweiligen Männer oder Lebenspartner – mochten sie auch noch so rührende Väter sein – waren jedenfalls in solchen Situationen auch gegen Ende des 20. Jahrhunderts noch der einhelligen Meinung, dass dann die Partnerin zurückstecken muss, auch wenn es sie in ihrer Karriere zurückwirft oder sie gar beendet.

Als es wieder einmal um das »schlechte Gewissen« ging, das eine unserer Mütter der »Rosa Federn« laut beklagte, weil sie wegen eines Termins ihr Baby »wegorganisiert« hatte, da wurde Maya richtig zornig. So würde es nie etwas mit der völligen Gleichberechtigung, »habe ich damals gesagt und muss ich leider heute wiederholen«, erinnert sich Maya in der Eifel an ihre Schimpftirade. Seit es diese Republik gibt, klärt sie uns auf, sei die Berufstätigkeit der Frau mit unterschiedlichen Argumenten ethisch und moralisch verteufelt worden. Und sehr viel habe sich daran bis in die Gegenwart nicht geändert. Offenbar hatte sich Maya vorbereitet und ihre Kenntnisse über den Kampf um Emanzipation auch auf dem Arbeitsmarkt aufgefrischt.

»Doppelverdiener« war zu unseren Jungmütterzeiten das Schimpfwort, mit dem der Drang der Frauen nach bezahlter Arbeit außerhalb der Familie verunglimpft wurde. Der Begriff stammte aus dem Beamtenrecht, das die Entlassung weiblicher Angestellter und Beamter zuließ, wenn deren »wirtschaftliche Versorgung … dauernd gesichert« war (zitiert aus Stötzel/Wengeler: »Kontroverse Begriffe«, Berlin 1995, S. 449 ff.). Die Doppelverdiener, das waren und sind immer nur die Frauen. Die nehmen

Männern die Arbeitsplätze weg, vernachlässigen ihren Haushalt und lassen ihren Nachwuchs zu »Schlüsselkindern« verkommen.

Frauenarbeit wurde und wird bis heute toleriert – aber nur als Tätigkeit, die einen Zuverdienst zum Familieneinkommen bringt. Ernährer bleibt der Mann. Und so ist leicht zu erklären, dass für Frauen immer noch vor allem schlecht oder schlechter bezahlte Arbeit in Frage kommt. Die »Leichtlohngruppen« wurden kreiert, Tätigkeiten mit geringem Prestige und geringer Bezahlung, genau richtig für die dazuverdienende Ehefrau.

Aber auch diese Entwicklung passte irgendwie nicht ins Bild der alten Rollenverteilung zwischen Mann und Frau. Denn auf einmal gehörte die Berufstätigkeit der Frau, wenn auch die kleine, zum guten Ton und die Nur-Hausfrau kam in Verruf. Auch dieses Dilemma wurde beseitigt. Bald wurde die »Doppelbelastung« der berufstätigen Frau und Mutter beklagt und von den konservativen Männern so interpretiert, dass es auch für die moderne Frau nur einen Weg der Entwicklung geben könne: Heim ins Heim.

Sie habe oft ein schlechtes Gewissen gehabt, erinnert sich Martina Fietz, damals Redakteurin der *Welt*.

Martina Fietz: »Als ich Mutter wurde ...«

... sagte der stellvertretende *Welt*-Chefredakteur Enno von Loewenstern zu mir: Jetzt kommen Sie bloß nicht auf die Idee, zu Hause zu bleiben. So schnell wie möglich kommen Sie wieder in die Redaktion – und wenn Sie das Kind mitbringen müssen.

Das klingt großzügig. Haben das die anderen männlichen Kollegen mitgetragen?

Martina Fietz: Merkwürdigerweise waren es eher die jüngeren Männer, die fragten: Wer kümmert sich denn jetzt um dein Kind? Ein Kind braucht doch seine Mutter! Sie erreichten mich damit auch. Ich war oft unsicher, ob ich allen Seiten gerecht werden konnte. Ich gehöre bestimmt zu der Generation, die das alles mit einem schlechten Gewissen gemacht hat. Ich habe mich ständig gefragt: Schadet es meinem Kind, wenn ich nicht ständig bei ihm bin? Ist es richtig, es so jung bei einer Kinderfrau zu lassen?

Wie bist du mit dem schlechten Gewissen umgegangen?
Mein größtes Handikap dabei war ich selbst. Ich habe einmal mit Angela Merkel einen Abend lang zusammengesessen. Sie war damals Frauenministerin. Ich habe da die These vertreten: Man kriegt es als Frau hin, mit Kindern seinen Job gut zu machen – aber auch noch aufsteigen, das ist ziemlich unmöglich. Angela Merkel war entsetzt und widersprach mir vehement. Aber gesetzliche Unterstützung für junge Mütter – da war die Politik ganz am Anfang.

Männer sind immer für ihre Kinder da – es sei denn, die Kleinen sind wach

Es war schon schwer bis unmöglich, als kinderlose Frau in den Männerberufen Karriere zu machen. Teilzeitarbeit? Das war allenfalls etwas für die kleinen Angestellten. Wenn eine Frau unbedingt im Bonner Männergetümmel mitmischen wollte, dann hatte sie im Zweifel mehr Einsatz zu zeigen als die Männer – auch zeitlich. Und im Journalismus, dem Beruf mit dem wohl höchsten sozialen Druck, sich an keinerlei geregelte Arbeitszeit zu halten, war ein Aufstieg mit Kind ganz und gar undenkbar.

Anke jedoch war als Erster von uns eine kleine Sensation gelungen. Sie hatte tatsächlich erreicht, dass sie für eine gewisse Zeit nach der Geburt ihres Sohnes von zu Hause aus arbeiten durfte. Das förderte sicher nicht die Karriere, warf sie aber immerhin auch nicht zurück. Um das Besondere dieser damals in Bonn wohl einmaligen Vereinbarung würdigen zu können, ist es notwendig, sich den Stand der Kommunikationstechnik von damals in Erinnerung zu rufen. Wer ein Faxgerät besaß, der hatte kommunikationstechnisch den State of the Art erreicht. Handys gab es schon, für einige tausend Mark, groß und schwer. Man nannte sie wegen ihrer opulenten gebogenen Form »Knochen«. Ankes Chef schleppte ein solches Gerät manchmal mit sich herum. Nützen tat es ihm wenig, weil mit dem Ausbau der Funknetze gerade erst begonnen wurde.

Unter solchen Bedingungen von zu Hause aus zu recherchieren, zu schreiben und das Werk dann auch noch in die Zentrale zu übermitteln – das erforderte schon einen gehörigen Aufwand. Die Wetten bei den Kollegen standen denn auch zehn zu eins, dass Ankes Kind sich eher wund liegen würde, als dass die Mama es schaffen würde, zwischen Arztbesuchen und Windelwechseln vernünftige Artikel zu verfassen.

Ankes Alltag hatte denn auch seine Tücken. Wenn sie versuchte, von zu Hause zu recherchieren, musste sie sich mit einem »Mama muss mal telefonieren« davonstehlen oder Sohnemanns Mittagsschlaf ausnutzen. Das endete aber regelmäßig damit, dass Klein-Jonas just in dem Moment aufwachte und anfing zu schreien. Ihr Gesprächspartner am Telefon setzte dann an, ihr die Neuigkeit mitzuteilen: »Ihr Baby schreit« und »wir können ja mal miteinander reden, wenn Ihre Mutterpflichten nicht mehr rufen«. Aufgelegt – und die Recherche war geplatzt.

»Man kann mit Kind immer nur voll arbeiten«, behauptet Meike in der Eifel mit der Erfahrung von drei Kindern, die sie mittlerweile durchs Abi gebracht hat, »wenn man mindestens fünf Frauen im Hintergrund hat, auf die man sich verlassen kann und die notfalls einspringen.«

Im Leben einer jeden von uns Bonner Frauen gab es plötzlich »private Strukturen, die gesellschaftlich nicht wahrgenommen werden, weil sie auch gesellschaftlich nicht erwünscht sind«. So hatte uns auf einem Hintergrundtreffen der »Rosa Federn« kürzlich ein konservativer Politiker erklärt, warum von den Männern so wenig Rücksicht genommen werden kann auf alleinerziehende Mütter und berufstätige Ehefrauen.

In Deutschland konnten nach Angaben des Kinderschutzbundes in den 90er Jahren etwa 40 Prozent der jungen Mütter keinen Beruf ausüben, weil sie für ihre Kinder keine angemessene Betreuung fanden. Und mehr als 300 000 alleinstehende Mütter lebten von der Sozialhilfe, weil sie wegen der Kinder zu Hause bleiben mussten. Wenn irgendwo ein neuer Kindergarten eröffnet wurde, ging es zu, als ob in bester Münchner Lage eine Studentenbude für 80 Mark zu vermieten wäre. Frauen setzten ihre Kinder schon kurz nach der Empfängnis auf die Wartelisten. Immer wieder berichteten Kindergärtnerinnen von Bestechungsversuchen verzweifelter Mütter.

Auch die werktätigen Väter litten natürlich unter dem Geschrei ihrer Kinder. Sie blieben deshalb aber nicht etwa der Arbeit fern. Sie taten das Gegenteil. Amüsiert und häufig auch böse registrierten wir, dass sich das Verhalten unserer Kollegen und Chefs änderte, sobald zu Hause ein neues Baby angekommen war. Dann wurden noch mehr Redaktionskonferenzen angesetzt, und das mit Vorliebe zu Zeiten, wenn die Frau zu Hause versuchte, den neuen Schreihals ruhigzustellen. Termine an Wochenenden, die bisher für uns Frauen reserviert waren, nahm der junge Vater plötzlich persönlich wahr. »Die tun alles, um nicht dann nach Hause zu kommen, wenn die Kinder quengeln, ins Bett gebracht oder bespielt werden müssen. Ich würde das aktive Vaterflucht nennen«, analysierte Meike das Offensichtliche.

Männer seien zu 90 Prozent mit Plan A beschäftigt, ihrem Beruf, erklärte uns eine Personalberaterin, die bei den »Rosa Federn« zu Gast war. Plan B, Familie und Haushalt, nähme entsprechend allenfalls 10 Prozent in Anspruch. Diese Verteilung ergäbe sich aber durchaus nicht immer freiwillig. Gerade bei Nachwuchskräften, die am Anfang einer beruflichen Laufbahn stünden, sei der soziale Druck enorm. Wer Karriere machen wolle, der könne sich nicht überwiegend um die Familie kümmern. Niemand könne, und ein Mann schon gar nicht, in einer Sitzung aufstehen und sagen: »Mein Sohn muss ins Bett, ich muss jetzt gehen.«

Susanne Düwel, damals zunächst bei der *Süddeutschen Zeitung*, heute Kulturreferentin in NRW, erinnert sich noch genau daran, wie schwer es war, Mutter zu sein:

Susanne Düwel: »Unbedingte Verfügbarkeit« oder: Mütter können abends nicht kungeln

Die Grünen verhalfen mir zu einem kurzfristigen Erfolg: Nach dem Tod von Petra Kelly und Gert Bastian durfte ich meine erste (und einzige) Titelgeschichte schreiben. Doch kurz darauf enttäuschte ich die Chefredaktion zutiefst: Ich bekam ein Kind. Zum Glück gab es noch andere junge Redakteurinnen, die alles wollten: Kind und Job.

Zwischen Herbst '92 und Sommer '93 wurden Carolin, Enno, Hannah und Martin in Bonn geboren und bis heute habe ich zu den anderen Müttern Kontakt.

Meine Tochter war ein halbes Jahr alt, als ich ins Büro zurückkam. Mit einem Porträt von Heiner Geißler wollte ich wieder einsteigen. Die Geschichte war bereits gesetzt und wurde dann aus dem Heft genommen. Dennoch wurde die Reportage kurze Zeit später auf Umwegen veröffentlicht. In den zeitlosen Passagen wortgleich fand ich sie in einer südwestdeutschen Tageszeitung wieder – unter dem Namen eines ehemaligen Kollegen.

Im Herbst 1994 klingelte das Telefon, und Joschka Fischer freute sich am anderen Ende der Leitung über mein Erschrecken. Ob ich mir vorstellen könne, für die Fraktion der Grünen im Bundestag zu arbeiten? Inmitten einer durch-quotierten Fraktion mit Doppelspitze und vielen selbstbewussten Frauen arbeitete ich dann vier Jahre lang für einen nur mühsam getarnten, allerdings brillanten Ober-Macho. Im grünen Umfeld ging das ganz gut, sogar mit Kind. Dass seine engen Mitarbeiter wie Eisensplitter auf den Magneten ausgerichtet waren, ist kein Fischer-Phänomen. Den Wunsch nach unbedingter Verfügbarkeit gibt es bis heute überall, wo die Luft dünn ist. Kungelrunden treffen sich nun mal nach Dienstschluss – je exklusiver, desto später darf es dabei werden. Frauen, zumal Mütter, sind dabei klar im Nachteil. Sie haben keine Frau zu Hause, die die Kinder ins Bett bringt.

Meine Tochter ist jetzt volljährig. Die Quote lehnt sie ab. Jeder und jede sollte nach seinen Leistungen beurteilt werden, findet sie. Da hat sie recht.

Dieser Meinung waren wir jungen Dinger damals in Bonn auch. Wir wollten nicht mehr von Emanzipation reden und dafür mit viel Getöse kämpfen, wir hofften, Emanzipation leben zu können. Aber dafür war die Zeit wohl noch nicht reif. Lange sahen wir aus wie die naiven Verlierer. Und wir fühlten uns auch so.

Mit dem gehörigen Abstand von 25 Jahren kommen wir Frauen der »Rosa Federn« zu einem positiveren Urteil unseres Beitrages zur Gleichbehandlung von Mann und Frau in unserem Bereich. Die Zeit zum Beispiel, da Weibliches vor der Fernsehkamera nur zum Ansagen, Aufsagen und In-die-Kamera-Strahlen gut war, ist vorüber. Die wichtigsten politischen Talkshows des Landes werden von Frauen moderiert, wichtige Fernsehsender von Frauen geführt.

Wir haben uns alle möglichen Tricks angeeignet, wie Frau erfolgreicher auftreten kann – in einer immer noch von Männern bestimmten Welt. Etwa nicht am Ende eines jeden Satzes, wozu Frauen neigen, die Stimme zu heben. Die Stimme unten lassen, das klingt energischer und damit seriöser. Wir erhöhen uns mit hohen Absätzen. Das macht nicht nur die Beine schöner, sondern bringt uns auch den Köpfen bedeutender Männer um uns herum näher. Vor wichtigen Konferenzen trinken wir nichts – so können die Männer nicht mehr über die schwache Blase von Mädchen lästern. Heide Simonis, erste Ministerpräsidentin in der Bundesrepublik, erzählt heute noch gerne: »Ich habe oft Tarifverhandlungen im öffentlichen Dienst geführt. Wenn Sie es da nicht bis drei Uhr in der Früh auf dem Stuhl aushalten, bekommen Sie auch keinen Tarifabschluss hin. Ich will's mal so sagen: Politik ist der Sieg des Hinterns über das Gehirn. Außerdem muss Ihre Blase funktionieren. Wer laufend aus der Verhandlung raus muss, hat schon verloren.« (*Tagesspiegel* 2003)

Wir treten die Flucht nach vorne an. Wenn uns ein Mann blöde kommt, packen wir ihn an seinen eigenen Vorurteilen, nach dem

Motto: »Suchen Sie ein Frauchen? Da sind Sie bei mir gerade richtig.« Wir spielen mit – aber nach unseren Regeln.

Die Journalistin Caren Miosga wurde vom *Spiegel* gefragt, wie sie es schafft, als Mutter von zwei kleinen Kindern ihren Vollzeitjob als Ankerfrau bei den »Tagesthemen« zu erledigen. Sie fragte dagegen: »Warum fragt eigentlich niemand meinen Kollegen Tom Buhrow nach seinen Kindern?« Aber nicht nur Männer hätten oft wenig Verständnis für die Kombination Full-time-Job und Kinder. Kurz nach der Geburt ihrer zweiten Tochter habe sie eine kinderlose Kollegin, so erzählt Miosga, grob angefahren: »Geht es nicht auch mal einen Tag ohne Stillen?« (*Der Spiegel* 5/2011)

Fest steht: Im Vergleich zur Gründerzeit »Rosa Federn« hat der Appetit der Frauen auf Macht deutlich zugenommen. 1990 fand die Hamburger Wirtschaftswissenschaftlerin Sonja Bischoff in einer Interviewstudie unter weiblichen Führungskräften heraus, dass die befragten Frauen Macht negativ beurteilen (Sonja Bischoff: »Männer und Frauen in Führungspositionen in Deutschland – die 5. Studie«, Bielefeld 2010). Macht sei »ein böses Wort«, antwortete eine Geschäftsführerin.

Heute boomt der Markt für Ratgeber, die sich speziell an Frauen richten und deren Aufstieg fördern wollen. Titel wie »Machiavelli für Frauen« oder »Erfolg ist sexy! Die weibliche Formel für mehr Lust im Beruf« verkaufen sich gut. Auch ist für Frauen inzwischen selbstverständlich, was für die »Rosa Federn« noch etwas ganz Besonderes war: Die Einsicht, dass die Zusammenarbeit in Netzwerken jedem einzelnen Mitglied dabei hilft, im Konkurrenzkampf erfolgreicher zu sein. Auch im Konkurrenzkampf der Geschlechter. Ungezählte solcher Kontaktbörsen für Frauen gibt es inzwischen in Deutschland.

IN BERLIN WIRD ALLES BESSER – JA?

In den 80er Jahren waren wir in Bonn viele junge, gute Journalistinnen.
Keine von uns wurde Chefredakteur.

Doris Schröder-Köpf, 2011

Der Hintergrundkreis »Rosa Federn« fiel mit dem Umzug der Regierung nach Berlin auseinander. Anke, Lisa, Gerda und ich, die Ursula, erinnern uns im Eifler Hotel an den traurigen Abschied vom geliebten und gehassten Bundesdorf am Rhein.

Ein letztes Mal hatten wir vier uns auf die geblümten Plastikkissen der inzwischen arg lädierten Hollywoodschaukel gequetscht und das kleine Haus vor uns betrachtet. Beinahe 15 Jahre war es unser Zuhause gewesen. Jetzt hatte ich es verkauft. Zwei von uns zogen mit dem Tross nach Berlin. »Wisst ihr«, fragte Anke, »dass meine männlichen Kollegen eine 25-prozentige Berlin-Zulage bekommen? Jedenfalls haben sie ihre jüngste außerplanmäßige Gehaltserhöhung so genannt. Und ich Trottel habe davon nichts gewusst.« Gerda schaute sie erstaunt an: »Was hast du gemacht, bist du nicht sofort zu deinem Chef gegangen? Was die kriegen, steht doch auch dir zu.« – »Mehr Geld bekommen nur Vollzeitkräfte. Und da ich wegen des Kleinen nicht mehr voll arbeite, habe ich kein Anrecht darauf«, erklärte Anke.

Gerda schaute sie grimmig an. »Das trifft wieder mal voll die Frauen, obwohl die eh schon benachteiligt werden«, schimpfte sie und zitierte aus dem Kopf die Ergebnisse der jüngsten Ein-

Almanach zum Bonner Presseball, 1988, »Bonnsai 2000«
Politikerinnen-Gruppenbild

kommenserhebungen, unterteilt nach Geschlechtern. Gerda geriet in Fahrt. »Der durchschnittliche Brutto-Stundenverdienst der Frauen liegt über 25 Prozent unter dem der Männer, und das für dieselbe Arbeit. Und warum? Sie verhandeln schwächer, tre-

ten nicht selbstbewusst genug auf, sind eher mit weniger abzuspeisen, gehen Auseinandersetzungen aus dem Wege ...« – »Hör schon auf«, unterbrach Anke sie lachend, »ich habe deine Botschaft verstanden. Ich ärgere mich ja selbst über mich. Und ich verspreche dir: Meine erste Geschichte aus Berlin handelt von der ungleichen Bezahlung von Mann und Frau.«

An diesem Abschiedstag hatte ich keine Lust mehr auf Probleme. »Das bisschen ungleiche Bezahlung haut uns doch nicht um. Da mussten wir hier in Bonn doch ganz andere Sachen wegstecken, oder?«, erinnerte ich die drei und fügte optimistisch hinzu: »Wir werden den Kampf gewinnen. Und in 20 Jahren können unsere Töchter nur noch müde lächeln, wenn wir denen von unseren Problemen erzählen.« – »Ob die uns dann für Flintenweiber halten, so wie wir unsere Vorgängerinnen?«, fragte Lisa mehr sich als uns. Sie hüpfte von der Schaukel und drehte eine halbe Pirouette vor dem Rosenbusch am Eingang. »Ganz bestimmt«, rief ihr Anke nach, »und zwar für ganz besonders hässlich gekleidete Flintenweiber.« Ich stimmte zu: »Das ist so sicher wie mein niederschmetterndes Urteil über die Klamotten meiner Mutter.«

25 Jahre später haben wir längst despektierliche Urteile unserer Kinder zu den Schulterpolstern und Minipli-Frisuren der 80/90er aushalten müssen. Die »Rosa Federn« sind Geschichte. Aus uns allen ist »etwas geworden«. Die meisten von uns sitzen in leitenden Positionen, keine von uns aber auf einem Chefsessel.

Drei Tage lang haben wir das alte Bonn zu neuem Leben erweckt – jedenfalls in Gedanken und auf Papier. Wir haben uns darum bemüht, weder schönzufärben noch darüber zu jammern und zu klagen, wie schwer wir es doch hatten im Vergleich zu unseren Töchtern heute. Aber ein bisschen »Gute-alte-Zeit-Gefühl« kam dennoch auf – auch bei manchen Mitautoren.

Hubert Kleinert

So war das damals in Bonn … Berlin ist anders. Alles ist größer, wuchtiger, gespreizter. Aber auch ghettoisierter. Dass mit Berlin die Politik näher zu den Menschen kommen würde, wie damals behauptet wurde, lässt sich sicher nicht sagen. Natürlich ist die förmliche Steifheit vergangener Jahrzehnte nicht zurückgekehrt. Aber eine neue Form der Wichtigtuerei und des gestelzten Gehabes gibt es schon. Wer die Bonner Zeit intensiv erlebt hat, wird darüber kaum sehr froh sein.

Sabine Leutheusser-Schnarrenberger

Die interfraktionelle Zusammenarbeit der weiblichen Abgeordneten war damals viel enger – im kleineren Bonn – als heute. Ich erinnere mich noch sehr gut an die lebhafte und erfolgreiche Zusammenarbeit bei der Schaffung des Schwangeren- und Familienhilfegesetzes mit den Fristenregelungen und Beratungspflichten für einen Schwangerschaftsabbruch. Das ist ein wunderbares Beispiel für das Zusammenwirken von Frauen, die politische Ämter bekleiden, und ihren gemeinsamen Kampf gegen festgefahrene Strukturen.

Selbstverständlich gibt es das immer noch, die Pflege von Netzwerken untereinander funktioniert tadellos, aber es ist eben nicht mehr so, dass diese Dinge wie damals in Bonn auf dem Flur zum Plenarsaal oder aber im Restaurant nebenan oder an der Bar an der Ecke stattfinden. Der enge persönliche Kontakt verliert sich in der Größe Berlins und in der Größe des Bundestages.

Wenn ich jetzt nach Bonn fahre und all diese Erinnerungen wiederkommen, beschleicht mich ein zwiespältiges Gefühl. Einerseits denke ich an all die schönen Momente zurück, die ich dort erlebt habe, andererseits fühle ich mich in die Zeit zurückversetzt, in der ich noch als

Frau und nicht nur als Politikerin um Anerkennung kämpfen musste. Und dann erkenne ich mit Stolz, wie viel sich doch getan hat seit dem Umzug nach Berlin und wie weit die Republik gekommen ist.

Und dennoch überlassen wir unseren Töchtern ein immer noch wenig beackertes Feld. Das Deutsche Institut für Wirtschaftsforschung (DIW) veröffentlichte 2011 Zahlen über den Anteil von Frauen in Vorständen und Aufsichtsräten deutscher Unternehmen. Die Veränderungen in den vergangenen Jahren seien »homöopathisch«, sagt Elke Holst vom DIW. Nur 3,2 Prozent der Vorstandsposten werden derzeit von Frauen besetzt, wenn man die 200 größten Unternehmen als Grundlage nimmt. Zieht man den Kreis enger – die 30 Dax-Konzerne und die 100 größten Unternehmen – sinkt der Anteil der Frauen auf 2,2 Prozent. Man kann es auch anders ausdrücken: Von 490 Vorstandsmitgliedern in diesen Unternehmen sind 11 weiblich (zitiert nach *Spiegel* 5/2011).

Meine ehemaligen Bonner Kolleginnen in Berlin haben längst vorgerechnet, dass Deutschland nicht noch einmal zehn Jahre verschlafen sollte. Bis 2020 werden schätzungsweise zwei Millionen Fachkräfte fehlen, so hat es die Unternehmensberatung McKinsey berechnet. Längst schon haben Frauen die besseren Schul- und Universitätsabschlüsse. 51 Prozent der Hochschulabsolventen sind weiblich. Wie kann es sein, dass nur 3,2 Prozent von ihnen in den Vorständen ankommen?

Also doch die Quote? Das Teufelswerkzeug des Lila-Latzhosen-Feminismus? Wir Frauen hielten einst die Quote für einen Makel, der unsere persönlichen Verdienste schmälere und uns noch mehr sexistischer Nachstellungen ausliefere. Quatsch sei das, sagen auch nach 25 Jahren die Altvorderen.

Ich bin nach wie vor fest davon überzeugt, dass volle Gleichberechtigung ohne ein Regelwerk in absehbarer Zeit nicht zu erreichen ist. Damit wir einen bestimmten Anteil von Frauen zum Beispiel in Politik und Wirtschaft, aber auch in den höheren Positionen des Journalismus möglichst schnell erreichen, brauchen wir verbindliche Zielvorgaben. Bei den Parteien kann das nur heißen: eine Frauenquote. Als ich 1988 Parlamentspräsidentin wurde, gab es im Parlament kaum mehr Frauen als in der Weimarer Republik (9,8 Prozent). Die Frauenquote lag bei 11 Prozent. Es war eine echte Ernüchterung zu erkennen, dass die Umsetzung der Ergebnisse der Frauenforschung, aus der ich kam, in der politischen Praxis so weit hinterherhinkte.

Ich bin parteipolitisch zweimal mit diesem Antrag gescheitert. Es klappte beim dritten Anlauf. Ich bin dennoch überzeugt, dass ohne Quote die große Zahl qualifizierter Frauen nicht ausreichend zum Zuge kommt. Der Einwand gegen die Quote war immer: »Wollt ihr Quote statt Qualität?« Das war und ist Unsinn. Im Berufsleben erfahren immer wieder Frauen, dass Qualität allein nicht ausreicht, um beruflich aufzusteigen und gestalterische Verantwortung zu übernehmen.

Was hindert Frauen denn daran, nach der Macht zu greifen?
Rita Süssmuth: Männer sind seit Jahrhunderten machterfahren. Sie kennen alle groben und feinen Mechanismen, kennen alle Tricks männlicher Seilschaften, um Frauen von der Macht fernzuhalten. Wir Frauen müssen endlich begreifen, dass es nicht gleich Machtmissbrauch ist, wenn man einem Machtinstinkt folgt. Macht zu haben heißt Einfluss zu haben. Und der fehlt Frauen oft noch. Die Erfahrung, die Frauen mit Macht haben, ist oft die Macht, die Männer ihnen

gegenüber ausgeübt haben. So etwas wollen sie nicht. Einverstanden. Aber sie sollten sich bewusst sein, dass man Macht braucht, wenn man etwas bewirken will. Deshalb sollten Frauen ihre eigenen Machtstrategien ausbauen. Es fehlt uns nicht an Kompetenz, aber an strategischem Denken.

Wie soll das gehen?
Es geht nicht ohne Kampf.

Was hätten die jungen Frauen, auch wir jungen Journalistinnen, damals besser machen können?
Offensiver für gesellschaftliche Veränderungen eintreten. Für bessere Strukturen kämpfen. Es gingen keine Frauen auf die Straße, um etwa für Kindergartenplätze zu kämpfen. Es beschwerten sich keine jungen Journalistinnen, wenn die Männer sie erniedrigten und dann schnell an ihnen vorbeizogen. Und das ist ja auch heute oft noch so. Und das in Berlin. Es ist einfach so. Wer die Frauen will, muss sich auf die Quote einlassen.

Ursula Engelen-Kefer

Leider ist der Versuch, verbindliche Frauenquoten durchzusetzen, auf halbem Wege stecken geblieben. Ebenso erfolglos war mein Versuch, unter »Rot-Grün« mit Bundeskanzler Gerhard Schröder ein Gleichstellungsgesetz für die private Wirtschaft zu erreichen. Diese Gesetzentwürfe schmoren immer noch in den Schubladen des zuständigen Bundesministeriums.

Doch ich merkte bald, dass diese Art von Engagement auch den männlichen Kollegen im DGB entschieden zu weit ging. Nicht nur, dass sie anfingen, gegen mich zu arbeiten. Auch den anderen wenigen Frauen in den Entscheidungsfunktionen der Gewerkschaften wurde das berufliche Leben schwer gemacht. Und nach Überschreiten des 55. Lebensjahres wurden sie allmählich auf ihren Ausstieg vorbereitet. Dabei gab es zunächst Versprechungen und Angebote über mögliche Tätigkeiten außerhalb der offiziellen Funktionen. Wenn dies nichts fruchtete, wurden die Methoden härter.

Ich selbst habe dies bis zum bitteren Ende erfahren, als ich mit 63 Jahren gegen den Willen der Gewerkschaftsbosse wagte, noch einmal für den Stellvertretenden Vorsitz des DGB zu kandidieren. Trotz oder gerade deswegen wünschte ich mir mehr Zivilcourage, Durchsetzungsbereitschaft und Kampfesmut der Frauen, um endlich die gläserne Glocke, die immer wieder über uns gestülpt wird, zu zerschlagen. Es würde uns allen guttun.

Rudolf Seiters

Als ich im Jahre 2002 nicht mehr kandidierte, habe ich für eine Nachfolgerin geworben, die sich dann in einer Kampfabstimmung gegen vier männliche Kandidaten durchsetzte.

Ich denke, dass sich heute Frauen weitestgehend in Politik und Medien durchgesetzt haben. Wobei nicht nur in der Politik, sondern auch in der Wirtschaft und in anderen Bereichen die Vereinbarkeit von Familie und Beruf weiterhin auf die Tagesordnung gehört.

Cornelie Sonntag-Wolgast

Die dröhnenden Männer-Gespräche an der Theke der Parlamentarier-Kneipe »Bei Ossi« unterhalb des Bonner »Wasserwerks« sind nach dem Umzug nach Berlin ziemlich aus der Mode gekommen. Das heißt: Weniger die Auseinandersetzungen über politische Themen als der Umgang miteinander haben sich verändert. Immer noch haben Frauen mehr Schwierigkeiten, mit Lautstärke und Wortgewalt einen Saal zum Kochen zu bringen. Aber die Zeiten sind vorbei, da man ihre Reden spöttisch als Gezeter abtat. Eins ist aber auch klar: Einzelkämpferinnen oder »Alibi-Frauen« in einem ansonsten männlich beherrschten Gremium vermögen die politische Agenda kaum zu verändern. Das schafft erst ein gehöriger Anteil an Frauen. Inzwischen hat das sogar die CSU begriffen und sich – wenn auch Jahrzehnte nach Grünen, SPD und CDU – zu einem Quotenbeschluss durchgerungen. Seit Mitte der 90er Jahre haben Parlamentarierinnen mehrmals eine Gleichstellungsdebatte im Plenum anlässlich des Internationalen Frauentages am 8. März durchgesetzt; Familienpolitik rangiert nicht länger unter »Gedöns«; der Ausbau von Kitas und Ganztagsschulen hat Priorität. Auch im Journalismus haben die Frauen an Reputation gewonnen, als politische Korrespondentinnen und als Kommentatorinnen. Man denke an die prominenten Talkshow-Moderatorinnen, man denke an die mittlerweile große Anzahl von Frauen, die aus dem Ausland berichten. Sie sind zum Normalfall geworden. Dringlich ist jetzt eine klare gesetzliche Regelung über eine Frauenquote auf den Chefetagen der Unternehmen. Appelle zur freiwilligen Realisierung dieses Ziels fruchten nichts, das hat das zurückliegende Jahrzehnt bewiesen.

Viele junge Frauen von heute hören das nicht gern. Sie glauben, alles sei gut, die Emanzipation vollzogen. Quote sei Quatsch. Diese Meinung teilen sie mit Männern aus Bonner Zeiten. Der anerkannte Staatsrechtler Rupert Scholz findet gerade heute:

Erfolgreiche Frauen haben sich oft gegen die Forderung nach Quoten oder quotenmäßiger Berücksichtigung gewehrt. Ich erinnere mich an viele erfolgreiche Frauen im damaligen Bonn, die es sogar als Diskriminierung ansahen, wenn man sie als Quotenfrau bezeichnete oder einzuordnen suchte. Diskriminierung deshalb, weil diese Frauen immer wussten und auch darauf bestanden, dass ihr politischer Erfolg nicht ihrem Geschlecht oder gar einer an ihr Geschlecht anknüpfenden Quote zu verdanken war. Nein, solche Frauen haben ihren Weg ebenso souverän wie eigenständig, basierend auf eigener Leistung, gefunden.

Schon die damaligen Jahre standen natürlich im Zeichen gesetzgeberischer und vor allem verfassungsrechtlicher Bemühungen, die in unserem Grundgesetz im Art. 3 Abs. 2 garantierte Gleichberechtigung von Mann und Frau auch tatsächlich durchzusetzen. So kam es auch zu der Verfassungsnovelle, derzufolge »der Staat die tatsächliche Durchsetzung und Gleichberechtigung von Frauen und Männern fordert und auf die Beseitigung bestehender Nachteile hinwirkt«. Diese Vorschrift basierte auf einem mühsam gewonnenen Kompromiss, d. h. einem Kompromiss, der jedenfalls eine gesetzgeberisch starre Quote ausschloss. Und dies nach meiner Auffassung absolut mit Recht. Denn starre Quoten sind mit den Differenzierungsgeboten, die sich vor allem aus dem allgemeinen Leistungsprinzip ergeben, nicht zu vereinbaren. Des Weiteren war schon damals erkennbar, dass ein staatliches Mandat zur »tatsächlichen Durchsetzung« von mehr realer Gleichberechtigung vielerorts utopisch bleiben musste. In diesen zum Teil sehr heftig geführten Debatten hat mich aber und vor allem immer wieder eines beeindruckt: nämlich die souveräne Distanz, mit der viele Frauen selbst solchen gesetzgeberischen und

...lassen Sie das mit der Quote...

Almanach zum Bonner Presseball, 1995, »Hofburg Bonn«, Helmut Kohl, Joschka Fischer

politischen Intentionen gegenüberstanden. Wiederum: Frauen wissen selbst um ihre Stärken, Frauen setzen sich kraft eigener Leistung durch und viele Frauen rufen deshalb nicht nach dem Staat oder dem Gesetzgeber. Wer so dachte oder denkt, zeigt, dass er letztendlich der im politischen Wettbewerb Stärkere und vor allem der geistig wie persönlich Souveränere ist. Gerade wegen dieser Haltung habe ich in jenen Bonner Jahren viele Frauen aufrichtig und herzlich bewundert.

Armin-Paul Hampel

Jetzt, nach weiblichen Chefredakteurinnen, Fernsehdirektorinnen, einer Personalchefin und einer Justiziarin (schrecklich nett), sehe ich den Zugewinn durch die Existenz der Weiblichkeit in unserer Zunft mit Freude. Bei deren Omnipräsenz auf dem Bildschirm und in Re-

Almanach zum Bonner Presseball, 1995, »Hofburg Bonn«, Claudia Nolte, Kerstin Müller

daktionen mach ich mir schon fast Sorgen ob der Überlebensfähigkeit meiner männlichen Kollegen. Aber dann können wir ja ein neues Buch schreiben.

Nur Mut, ihr Männer. Über uns Frauen haben wir dieses Buch bereits geschrieben. Es sind unsere Geschichten, erzählt wie erlebt – manche offen, manche »unter drei« und unter Pseudonym veröffentlicht. Meine Tochter Katarina hat dann, wie versprochen, das Manuskript des Buches gelesen und kommentiert: »Mama, Feminismus lerne ich wie Willy Brandt und Konrad Adenauer. Kenn ich beide nicht. Alles Geschichte.« – »Aber«, fügt sie drohend hinzu, »wenn einer dieser XXL-Machos wagen würde, das mit uns zu machen, der würde ja so was von auf die Schnauze fallen!«

Wir haben uns das damals nicht so getraut. Aber wir wollen unser Handeln nicht mit einem »so war das damals nun mal« entschuldigen. Vielleicht hätten wir manchmal mutiger sein können. Vielleicht hätten wir schneller und deutlicher erkennen können, wenn Sex mit Macht und Macht mit Sex verwoben wurde. Dass es in unseren Geschichten so oft um Sex und Macht geht, hat uns im Rückblick selbst verblüfft.

Aber so war das damals nun mal.

DANKE SCHÖN

Dieses Buch ist nicht mein Werk allein. Es konnte nur entstehen, weil mir so viele Mitstreiterinnen und Mitstreiter aus der damaligen Bonner Zeit geholfen haben. Sie haben mir ihre Erlebnisse erzählt und freigegeben oder selbstlos eigene Beiträge zur Verfügung gestellt. Bei meinen Recherchen habe ich Menschen aus dem alten Bonn wiedergefunden, die ich für viele Jahre aus den Augen verloren hatte. Und die meisten haben mir ihre kleinen Geheimnisse von damals anvertraut, als hätten wir uns erst einen Tag zuvor beim Kölsch in Ossis Bundestagsbar getroffen. Dafür danke ich.

Ich möchte mich bei meiner Agentin Christine Proske von Ariadne-Buch bedanken, die meine Ideen mit großer Professionalität aufnimmt und sie bereitwillig und voller Begeisterung mit mir weiterdenkt. Ihr Vertrauen in mich und ihre Freude über meine Texte haben mich stets unterstützt.

Meine Lektorin Tanja Rauch hat mit viel Engagement und ausgeprägtem Einfühlungsvermögen für mein Manuskript dem Buch den letzten und perfekten Schliff gegeben. Zudem hat das Team des DuMont Buchverlages den aus meiner Sicht besonders kreativen Titel dieses Buches beigesteuert. Danke für die freundliche Aufnahme einer einigermaßen unerfahrenen Buchautorin.

Lobend erwähnen möchte ich die wertvolle Mithilfe meines Vaters. Er ist, als höherer Ministerialbeamter mit dem Bonner Geschäft vertraut, trotz seiner 93 Jahre gewohnt kritisch mit Text und Tochter umgegangen und hat mir so manchen wertvollen Tipp gegeben.

Und zu guter Letzt: Vielen Dank meinem Mann Heiko Martens. Als *Spiegel*-Wirtschaftsredakteur war er in den fraglichen 20 Jahren in Bonn dabei. Er kann bis heute nicht so richtig erkennen, warum ich ausgerechnet über »so was« schreiben wollte. Was ihn aber nicht davon abgehalten hat, mir seine Ideen dazu zu schenken und mir immer wieder mit angemessener Geduld zuzuhören.

LITERATURLISTE

Sexuelle Belästigung

Bertelsmann, Klaus: Sexuelle Beeinträchtigung im Betrieb, AiB 1987
Beyer, Johanna: Sexismus am Arbeitsplatz – Einleitung, in: Frauenforschung, Beiträge zum 22. Deutschen Soziologentag Dortmund 1984, Frankfurt a. M. 1985
Bundesministerium für Familie, Senioren, Frauen und Jugend: »Dortmunder Studie« über das Ausmaß sexueller Belästigung am Arbeitsplatz, 1991
Bundesministerium für Jugend, Familie, Frauen und Gesundheit: Gewalt gegen Frauen: Ursachen und Interventionsmöglichkeiten, Schriftenreihe Band 212, Bonn 1994
Bundesministerium für Familie, Senioren, Frauen und Jugend (Hrsg.): (K)ein Kavaliersdelikt? Sexuelle Belästigungen im Arbeitsleben, Bonn 1997
Bundesministerium für Familie, Senioren, Frauen und Jugend: Umfrage bei den obersten Bundesbehörden zur Umsetzung des Beschäftigtenschutzgesetzes in den Bundesministerien und ihren nachgeordneten Behörden, BMFSFJ 2000
Funke, Karl-Heinz: »Wehe, wem der Funke blüht«, *Der Spiegel* 48/1993
»Hab dich nicht so Püppchen«, *Focus,* 01.06.2007
Marielouise Jurreit: Sexismus: über die Abtreibung der Frauenfrage, 1976
»Mädel, küss mich. Frauenministerin Merkel will mit einem Gesetz gegen Busengrabscher vorgehen«, *Der Spiegel* 45/1991

Frauen an der Macht

Hauenschild, Almut: Aus gut unterrichteten Kreisen, Frankfurt a. M. 1986

Hempel-Soos, Karin: »Die deutsche Frau bleibt außen vor«, in: *Almanach*, »Bonnflikt«, 1984, S. 213

Merkel, Angela: »Der Marsch zur Macht«, *Emma* Mai / Juni 1993

Oltmanns, Reimar: Protokolle einer Aufbruchsära – Reimar Oltmanns Gedanken zum 100. Jahrestag des Internationalen Frauentages am 8. März 2011

Posche, Ulrike: Weibliche Übernahme. Wie Frauen in Deutschland sich die Macht nehmen, Frankfurt a. M. 2004

Seils, Christoph: »20 Jahre Frauenministerium: Angela Merkel und die Frauenfrage«, *Zeit*-Online, 06. 03. 2007

»Wie gehen Frauen mit Macht um?« Zehn mächtige Frauen aus Wirtschaft, Politik, Kirche und Medien berichten aus ihrer Erfahrung mit der Macht und geben Tipps für aufstrebende Frauen. Brigitte.de

20 Jahre Frauenministerium: »Das Beste wäre, Männer könnten schwanger werden«, *Süddeutsche Zeitung*, 07. 03. 2007

Gleichberechtigung

Bischoff, Sonja: »Männer und Frauen in Führungspositionen in Deutschland – die 5. Studie«, Bielefeld 2010, DGFP-Praxisedition, Band 97

Bundesministerium für Familie, Senioren, Frauen und Jugend: »Allgemeines Gleichbehandlungsgesetz«, 03. 06. 2010

Bundesministerium für Jugend, Familie, Frauen und Gesundheit: Die wichtigsten Etappen zur Gleichberechtigung, Auswirkungen von Artikel 3 des Grundgesetzes aus: »Männer und Frauen sind gleichberechtigt – 40 Jahre GG Artikel 3, Absatz 2. Bonn 1989, Gleichberechtigung – 10 Jahre Bundesfrauenministerium. Bonn 1996

»Die gekaufte Republik«, *Der Spiegel* 44 / 1984

Horx, Matthias: »Weibliche Kriege«, *Berliner Zeitung*, 01. 04. 2011

Kosser, Ursula: »Runter von den Männern – über Bonner Frauenpolitik«, *Der Spiegel* 1/1993
Kosser, Ursula: »Stuss vom Mädel«, *Der Spiegel* 48/1993
Meiritz, Annett: »Die Herrschaft der Alphatiere ist nicht vorbei«, *Spiegel-Online,* 06. 03. 2007

Porträts

Bürgernetz MünsterWiki: Irmgard Schwaetzer, Promotion »Derivate des 4-Azaphenanthrenringsystems durch intramolekulare Cyclisierungsreaktion«
Campino: »Zu viel von dem Kirsch-Whisky. Tote-Hosen-Sänger interviewt Jugendministerin Angela Merkel«, *Der Spiegel,* 01. 02. 1994
Groenewoud, André: »Was macht eigentlich ...: Irmgard Schwaetzer«, *Stern,* 03. 08. 2008
Hoffmann, Christiane: »Angela Merkel. Die Frau an der Macht: Vom Mädchen zur Mutti«, *FAZ*-Net, 10. 12. 2010
Jansen, Mechthild: Das Claudia-Nolte-Phänomen, Bonn 1997
Mathiopoulus, Margarita: Das Ende der Bonner Republik. Beobachtungen einer Europäerin, Stuttgart 1993
Merseburger, Peter: Willy Brandt 1913–1992 – Visionär und Realist, Stuttgart 2002
Oltmanns, Reimar: Frauen an der Macht – Marie Schlei – Renate Schmidt – Irmgard Adam-Schwaetzer – Rita Süssmuth – Antje Vollmer – Protokolle einer Aufbruchsära, Frankfurt a. M. 1990
»Reif für die Ehe. Wie Irmgard Schwaetzer und Udo Philipp ein Paar wurden und die Welt in Atem hielten«, *Der Spiegel* 48/1991
Richter, Saskia: Die Aktivistin. Das Leben der Petra Kelly, München 2010
Schwarzer, Alice: »An der Jungsfront«, *Emma,* März/April 2008 (Matthäus-Maier)
Schwarzer, Alice: Eine tödliche Liebe. Petra Kelly und Gert Bastian, 2001 (Aktualisierte Neuausgabe)

Simonis, Heide: Mut zum Hut – Gepostet bei »Tiefe Einblicke«, 30.03.2010
Steffen, Angelika: »Claudia Nolte. Wo ist ›Kohls Mädchen‹ geblieben?«, *Focus* Online, 05.03.2007
Steingart, Gabor: »Ich hasse Schickimicki«, *Der Spiegel,* 01.03.1993

Arbeitende Mütter

Almanach 1995. »Theo in die Vätergruppe!«
Bundesministerium für Familie, Senioren, Frauen und Jugend: »Männer im Aufbruch – Wie Deutschlands Männer sich selbst und wie Frauen sie sehen«, 1998
Stötzel/Wengeler: Kontroverse Begriffe, Berlin 1995
Vinken, Barbara: Die deutsche Mutter, Frankfurt 2007
»Warum Deutschland die Frauenquote braucht«, *Der Spiegel* 5/2011

Alkohol

BtT-Plenarprotokoll 13/5: Detlef Kleinert. 23.11.1994
Feldenkirchen, Markus: »Michael Glos: ›Ich habe Kollegen durch Alkohol sterben sehen‹«, *Der Spiegel* 8/2011
Oltmanns, Reimar: Politiker-Klasse unter sich – Sauf-Gelage in Ossis Bar zu Bonn, Frankfurt 1988
Schütz, Hans-Peter: »Bundestags-Barkeeper Ossi tritt ab: Wo jede Revolution ertränkt wurde«, *Stern,* 07.07.2010
Wagner, Joachim: Sex und Saufen deutscher Abgeordneter. *ARD*-Sendung »Panorama«, 22.11.1988

Quote

Beyer, Susanne/Voigt, Claudia: »Die Machtfrage«, *Der Spiegel* 5/2011
Deutscher Beamtenbund: Frauenpolitik im Wandel, Berlin 19.06.2007

Paragraf 218

Lersch, Paul / Kosser, Ursula: »*Spiegel*-Gespräch mit Bundestagspräsidentin Rita Süssmuth: Strafe ist das letzte Mittel«, *Der Spiegel* 20/1991

Kosser, Ursula: »Das ist noch nicht zu Ende«, *Der Spiegel* 27/1992

Kosser, Ursula: »Paragraf 218. Zu dumm zu Siegen«, *Der Spiegel* 22/1994

Peschel-Gutzeit, Lore Maria : »Zauberhafte Zeiten«, *Emma,* Mai/Juni 2009

Schwarzer, Alice: Paragraf 218, Gesamtdeutsches Recht. Editorial. *Emma* 4/1990

Bundespresseball

Pragal, Peter: »Der letzte Tanz am Rhein«, *Berliner Zeitung,* 13.11.1998.

Bonner Frauen und Mode

Buhr, Elke: »Feminismus-Debatte – Durch schick und dünn«, *Spiegel Online,* 2007

Droste, Wiglaf: »Perfekte grüne Sauerfrau – die Wahrheit«, *taz,* 07.04.2002

Griesheim, Anna von: »Grün. Lob und andere Wahrheiten«, 2005

»Latex oder Lederhose? Wie man als Politiker modische Akzente setzt«, *Der Tagesspiegel,* 30.03.2007

Resch, Sabine: »Politischer Dresscode – eine kleine Stilkritik«, *Süddeutsche Zeitung,* 05.01.2007

BILDRECHTE

© Darchinger, Bonn/darchinger.com

Ursula Kosser und Angela Merkel (S. 9)
Helmut Kohl (S. 43)
Hubert Kleinert und Joschka Fischer (S. 59)
Ursula Kosser in der Runde (S. 67)
Ursula Kosser und Rita Süssmuth (S. 109)
Rita Süssmuth und Norbert Blüm (S. 112)
Willy Brandt (S. 151)
Claudia Nolte (S. 172)
Helmut Kohl und Juliane Weber (S. 188)
Angela Merkel und Campino (S. 205)
Politikerinnen-Gruppenbild (S. 236/237)
Helmut Kohl und Joschka Fischer (S. 246)
Claudia Nolte und Kerstin Müller (S. 247)

© Heide Reiss

Irmard Schwaetzer und Udo Philipp (S. 156)

© dpa

Heide Simonis (S. 177)